国家社科基金
GUOJIA SHEKE JIJIN HOUQI ZIZHU XIANGMU
后期资助项目

国家社科基金后期资助项目(19FSHB017)研究成果

城市社区居委会运行逻辑研究

A Study on Operation Logic of the Urban Community Committee

孙 璐 著

山东大学出版社
SHANDONG UNIVERSITY PRESS
·济南·

图书在版编目(CIP)数据

城市社区居委会运行逻辑研究/孙璐著.—济南：山东大学出版社，2023.8
ISBN 978-7-5607-7763-4

Ⅰ.①城… Ⅱ.①孙… Ⅲ.①城市—居民委员会—工作—研究—中国 Ⅳ.①D638

中国国家版本馆 CIP 数据核字(2023)第 015596 号

责任编辑 张铭芳
美术编辑 王秋忆

城市社区居委会运行逻辑研究
CHENGSHI SHEQU JUWEIHUI YUNXING LUOJI YANJIU

出版发行 山东大学出版社
社　　址 山东省济南市山大南路 20 号
邮政编码 250100
发行热线 (0531)88363008
经　　销 新华书店
印　　刷 济南乾丰云印刷科技有限公司
规　　格 720 毫米×1000 毫米 1/16
　　　　 19 印张 341 千字
版　　次 2023 年 8 月第 1 版
印　　次 2023 年 8 月第 1 次印刷
定　　价 78.00 元

国家社科基金后期资助项目
出版说明

后期资助项目是国家社科基金设立的一类重要项目，旨在鼓励广大社科研究者潜心治学，支持基础研究多出优秀成果。它是经过严格评审，从接近完成的科研成果中遴选立项的。为扩大后期资助项目的影响，更好地推动学术发展，促进成果转化，全国哲学社会科学工作办公室按照“统一设计、统一标识、统一版式、形成系列”的总体要求，组织出版国家社科基金后期资助项目成果。

全国哲学社会科学工作办公室

前　言

作为一整套公共行动、公共资源提供和公共安排的制度化过程，基层治理既是国家政权建设的一部分，又是国家治理能力的体现。随着中国社会主要矛盾的变化以及社会治理的体制创新战略转变，城市居民对社区公共生活和社区治理主体能力提出了更高的要求。城市居民委员会（以下简称“居委会”）作为城市基层社会的主要治理主体，在社区事务处理和基层社会稳定中扮演着重要角色，它既是国家在城市基层治理的主要执行者，又是居民权益的代言人。然而，现实中居委会的角色和功能与中国法律的相关规定存在偏差，而当下社区治理主体的单一又进一步造成了居委会的角色撕裂、功能混杂，进而影响居委会服务能力与社区治理效能的提升。

全国多地对城市社区居委会实施了一轮又一轮的去行政化改革，但并未取得显著的效果，甚至陷入“空转”的尴尬境地。那么，在现有制度框架下该如何解读居委会及其治理行为？该如何审视居委会所具有的“官民二重性”？“行政化”和“自治”是否就是完全对立甚至冲突的关系？在当下社会治理的制度体系内能否构建更符合中国社区治理实际的分析和解释框架？只有对上述问题做出回应，才能真正理解、揭示中国社区公共秩序的产生原理和运行机制，才能把脉中国城市社区治理的问题与症结，准确定位未来社区治理的改革方向，才有希望打破社区理论研究和实践创新的瓶颈。

现有研究者对居委会身份做了应然的定性，却缺少对居委会运行逻辑的探索和对未来愿景的论证。本书聚焦城市社区居委会运行逻辑，在梳理相关研究成果的基础上对居委会做全景式深描，为居委会复杂多变的运行逻辑寻找内在依据。本书对典型个案进行了长达十年的参与式观察，在时间维度上，通过居委会的发展变迁窥探中国社区从社区建设、社区管理到社区治理的变迁，辨识在国家宏观政策的指引下中国城市基层社会所发生的蜕变；在空间维度上，将居委会放在一个复杂场域中加以考察，在一个动态的复杂情境下探究居委会和其他不同治理主体间的运行逻辑，并挖掘彼此间的逻辑关联，分析居委会运行逻辑背后的生成机理。面对中国基层治理实践和居委会改革“去行政化→边缘化→再度行政化”的低效反复，本书反思“国家—社会”分权模式在中国社区治理改革中的解释力，尝试结合中国基层治理现实探索“国家—社区—居民”的分析框架，力图更准确地解读中国城市社区治理现状，归纳总结当今居委会在运行中面临的重大问题，提出未来居委会合理化发展、有效化运行的愿景和战略建议。

本书发现并凝练了城市社区居委会的运行逻辑。居委会和社区场域内外不同主体间的运作逻辑看似复杂多变，实则有着内在的关联性和有机性。总体来看，迎合和适应国家治理需求始终是主导逻辑，为实现治理目标，在居委会组织内部遵循“转起来”的运作逻辑；在组织外部遵循“不出事”逻辑和“资源汲取—压力转移—事务分解”逻辑；在具体的治理行动和治理工具使用方面，居委会则视不同主体相机行事，遵循“策略主义”运行逻辑。在对居委会运行逻辑展开分析的基础上，本书针对中国城市社区居委会运行现状，从应然角度描绘了居委会治理愿景。一是明确居委会法律定位及改革方向。法律上要明晰居委会的核心职能与辅助职能，改革方向上既要与宪法相融，也要与中国城市社区发展和治理现实相符，重点聚焦治理效能提升。二是引入整体性治理理念，构筑协商共治机制，将居委会改革与治理行动放置在城市治理体系中做整体性考察。三是建立符合中国国情的治理模式。包括发挥基层党建引领社区治理的作用，基于社区事务的交叉性、边界模糊性、综合性等特性，建立社区专业化通才型治理模式，激活社区内部的“微自治”，等等。四是并举多种治理工具，社区治理工具的选择要兼顾制度治理、技术治理、情感治理、服务治理等多种治理工具。

本书试图对居委会运行做全景式的研究尝试，既聚焦典型居委会进行“纵深”观察研究，同时放眼社区治理的宏观场域进行“横向”的比较研究。本书在分类研究方面做了一些尝试，对治理实践中与居委会发生互动的多个组织和不同类型的居民进行了分类研究，充分呈现居委会运行逻辑的内在机理和复杂多变。

这些尝试只是初步探索，一是希望那些被掩藏在日常叙事背后的故事和话语能为城市社区治理研究提供生动样本；二是希望能有更多研究者关注宏大叙事背后的微观生活，关注基层场域的互动图景和喜怒哀乐，为城市社区治理研究提供更加全面的内容体系，进一步拓展中国城市社区治理研究的话语谱系。

本书亦受扬州大学出版基金资助。

孙 璐

2023 年 2 月 16 日

目 录

第一章 导 论

第一节 问题的缘起

作为一整套公共行动、公共资源提供和公共安排的制度化过程，基层治理既是中国国家政权建设的一部分，又是国家治理能力的体现。从20世纪90年代中期开始，中国城市社区治理面临类似的境遇：社区内组织分化程度低，治理主体较单一，在治理实践中能够独当一面发挥管理职能的主体，“可视”的似乎只有社区居委会，其他组织要么力量薄弱、资源贫乏，要么流于形式、主体作用不明显。居委会作为城市基层社会的主要治理主体，在社区事务和社会控制中扮演着重要角色，它既是国家在城市基层治理的主要执行者，又是居民各种权益的代言人。现实中的居委会角色和功能与宪法、《中华人民共和国城市居民委员会组织法》（以下简称《城市居委会组织法》）的相关规定似有不同，而社区治理主体的单一又进一步造成了居委会的角色撕裂、功能混杂，进而影响其服务能力与社区治理效能提升。全国多地对居委会实施一轮又一轮的去行政化改革，但并未取得显著的效果，甚至陷入“空转”的尴尬境地。那么，在现有制度框架下该如何解读居委会及其治理行为？西方的“国家—社会”关系理论是否完全适用于中国基层社会治理实践？“行政化”和“自治”是否就是完全对立甚至冲突的关系？在当下社会治理的制度体系内能否构建更符合中国社区治理实际的分析和解释框架？只有对上述问题做出回应，才能真正理解、揭示中国社区公共秩序的产生原理和运行机制，才能把脉中国城市社区治理，精准定位未来社区治理改革的方向，才有希望打破社区理论研究和实践创新的瓶颈。质言之，理论和实践上的困惑是促成本书的巨大动力。

一、回应社区治理之变，解决理论和实践之惑

2004 年，党的十六届四中全会提出要“推进社会管理体制创新，维护社会稳定”。2007 年，党的十七大报告提出要形成“党委领导、政府负责、社会协同、公众参与的社会管理格局”。2009 年，全国政法工作电视电话会议将“社会管理创新”列为三大重点工作之一。2011 年，对“社会管理创新”的政策意见更为密集：3 月，将“标本兼治，加强和创新社会管理”写入《“十二五”规划纲要》；7 月，中共中央、国务院印发《关于加强和创新社会管理的意见》。2013 年，党的十八届三中全会首次提出“创新社会治理体制”的要求——“推进国家治理体系和治理能力现代化”，首次将“治理”写入政府文件。2017 年，党的十九大明确了推动社会治理重心向基层下移的方向。2019 年，党的十九届四中全会再次强调，构建基层治理新格局是推进国家治理体系和治理能力现代化的重要方面。中央对社会管理体制改革的持续探索，为下级政府下达了以构建现代化治理体系和提升现代化治理能力为目标的社会管理体制改革的政治任务。特别是随着从社会管理到社会治理的体制创新转变以及新时代社会主要矛盾的变化，城市居民对社区公共生活和社区治理主体能力提出了更高的要求，也对包括居委会在内的城市社会组织提出了新的挑战。

在法律上被定位为基层自治组织的居委会，在治理实践中却带有浓厚的行政化色彩，居委会的法律文本身份和现实身份出现了异化。以往的相关研究多从政治社会学的视角出发，把居委会理所当然地视为居民自治组织，认为它理应代表社会实施自治。基于实践中居委会承担大量行政事务的事实，有些研究者认为这是代表国家权力的基层政府及其派出机构对群众性自治组织的侵权甚至是控制，其结果必然带来治理效能的耗散。居委会欲回归其法律应然角色——自治组织，就必然要减负、去行政化。一些研究者对城市社区居委会身份做了应然的定性，却缺少对居委会运行逻辑的探索和对其未来愿景的论证。居委会作为城市社区治理的重要主体和主要执行者，其重要性日益突显，关注居委会的组织运行质态和运行逻辑，厘清其组织发展的内外动力和现实桎梏，在当下及未来一段时间内都将是现代社区和基层社会治理研究的题中之义。

本书聚焦城市社区居委会运行逻辑，是笔者多年来进行城市社区研究的延续，也是对城市社区治理学术研究图景的进一步拓展。通过前期研究发现，在社区治理中，居委会并不只是机械的上级任务执行者，其内涵丰富、复杂，甚至矛盾，即居委会对其自身角色的建构不是按照法律文本的

单一理性进行的，而是在与复杂环境的互动中形成的，由此也折射出基层治理具有基层情境性，对于它的解释需要回到地方情境中去，需要研究者深入城市社区生活场域深究城市社区居委会和社区治理各主体间的关系，厘清社区治理过程中各主体的权力边界。因此，不仅要关注国家与社会对社区治理的外生因素影响，也要遵循基层逻辑、重视基层治理的地方情境和技术特性，即对居委会相关问题的讨论不仅要从应然的角度来推论宏观结构层面的城市社会改革可能对居委会造成的影响，更要回应现实诉求，关注居委会的实际运行过程和运行逻辑，从一个具有自我理性的行动者的角度切入，关注居委会如何在复杂的城市基层社会和城市政治生态圈中，不断进行角色切换和逻辑转变，以获得更多资源扩展组织生存空间，在此基础上结合居委会治理实践探究其未来治理效能提升愿景，希望对讲好基层治理的中国故事能有所裨益。

要提升社区治理主要执行者——居委会的治理能力，首先要明晰目前中国社区居委会的运行状态，将其放在“政府—社会—市场”背景中透视居委会和社区治理各主体的关系，厘清居委会组织内部运行态势、居委会与不同的社区治理主体和居民在日常互动中所采取的差异化行动策略，揭示居委会的运行逻辑，并探究其运行逻辑生成的内在机制。顺着这样的思维脉络，本书提出中国城市社区居委会运行逻辑的命题，着力解决的问题有三个：一是城市社区居委会组织内部运行逻辑是怎样的。二是在多主体互动的社区治理复杂情境中，居委会和社区场域外部的主体——基层政府及职能部门、媒体、市场组织、专业社会组织等之间的运行逻辑及发生机制是怎样的，和社区场域内部的主体——社区党组织、物业管理企业、业主委员会、社区志愿组织、不同类型的社区居民等之间的运行逻辑及发生机制是怎样的。三是解释当今城市社区居委会运行中面临的重大问题，并试图勾勒城市社区未来合理化发展、有效化运行的愿景和建议。这三个问题具体又涵盖以下若干小议题：在社会治理创新的时代背景下，居委会在城市基层社会是如何运行的，背后的逻辑是什么？透过居委会的日常实践，其运行面临的压力、困境及化解的策略是怎样的？这些运行逻辑从何而来、因何而变，其依循的正式制度背景和非正式的地方知识背景是怎样的？在和社区场域内不同组织及不同类型居民的互动中，居委会不同的运行逻辑间是否有冲突和张力？居委会又是如何纾解这些冲突和张力，整合不同的运行逻辑以维持社区治理秩序的？居委会又将如何吸纳社区内外资源再生产出新的社区权力和秩序，并对城市基层社会治理产生怎样的影响？未来社区治理的图景又将如何铺陈？本书致力于探索与解决上述问题，借此来探讨中国城市社区治理的微观动态过程。

二、探索“国家—社区—居民”分析框架

自20世纪80年代以来，社会转型的各种遗存力量和新生元素不断渗入并沉淀下来，城市社区作为基层治理的关键场域聚合了各种社会关系，特别是生活服务、教育、养老、托幼等各类日常议程的嵌入，使得社区日渐成为基层治理能力成长、政策制定、学术研究聚焦的重要单元。社区场域贴近居民生活，公共事务种类庞杂且碎片化，常面临社会多元性、制度复杂性和科学知识不确定性所导致的复杂问题，因而社区治理表现出更强的偶发性和突变性，因此社区也成为利益冲突和社会矛盾的源头及协调利益关系和疏导社会矛盾的关键茬口。特别是党的十八大以来，党和国家更加重视提升人民群众的获得感和幸福感，而随着社会主要矛盾的变化，有着美好生活追求的城市居民对社区公共生活和社区治理主体能力提出了更高的要求，居委会因此处在国家治理考核和满足居民多元需求的双重压力空间中。聚焦社区治理效能提升的目标，围绕居委会改革，学界多从国家和社会二元论的框架来探讨居委会如何进行去行政化改革，尤以深圳市为代表，然而其居委会改革实践陷入了“去行政化→边缘化→再度行政化”的怪圈，居委会组织改革陷入了内卷化甚至“空转”的困境。面对基层治理实践和居委会改革的低效反复，有必要深刻反思西方的“国家—社会”分权模式在中国社区治理改革中的解释力和指导意义。

长期以来，国内不少学者偏重从西方理论中寻求对中国社区治理的理论解释，其实中国社区建设从肇始阶段就和西方社会的社区发展有很大的不同。中国社区建设更多是出于将“单位制”解体后模糊的城市空间改造为标准化与清晰化的国家治理空间的需要，而不是为了建构独立于国家的公共领域。① 同样，作为法定的具有权威性的群众性自治组织，居委会是政府下放权力的结果，政府权力下放不是为了制造一个与己对立的组织，而是为了更好地实现对城市社会的治理。② 基于此，本书尝试以“国家—社区—居民”为分析框架对中国基层治理做本土化解读。崔之元③、贺雪

① 孙璐：《利益、认同、制度安排——论城市居民社区参与的影响因素》，《云南社会科学》2006年第5期。

② 徐勇：《论城市社区建设中的社区居民自治》，《华中师范大学学报》（人文社会科学版）2001年第3期。

③ 崔之元：《“混合宪法”与对中国政治的三层分析》，《战略与管理》1998年第3期。

峰[①]、周黎安[②]、汪锦军[③]等学者对中央政府、地方政府与民众三者间互动关系的独特思考和解释直接启发了本书对“国家—社区—居民”分析框架的探索。此框架中“国家”代表中央和地方政府等行政权力，“居民”代表城市社区的社会个体，“社区”则是国家权力和居民自治的交汇场域，国家的控制与服务、居民个体的利益与权利申诉都汇集于此。城市社区治理图景展示了当代国家权力如何在社区层面介入、渗透、整合并推动社会发展，社会在国家的干预、形塑中如何渐次成长，社会主体的权利和自主性如何得以增长的过程。质言之，透过社区相关理论和治理实践对话，可以辨识国家和社会在城市微观组织单元内如何发展，以及怎样互动和交融渗透，并共同形塑生动而丰富的城市基层形态。在“国家—社区—居民”分析框架下认识新时期顶层设计提出的“社会治理”不再是简单的基于国家与社会二元间实体性分权关系而培育公民社会或政社合作伙伴关系，而是根据治理需要进行功能性分权，社区场域已成为国家和社会交织、公共服务投放与居民自治协同共生的汇集处。唯此，才能进一步明确城市社区居委会的角色和职能，厘清城市社区治理各主体间的权力边界，为丰富中国城市社区治理理论和城市社区治理实践图景提供依据和参照。

第二节 相关文献综述及未来研究趋势

国内外关于城市社区的研究很多，和本书直接相关的主要集中于相互交叉的两大理论脉络：一是社区场域权力关系研究，二是中国城市社区居委会的相关研究。前者为本书提供分析背景及对未来居委会治理图景的构建提供参考，后者为本书提供立论基础和实践对照。随着中国社区建设和治理的开展，有关居委会发展历史、组织运行、角色功能等的理论研究和地方实践相互审视、相互借鉴和相互推动，居委会研究和国家相关政策推进同步开展，并呈现出明显的阶段性特征。从关注居委会在社区建设中的角色扮演、功能发挥到居委会去行政化改革，再到对居委会改革效果的反思，无不体现着顶层设计、地方实践和学界研究的三角循环，并不断推动

① 贺雪峰:《国家与农民关系的三层分析——以农民上访为问题意识之来源》,《天津社会科学》2011 年第 4 期。

② 周黎安:《行政发包制》,《社会》2014 年第 6 期。

③ 汪锦军:《纵向政府权力结构与社会治理:中国“政府与社会”关系的一个分析路径》,《浙江社会科学》2014 年第 9 期。

中国城市基层治理的深入与发展。

一、关于社区权力关系的研究

西方社区研究最早可追溯到滕尼斯，后美国芝加哥学派丰富了社区理论研究。有关社区权力的研究可溯源至林德夫妇，其后西方的社区权力研究经历了精英论和民主论长达 20 年的争论与僵持，在最终指向两者形成少数精英寡头统治和多元主义民主政体的迥异结果。20 世纪70 年代后期，研究者关注的视域大大拓展，从关注社区决策者和领导者的社会控制领域扩展到关注更广泛的城市社会生产和发展领域，试图找到整个城市社区发展的决定性的核心力量，其中新马克思主义、增长机器理论①、机制理论②等新理论最具代表性和影响力。20 世纪90 年代后，国外关于城市社区治理的研究大多以解决社区问题为切入点，特别强调公众、第三部门、民营机构等社区内外力量共同参与社区治理解决社会问题。③

中国城市社区权力研究勃兴于 20 世纪 90 年代，主要是在国家与社会的关系范式下关注社区权力问题，这也是社区研究中最具影响力的研究范式。中国社区研究从肇始阶段就存在究竟是市民社会初露头角还是国家力量延伸加强的理论争议，在社区建设实践中也存在究竟是培育民主自治还是加强行政管理的张力。可以说，在社区场域中国家与社会彼此相遇，其关系复杂又微妙，研究者关于社区场域的国家与社会关系也有较大分歧。

（一）国家控制、主导社会的观点

社区是中国公民社会崛起的重要组织方式，一方面，集权力、资源和信息于一身的政府不断授权、还权、让权于社区，成为城市社区自治的第一推手；另一方面，社区追求自治的公民行动不断涌现，并对现有的基层管理体制形成强烈冲击。自上而下和自下而上两种力量的结合共同推动了社区自治和城市共同治理，中国城市社区是为了解决单位制解体后城市社会整合与社会控制问题而自上而下建构起来的国家治理单元，不是一个可

① L. Harver Molotch，1976：“The City as a Growth Machine：Toward a Political Economy of Place”，*American Journal of Sociology*，Vol.82，No.2，pp.326-329；John R. Logan and Harvey L.Molotch，1987：*Urban Fortunes：The Political Economy of Place*，Berkeley，University of California Press，p.52.

② Clarence Stone，1993：“Urban Regimes and the Capacity to Govern：A Political Economy Approach”，*Journal of Urban Affairs*，Vol.15，No.1，pp.1-28.

③ Robert E. Thibault，2007：“Between Survival and Revolution：Another Community Development System Is Possible”，*Antipode*，Vol.39，No.5，pp.874-895.

以促进市民社会发育的地域社会生活共同体①，城市社区建设的开展更多是出于实现政治控制的目的而非推进社会民主发展。

2005年后，众多城市“社区自治，议行分设”的制度设计受到政府和学界的高度重视和普遍推行，这一制度旨在剥离居委会的行政职能，发挥居委会自治主体的作用。城市社区居委会“议行分设”的实践过程得到关注，被强化的“执行层”社区工作站与被弱化的“议事层”居委会反映出行政权力向基层社区层面的强力延伸，两者之间的关系本质上是国家与社会的关系在基层的写照。“社区自治，议行分设”机制并没有真正带来社区自治自主性空间的扩大，反而抑制了其积极性。② 社区工作站的设立及对工作人员素质的高标准严要求，属于国家“能力建设”过程，该过程与国家“精英吸纳”的做法构成“行政吸纳政治”。③ 社区工作站成员已成为事实上的“准公务员”，接受上级政府的各项考核，行政体系通过社区工作站的设立在城市社区站稳脚跟，这正是国家行政力量向社会强力渗透的具体表现。④ 居委会改革的走向可分为“强政府型”和“强社区型”，只有“强社区型”导向下的社区“议行分设”改革的着力点在于政府真正还权、授权，并配之以社区代表大会、社区议事会和居委会对工作站的直接领导等制度保障，才能使目前的居委会真正实现从“政府的腿”到“居民的头”的转变。

随着社会发展，社会权力蓬勃兴起，但国家权力依然一枝独大并不断侵蚀社会权力，此时需要准确定位街道办事处（以下简称“街道办”）的行为边界，明确定位社会权力的自治权，故在两种权力边界的划分和确定上要遵循“行政主导”与“有限责任政府”原则、民主自治原则和市场参与原则，建立健全两种权力的职能协调机制，完善社区参与机制。社区内部权力呈现多元化趋势，虽反映了国家与社会关系的变化，但无论社区类型有何差异，社区党支部书记和居委会主任都是社区权力的核心，其权力的来源是职位而非个人，说明国家在社区的控制力虽有限却也有效⑤，“强国家、弱社会”格局的延续和社会管理体制的滞后减缓了社区公共空

① 杨敏：《作为国家治理单元的社区——对城市社区建设运动过程中居民社区参与和社区认知的个案研究》，《社会学研究》2007年第4期。

② 姚华、王亚南：《社区自治：自主性空间的缺失与居民参与的困境——以上海市J居委会“议行分设”的实践过程为个案》，《社会科学战线》2010年第8期。

③ 金耀基：《中国政治与文化》，香港，牛津大学出版社，1997，第239页。

④ 李骏：《真实社区生活中的国家—社会关系特征——实践社会学的一项个案考察》，《上海行政学院学报》2006年第3期。

⑤ 郭圣莉：《国家的社区权力结构：基于案例的比较分析》，《上海行政学院学报》2013年第6期。

间生成与发育的速度，致使社会自治能力仍很孱弱。[①] 上述对社区场域国家威权和社会自治力量的研究基本上还是在“国家—社会”框架下讨论两者谁进谁退、力量消长等问题。

（二）国家和社会相互交织与形塑的观点

另一些研究关注国家与基层社会互动关系的新动向：相互交织而非分离，相互形塑而非独立，相互合作而非对立。这一研究新动向对传统的“国家—社会”范式进行了局部修整，包括视正确处理城市街道办事处与社区居民委员会的关系为当前社区建设顺利进行的关键性问题之一，主张既要发挥城市街道办“指导”作用，又要调动居委会和居民“自治”积极性，从而提高政府的工作效率和亲和力，增强其合法性。[②] 通过从街居行动者的行动和行动者嵌入其中的制度背景两个维度探析街居权力结构的形成过程，认为街居权力结构研究的关键不是“权力到底属于谁”的问题，而是权力结构的形成过程，并提出后单位制时期中国街区的权力结构的可行性分析框架是“街区组织—街区事件”。[③] 也有通过对社区体制改革的个案研究揭示中国城市社区建设，虽然有多元主体参与的民主化进程和多方协商的事实，但民主协商的背后仍然是国家意志对社区公共事务的控制，只不过是控制手段更“柔性化”而已，而非所谓的“公民社会”的分殊与发展。[④] 街道办和居委会代表的基层国家和社会自治力量之间形成了一种基于资源交换的互惠关系，这种官方和民间结合、国家和社会共同参与的“第三领域”模糊了国家与社会的界限，国家的基层治理能力得到了提升[⑤]；国家权力在城市基层社区的具体运作方式也发生了从“强行干预”到“柔性运作”的变化，街区中国家与社会之间的关系在后单位时代是一种“权变的合作主义”[⑥]，城市基层政权、社区自治组织、市民团体和居民个体之间会根据不同的具体情境而缔结不同程度的非制度化的合作关系。

---

① 陈天祥：《基层治理中的国家与社会：角色、动力与行为》，广州，中山大学出版社，2015，第 11 页。

② 雷雨若：《街道办事处和社区居委会关系的现状与展望——以广东汕头市东方街道办事处与其社区居委会关系的调查为个案》，《汕头大学学报》（人文社会科学版）2006 年第 1 期。

③ 何艳玲：《街区组织与街区事件——后单位制时期中国街区权力结构分析框架的建立》，《中山大学学报》（社会科学版）2007 年第 4 期。

④ 郭伟和：《街道公共体制改革和国家意志的柔性控制——对黄宗智“国家和社会的第三领域”理论的扩展》，《开放时代》2010 年第 2 期。

⑤ 赵秀梅：《基层治理中的国家—社会关系——对一个参与社区公共服务的 NGO 的考察》，《开放时代》2008 年第 4 期。

⑥ 何艳玲：《都市街区中的国家与社会：乐街调查》，北京，社会科学文献出版社，2007，第 43 页。

在转型期的城市基层社会，国家与社会的关系既非国家丧失控制力的“断裂”，也非国家向邻里强力渗透的“嵌入”，而是一种介于两者之间的“粘连”状态：一方面，国家对城市邻里仍拥有一定的动员控制能力；另一方面，这种动员控制能力又受到各种社会政治因素的限制。这种“粘连”状态是由邻里中具有非制度化特征的权力操作模式及其背后的社会结构、动力机制等因素决定的。① “邻里”可视为“国与家之间的流动的公共空间”，是现代社会中国家、家庭主义和市场主义等多种力量共同作用的产物。② 以上研究表明，尽管有国家权力在邻里社会的影响，但市民依然能够有丰富自为的非正式或正式的市民组织生活；虽然地方性的团体受到国家的控制，但国家非但不能消灭它们，反而在对地方权力的控制中要依赖这些团体，这种依赖性使社区运动和市民团体在基层社会能有自己的生长空间。

沿着“国家与社会的互动实践”视角，关注社区日常集体活动、反污染维权和业主委员会换届等活动，聚焦国家如何形塑社会，在形塑中如何改变干预方式，继而发现中国市民社会的发育并不是一个“自然而然”的独立于国家力量之外的过程，商品房小区的自治也绝不是一个“闭门造车的乌托邦”。社区事件中的民主自治是在国家力量的“参与”和“在场”下实现的，是有限的自治，国家力量的参与在形式上更多样化、更柔性化，因此，基层社会自治的发育其实是国家干预与制度安排的产物，“社会”浸透着国家的身影和力量。③ “国家—社会”范式遭到进一步质疑和解构，国家和社会是碎片化而非整体化的，两者往往是相互渗透甚至重叠的。④ 故不能简单地将这些基层社会的多元行动者视为“国家”或“社会”理所当然的“代表”，在社区研究中更多研究者认为应强调行动者分析。⑤ 在基层社会场域有独立利益和目标的多元行动者之间形成了复杂的关系⑥，城市社区也因此成为各行动者相互博弈的“角力场”⑦。近年来，

---

① 桂勇：《邻里空间：城市基层的行动、组织与互动》，上海，上海书店出版社，2008，第 37 页。

② 朱健刚：《国与家之间：上海邻里的市民团体与社区运动的民族志》，北京，社会科学文献出版社，2010，第 102 页。

③ 王汉生、吴莹：《基层社会中“看得见”与“看不见”的国家——发生在一个商品房小区中的几个“故事”》，《社会学研究》2011 年第 1 期。

④ 马卫红、桂勇、骆天珏：《城市社区研究中的国家社会视角：局限、经验与发展可能》，《学术研究》2008 年第 11 期。

⑤ 陈伟东：《社区行动者逻辑：破解社区治理难题》，《政治学研究》2018 年第 1 期。

⑥ 韩志明：《小心翼翼的行动者：社区治理的内卷化叙事——以 S 市 Y 区“睦邻门”案例为例》，《中国行政管理》2020 年第 12 期。

⑦ 徐丙奎、李佩宁：《社区研究中的国家—社会、空间—行动者、权力与治理——近年来有关社区研究文献述评》，《华东理工大学学报》（社会科学版）2012 年第 5 期。

通过聚力国家和社会力量实施网格化治理已成社区治理的主要模式，各多元治理主体间表现出更为复杂多变的关系。①

二、关于居委会的研究

（一）关于居委会历史的研究

城市基层社会是新中国成立后中国社会的独特样态之一，国家视之为基层政权辖下的居民区群众及其生产生活。中华人民共和国成立初期，社区居委会制度的规范大致经历了1949年在杭州首创、1952年在上海及华东区的试点，继而在全国各地探索立法统一规范等几个时期。② 关于1950～1955年上海里弄的研究发现，上海里弄的动员始于居委会政治功能的发挥，居委会从建立开始就承载着国家和社会的双向需求，居委会的历史发展表明其一贯的“拾单位之遗，补单位之阙”的定位。③ 1958～1966年居委会功能有所变化和恢复，宏观社会变迁和政治生活对居委会的约束，显示了其作为城市治理架构中的基本单元的地位及作用。④ 透过新中国成立初期上海市居委会的整顿与制度建设发现，城市基层社会组织的重构是通过以阶级为核心的持续净化运动来实现的。⑤ 城市基层社会始于国家型构街居制，而国家迫近与组织社区的机制、社区的配合机制、社区的自我维持机制三种机制并存且在基层社会共同发生作用，三种机制并存规定了新中国成立后城市基层社会的基本特征、运行方向以及改革所需要解决的主要命题。⑥ 居委会发展的历史进程显示，社区居民委员会制度是应中国国情而生的一项政治制度，虽然居委会法律属性是群众性自治组织，但由于中国城市社会历史与现实的特殊性，基层政权期望居委会组织同时承担行政性事务以及居民福利性事务。

（二）关于居委会行政化的研究

居委会行政化指政府将自己的职能转移到居委会，居委会对自身职能

---

① 陈那波、李伟：《把“管理”带回政治——任务、资源与街道办网格化政策推行的案例比较》，《社会学研究》2020年第4期。

② 王金豹：《新中国成立初期城市居委会制度产生的历史过程及启示》，《上海党史与党建》2011年第5期。

③ 张济顺：《上海里弄：基层政治动员与国家社会一体化走向（1950～1955）》，《中国社会科学》2004年第2期。

④ 郭圣莉、高民政：《1958～1966：居民委员会功能的变异与恢复——以上海市为例的历史考察与分析》，《上海社会科学院学术季刊》2002年第3期。

⑤ 郭圣莉：《阶级净化机制：国家政权的城市基层社会组织构建——以解放初期上海居委会的整顿与制度建设为例》，《甘肃社会科学》2007年第4期。

⑥ 毛丹：《中国城市基层社会的型构——1949～1954年居委会档案研究》，《社会学研究》2018年第5期。

的履行无暇顾及，甚至成为街道办事处的下属行政机构，致使自治性质发生变异。居委会行政化被学界认为是社区治理中存在的主要问题，相关研究从居委会行政化的表现、原因和去行政化改革等多个维度探讨这一议题。

1. 居委会行政化的表现

在社区治理过程中，行政负担越来越重是居委会面临的突出问题，主要表现为职能行政化、成员公职化、工作方式机关化、运行机制行政化等方面①，居委会负担加重、职能严重泛化②，居委会所拥有的社区权力仍以政府所赋予的行政权为主，而在居民所期待的自治权、突发事件处理权、协管与监督等权力方面，居委会因拥有的资源存量不够，尚不足以很好地行使；社区其他组织在参与社区服务和治理的过程中也在一定程度上瓜分了居委会的权力，客观上影响了居委会的声望，并且随着社区居民在经济、社会及文化层面的进一步分化，居委会在不同类型的社区成员中的权力与声望呈现差异化的格局。③

在“单位制”解体和一般民间组织稀缺的情况下，居委会是合法性最高的民间组织，但居委会行政化直接导致其角色定位不清，出现实际身份和法律规定身份的偏差和异化。居委会既成为政府从事社会管理的主要甚至是唯一“代理人”，同时也成为公民权利的代言人和公益性服务的提供者，这三种身份本质上是不协调的，是转型期的异化产物，但也是一种必要的过渡形式。这三种身份并不固定，某一事件或某一时期内居委会主要扮演哪一种角色其实是政府、居民和居委会三者力量博弈的结果。④ 居委会行政化的社区，在职能、人员构成及产生方式、与居民的关系、与社区其他组织之间的关系等方面，都和正在实现居委会自治角色转型的社区有巨大差异。⑤ 城市社区居委会的法律角色和实然角色的巨大反差促使研究者思考城市社区治理中居委会应根据实践状态进行运行机制的改革和创新。

---

① 潘小娟、史卫民：《城市基层权力重组：社区建设探论》，北京，中国社会科学出版社，2006，第 12 页。

② 向德平：《社区组织行政化：表现、原因及对策分析》，《学海》2006 年第 3 期。

③ 闵学勤：《转型时期居委会的社区权力及声望研究》，《社会》2009 年第 6 期。

④ 张鸣宇、汪智汉：《转型时期居委会的三重角色——以武汉市 C 社区为例》，《社会主义研究》2005 年第 4 期。

⑤ 卓彩琴、陈亦欢：《中国新型城市社区居委会的角色冲突与重构——基于 S 与 D 社区居委会的比较分析》，《社会工作》2007 年第 8 期。

2. 居委会行政化的结果

居委会行政化不仅导致居委会组织自治功能缺损，而且致使社区居民参与和自治难以实现。由于行政负担过重，居委会本应扮演的法定角色被边缘化，既影响其社会合法性，也削弱了居民的获得感和参与动力。社区的一些自治事项，比如居委会直选等民主活动流于形式，居民普遍的政治冷漠与高投票率之间形成悖论。① 居委会行政化不仅影响社区生活，而且影响居民对社区建设的关注。当居委会行政负担过重、自身各类资源匮乏时，会采用形式主义、作假欺骗等方式应对上级派发的任务②，基层政府在压力型体制和职责同构的背景下默认甚至纵容居委会的做法，形成街居"合谋"③，最终损害政府形象和基层民主④。居民权力意识的觉醒也促进学界对行政化下的居委会直选进行反思，发现住房产权对个体政治积极性产生了实际影响⑤，不少社区业主希望参选居委会，这表现出居民从维护财产权和民事权的"业主"向行使政治权的"居民"的转变和扩展⑥。这种合法的制度性参与的实际意义较明显，具有促进基层政府依法办事的可能。⑦

3. 居委会行政化的原因

行政权力的不当干预是造成居委会行政化的主要原因，基层政府没有扮演好社区治理的规制者⑧、社区自治的指导者和社区公共服务的供给者等应然角色⑨。研究者以治理理论为依据，探讨政府在城市社区治理中的角色问题，认为对威权主义行政体制的路径依赖是居委会行政化的成因⑩，政府介入"失当"导致社区居委会这样的自治组织"失序"⑪，政府

---

① 熊易寒：《社区选举：在政治冷漠与高投票率之间》，《社会》2008 年第 3 期。

② 杨爱平、余雁鸿：《选择性应付：社区居委会行动逻辑的组织分析——以 G 市 L 社区为例》，《社会学研究》2012 年第 4 期。

③ 钟海：《权宜性治理：城市基层社会治理中的居委会行为逻辑探析》，《广西社会科学》2016 年第 4 期。

④ 吴海红、吴安戚：《基层减负背景下"责任甩锅"现象透视及其治理路径》，《治理研究》2020 年第 5 期。

⑤ 李骏：《住房产权与政治参与：中国城市的基层社区民主》，《社会学研究》2009 年第 5 期。

⑥ 刘子曦：《激励与扩展：B 市业主维权运动中的法律与社会关系》，《社会学研究》2010 年第 5 期。

⑦ 管兵：《维权行动和基层民主参与：以 B 市商品房业主为例》，《社会》2010 年第 5 期。

⑧ 徐勇：《中国城市居民自治有效实现形式研究》，北京，中国社会科学出版社，2016，第 7 页。

⑨ 林尚立：《社区民主与治理：案例研究》，北京，社会科学文献出版社，2003，第 9 页。

⑩ 卢爱国、陈伟东：《社区行政化的反思：现实与选择》，《内蒙古社会科学》2008 年第 3 期。

⑪ 卢爱国、曾凡丽：《政府介入方式选择与社区自组织培育》，《广州大学学报》（社会科学版）2012 年第 1 期。

的越位和缺位同时存在①。基层政府的不当干预有体制惯性②，也有政府权力的天然扩张性和对国家权威治理体制的路径依赖③；政府有意让居委会变成自己的“腿”，目的是寻求或强化对基层社会的控制，改革开放后社区场域成为一个复杂的“权力竞技场”④，政府通过纵向延伸与横向扩展等方式将权力渗透到社区，以实现对社会组织与个人的重新控制⑤。

4. 居委会去行政化体制改革

为适应社会发展的新形势，全国多地探索和推进城市管理体制改革，积极完善“两级政府，三级管理”体制，各地结合自身的发展状况和实际需求大力推进城市社区居委会体制改革，其中上海卢湾区的“上海模式”、湖北江汉区的“江汉模式”、深圳的“盐田模式”、山东的“青岛模式”、辽宁的“沈阳模式”等应运而生，各地进行社区居委会体制改革以破解居委会行政化的顽疾。⑥ 基层管理面临单一性与多元性冲突的困境，这一困境导致基层社会管理中的权力失衡，进而导致行动无序等问题。如何分享公共权力、重构和谐的社会秩序是摆脱基层社会治理困境值得深入探讨的问题。要想突破困境，就需要地方政府创新治理思维，与社会分享权力，不仅要舍得分权还要善于分权。权力大小决定了权力主体的生存空间，社会有了权力必然会增强社会公众与社会组织的治理能力，提高其对政策议程提出、制定及执行的能力，提升其对城市资源控制、影响及运用的能力，提升其对合法权益主张、维护及保障的能力。自改革开放以来，我国市场经济的深入发展带来了社会利益格局的深刻转变，我国已进入一个“具有非均衡特征的利益分化时代”⑦，各种社会矛盾和社会冲突暗流涌动；在国家主导的社区变革过程中，城市社区居委会的组织变革实际上走向了“内卷化”⑧，在此背景下，通过创新社会管理体制、机制以实现利益协调与社会和谐已成为一项极为紧迫的任务。

---

① 于燕燕:《社区自治与政府职能转变》,北京,中国社会出版社,2005,第 224 页。

② 潘小娟:《社区行政化问题探究》,《国家行政学院学报》2007 年第 1 期。

③ 孙柏瑛:《城市社区居委会“去行政化”何以可能?》,《南京社会科学》2016 年第 7 期。

④ 李友梅:《城市基层社会的深层权力秩序》,《江苏社会科学》2003 年第 6 期。

⑤ 郑雯睿、汪仕凯:《城市居民自治的发生机制:基于上海经验的研究》,《中国行政管理》2014 年第 1 期。

⑥ 卢爱国、陈伟东:《“江汉模式”新一轮改革:破解基层社会管理的体制瓶颈》,《领导科学》2012 年第 5 期。

⑦ 李璐:《利益分化时代的城市社区管理体制创新研究——以广州、深圳“居站分设”模式为例》,《理论学刊》2012 年第 7 期。

⑧ 何艳玲、蔡禾:《中国城市基层自治组织的“内卷化”及其成因》,《中山大学学报》(社会科学版)2005 年第 5 期。

从居委会治理的结构性变革与自治组织功能的转变两个维度提出去行政化改革的破解之道。① 结构性变革维度建议要建立专业社工队伍及保障机制，推动居委会“议行分离”，扩大和畅通居委会的参与渠道，使居委会真正成为联系政府和居民的桥梁，并整合与优化社区管理机制，建立适宜的新型居民自治体系②；自治组织功能转变维度主要强调进一步明确居委会的自治事项，赋予居委会独立财政权，阻断政府及其派出机关对居委会的财政控制③，赋予社区独立的社会团体法人地位等。

当然，随着居委会改革的实施，不断有研究者对居委会去行政化改革进行重新审视甚至质疑，关注居委会去行政化改革效果不彰、遭遇困境的内在机理④，以社区工作站管理体制为切口说明居委会所遭遇的“两难困境”⑤，社区治理面临“居委会困境”，由居民组成的“共同体”不在场，政府依然唱着“独角戏”⑥。近年来，越来越多的研究者反思和质疑居委会去行政化改革的意义和效果，认为居委会行政化的现实是国家权威治理体系运行的必然结果，简单的去行政化未必能解决社区治理的困境。⑦

（三）关于居委会人力资源的研究

对居委会人力资源的研究主要集中在居委会成员工作压力、日常生存和腐败等内容。居委会组织成员压力大，客观上是承担的上级工作任务较多所致，不仅承担几十项政府下派的常规任务，还要完成多项社区日常工作以及阶段性、季节性和临时突击性任务；而居委会工作者职责定位的不明确，直接导致上级行政部门把居委会当成是政府的延伸，大量行政性工作任务通过层层落实的形式最终移交到社区层面，造成现有的社区工作者职业类别界定模糊，角色定位不清，从而引发职责定位不明确问题。⑧ 居委会成员工作压力大，情绪劳动付出多⑨，产生了职业倦怠等问题，具体表现为身心疲惫、工作态度消极、工作绩效降低等，社区工作者队伍出现

---

① 孙柏瑛：《城市社区居委会“去行政化”何以可能？》，《南京社会科学》2016 年第 7 期。

② 徐勇、贺磊：《培育自治：居民自治有效实现形式探索》，《东南学术》2014 年第 5 期。

③ 杨贵华：《扩大社区民主、完善社区居民自治的若干对策》，《福建论坛》（人文社会科学版）2005 年第 2 期。

④ 何艳玲、蔡禾：《中国城市基层自治组织的“内卷化”及其成因》，《中山大学学报》（社会科学版）2005 年第 5 期。

⑤ 陈伟东：《权力平衡模式：居委会“两难困境”的破解》，《红旗文稿》2008 年第 22 期。

⑥ 郑杭生、黄家亮：《论我国社区治理的双重困境与创新之维：基于北京市社区管理体制改革实践的分析》，《东岳论丛》2012 年第 1 期。

⑦ 景跃进、陈明明、肖滨：《当代中国政府与政治》，北京，中国人民大学出版社，2016，第 249 页。

⑧ 李轲：《城市居委会法律定位的论争与启示》，《学习与实践》2015 年第 7 期。

⑨ 孙璐：《城市社区居委会工作者的情绪劳动研究》，《理论月刊》2019 年第 6 期。

不稳定、流动性强等问题[①]；由于所从事工作的相似性，社区工作者常把自己的收入与公务员、事业编制人员相比，从而产生一些不满情绪。许多个人素质和能力较高的年轻从业者面临职业发展前景不明的压力，索性把工作作为一个等待期的临时工作或者跳板。[②] 同时，基层组织腐败问题也逐渐被关注。社区民主机制扭曲、行政机制对居民基本权益的侵犯导致了社区腐败行为。[③] 随着各级政治生态圈中反腐力度的不断加大，基层社区组织的腐败问题将会受到更多的关注。

三、文献评述及未来研究趋势

对于社区管理和社区居委会的研究，现有文献主要集中在社会学与政治学领域，偶有经济学、人类学等学科的涉足。不同学科及研究者在研究视角、对象、方法与价值导向等方面虽各有侧重，但由于社区问题所具有的务实性与中国特色，在去除不同表述形式的浅层差异后不难发现，这些研究所得出的结论或展现的事实是相似或共通的。已有研究揭示了居委会行政化的原因，系统展示了中国社区建设运动开展以来城市社区变迁和治理的脉络。应该说，现有的讨论都直接或者间接地启发了本书的思考，它们对本书的贡献在于：一是已有的研究范畴能够为本书提供逻辑架构上的便利，二是已有的概念可以为本书提供简洁的归纳工具，三是已有对社区现状的分析为本书提供了素材和启发。在此基础上，形成本书的问题意识。

但与此同时，现有研究还存在诸多可拓展的空间。比如，这些研究虽揭示了问题，却常常难以对问题提出切实可行的解决思路，尤其体现在，有关城市社区居委会的研究不同程度地表现出“宏大有余，细微不足”的特点，或重历史陈述，或重现状描述，或重理论阐释，或重应然判断；实地研究基本止于组织层面，具体到微观的行动者及其互动层面的研究有待进一步拓宽，有的研究虽有所涉及，但并不以此为重。同时，多数研究对居委会和相关治理行动者之间互动的动态过程缺乏关注，或将居委会的角色等同于职责，甚至对居委会角色的认知存在误解，现有的研究成果缺乏以案例深描的形式向人们展示居委会运行的动态过程和内在逻辑的内容，因而对基层治理创新视阈下的城市社区居委会运行现状认识不够深入，对

① 万雪芬：《和谐社会视域下的社区社会工作者队伍建设》，《理论月刊》2009 年第 10 期。

② 钱德洲、刘祖云：《从“嵌入”到“融合”：大学生村官制度的弱化与优化》，《江苏社会科学》2018 年第 4 期。

③ 卜万红：《城市社区腐败及其源头治理》，《广州大学学报》（社会科学版）2011 年第 10 期。

城市社区治理瓶颈性的问题和原因挖掘不够，对未来社区治理的走向缺乏现实的观照。

本书认为，伴随着社会改革的深化和利益格局的变化，传统意义上的“国家”和“社会”正在被有着不同利益诉求的多元行动者逐渐解构，简单地用“行政化”来描述当前中国城市社区居委会的运行状态不够准确，“行政化”实际是治理主体对自身在社区治理中角色定位不清造成的后果，具体是对基层政府和居委会行为不当所产生后果的一种表面化描述。同样，居委会不能被理所当然地视为“国家”或“社会”的代表者，它是嵌入城市复杂系统中的“半行政—半社会”的基于多种利益考量而因时因地采取策略的行动者。因此，必须以此为研究出发点而非终点才能准确发现问题的真谛。未来需要在如下几个方面进行更为深入的研究：其一，城市社区治理涉及多个治理主体，“行政化”仅是针对居委会而言的，它并没有涉及其他治理主体在社区治理中的行为方式，为此，需要进一步厘清不同主体尤其是“条块”的行政组织及部门如何进行权力和资源的配置，这将会对居委会角色扮演和运行逻辑产生影响。其二，以居委会行政化为研究起点，既要分析宏观结构变迁对居委会运行的影响，又要透析微观具象的社区场域中不同主体间的权力互动过程，宏观和微观结合才能真正厘清基层社会治理的发展脉络、面临的问题流变和未来城市社区治理走向。其三，基于实证和归因分析，探究提升中国城市社区居委会治理效能的有效路径。

第三节　概念界定与理论支撑

一、概念界定

（一）中国语境下的社区

“社区”概念最早源于德国社会学者滕尼斯的著作《社区与社会》(*Gemeinsehaft-und Gesellsehaft*，*Community and Society*)，德文里的“Gemeinsehaft”和“Gesellsehaft”分别对应中文里的“礼俗社会”和“法理社会”，代表两种相互对立的社会理想类型。“礼俗社会”的成员由共同的价值观和传统维系在一起，过着“亲密无间的、与世隔绝的、排外的共同生活”，他们有共同的善恶观念，存在强烈的“我群”意识。“法理社会”的成员首先关心的是自己的私利，其特征是拥有更多的理智和工于心计，契约和个人主义至上。当用英文的“community”来翻译“礼俗社会”这个概念时出现了混乱，一是因为英文“community”的语义很复杂，包括社会学、政治学、经济社会史的各种用法；二是进行实证的社会学研究，在具体操作上，“社区”这个概念很难把握，所以出现了无数关于社区的定义。无论研究者如何根据自己的需要对“社区”这个概念进行不同的解说，目前已达成的共识是，“社区”实质上是一个区域性社会。根据《民政部关于在全国推进城市社区建设的意见》(2000 年 11 月3 日)，“社区是指聚居在一定地域范围内的人们所组成的社会生活共同体”，城市社区是指“经过社区体制改革后作了规模调整的居民委员会辖区”。

2002 年，“社区”一词首次出现在党的十六大报告中，报告涉及中国社区建设的诸多内容，既提出了“完善城市居民自治，建设管理有序、文明祥和的新型社区”[①] 的总体要求，又对居民自治、社区服务、社区文化教育等社区建设最基本、最核心的工作提出了明确要求，从战略高度指出了社区建设的发展方向。随着改革开放的逐步深入和城市化进程的快速推进，城市社区治理已不仅是一个理论研究问题，而且是一个重要的实践课题。社区的价值和功能自从得到民众和政府的关注重视，便开始了快速扩张话语空间的进程。不可否认的是，“社区”在中国社会已赢得了强大的话语权，甚至一度成为和“单位”并驾齐驱的强势话语，成为描述当今时代不可或缺的关键词。尽管国家层面明确了“社区”的概念和范围，但在实践中很多地方政府并没有采纳这一定义。在中国城市社区建设初期，对于如何建设社区尤其是应当建设什么样的社区，总体上缺乏系统深入的思考和普遍认同的理论。谈及“社区”，人们一般认为那不过是街道办和居委会的一个整体性的代名词而已。随着社区建设和治理的持续推进，理论研究和地方实践都在不断丰富“社区”的内涵与外延，但一些相关概念依然不甚清晰，比如“社区治理”和“基层治理”常被混为一谈。

本书所指的“社区”包含空间、功能、情感等多个维度的意蕴。在空间意义上，是指调整规模后的居委会辖区范围内的商品房小区；在功能意义上，是指国家权力和居民自治的交汇场域，国家的控制与服务、居民个体的利益与权利申诉都汇集于此；在情感意义上，是指通过居民的长期持续互动可以构建的具有情感认同的共同体。

(二) 街道办事处和居民委员会

街道办事处是中华人民共和国的市辖区和不设区的市人民政府的派出

---

① 《江泽民文选》第 3 卷，北京，人民出版社，2006，第 554 页。

机关，全国人大常委会于1954年通过的《城市街道办事处组织条例》规定，10万人口以上的市辖区和不设区的市，应当设立街道办事处；10万人口以下5万人口以上的市辖区和不设区的市，如果工作确实需要，也可以设立街道办事处。同时规定了街道办的任务：一是办理市、市辖区的人民委员会有关居民工作的交办事项；二是指导居民委员会的工作；三是反映居民的意见和要求。《城市街道办事处组织条例》规定，街道办事处共设专职干部3～7人，内有做街道妇女工作的干部1人。街道办主任、副主任、干事都由市辖区、不设区的市的人民委员会委派。市、市辖区的人民委员会的各工作部门，非经市、市辖区的人民委员会批准，不得直接向街道办事处布置任务。[①] 随着城市社会发展，城市街道办和20世纪50年代初创期相比，在工作任务、工作对象和机构编制等方面都发生了明显的变化。到90年代，《城市街道办事处组织条例》规定的街道办三项任务已经发展成为多头、多类的几十项任务，涉及民政、司法、公安、市政、人事、经济、优抚、科协、民族事务、侨务、残联、殡葬、老龄等各个领域的组织管理工作。

居民委员会是具有中国特色的基层群众性自治组织。《宪法》第一百一十一条规定："城市和农村按居民居住地区设立的居民委员会或者村民委员会是基层群众性自治组织。"[②] 新中国成立后，党的工作重心由农村转移到了城市，如何管理和建设城市、如何管理好社会事务、如何协调好各种社会关系、如何保证正常社会秩序，成为新生政权面临的重大课题。人民政府宣布废除保甲制度，对传统基层社会组织和民间势力进行了摧毁性的打击。保甲制度取消后，基于当时严峻的基层管理形势，许多城市的人民政府积极探索如何加强与居民的联系，如何动员居民群众参与城市管理，以巩固新生的政权，一些城市在当地政府的直接推动下相继出现了群众自发组织的居民组、防盗队、防护队等不同称谓的群众性自治组织。成立于1949年10月23日的杭州市上羊市街居委会是我国第一个居民委员会，由杭州的十八、十九两个保合并而成，共有居民2000多户，9名居委会委员都是居民投票选出的兼职工作者，其中正、副主任各1人负责日常工作，另外7名委员分别负责生产、公安、文教、民政、卫生等。1954年，全国人大常委会通过的《城市居民委员会组织条例》第一次在法律上明确了居委会的性质、地位和作用，极大地推动了城市居委会建设工作的开展，到1958年，全国各地普遍建立起居民委员会，大多数城市都建构起

---

① 《城市街道办事处组织条例》，《人民日报》1980年1月19日。

② 《中华人民共和国宪法》，北京，人民出版社，2018，第52页。

了以“单位制”为主、“街居制”为辅的基层社会管理体制。居委会的筹建历程表明，居委会的建立虽有满足居民生活需求的考虑，但更多是出于对国家基层政权的强化和对社会秩序维护的需要，是国家试图将行政能力渗透到社会底层的努力。①

“街居制”是一种以党政威权为导向的管理体制，以党组织、街道办和居委会为其运行的组织依托，街道党工委、办事处分别是区委和区政府的派出机构，居委会虽名义上是群众性自治组织，但实质上依附于党政派出机构。整个街居体系在执政党组织体系和国家行政体制中扮演着“脚”的角色，居委会的主要任务就是完成党政派出机构交办的事务。进入20世纪90年代后，随着“单位制”的逐步解体，北京、上海、天津等城市相继进行了社区管理体制改革，这些城市以“重心下移，立足基层”为改革思路，以建立完善“两级政府，三级管理，四级落实”为改革内容，以“事权下放”为改革重点，在下放政府、单位各种权力的同时不断强化街居的职责，使得街居的地位和作用得到进一步加强。② 值得肯定的是，多年来街道和居委会在宣传党政方针、政策，兴办社区公共事务，维护基层社会治安等方面发挥了重大的作用，但在推进城市社区建设、发展、治理的过程中也必然延续和放大这一体制中特有的政治化、行政化的运作方式，把强化街居党政组织的管理职能作为应对日趋增多的城市基层社会事务的基本途径，其必然导致党政派出机构不断膨胀，“准政府”功能和性质日益强化。现实情况也确实如此，街道办的行政管理职能随城市管理重心的下移不断扩大，机构设置、人员编制等不断扩充。全国各地街道办事处工作人员过百，组织机构“科室化”已是屡见不鲜的事实。相应地，居委会公职人员规模也不断扩大，居委会内部享受政府工资和津贴的成员也明显增多，在运作资金和人员安排上对街道办越发依赖。虽然《城市居民委员会组织法》仅给居委会规定了政治整合、公共服务、政务协助、治安维护、民间调节和民意表达六大任务，但居委会实际承担的各种工作内容琐碎繁杂，可以列出名称的工作任务多达百项。街居制这种以政府为中心的基层社会治理模式，通过不断增设准行政机构以应对日益复杂的社会管理现实，形如居委会这样的办事机构也因此日益行政化和官僚化。尽管如此，在以“单位制”为核心的传统社会管理体制下，“街居制”始终是“单位制”的一种附属物或补充物，街居只能是“拾单位之遗，补单位之

---

① 陈伟东、张文静:《合约理论视角下居委会的制度安排与实践逻辑》,《社会主义研究》2011年第2期。

② 汪大海、魏娜:《社区管理》,北京,中国人民大学出版社,2009,第43页。

阙”。这种制度定位决定了居委会只能处于行政序列的边缘，而不可能进入整个社会发展的中间地带甚或核心地带。

（三）运行逻辑

任何组织一经产生都会面临组织运行的问题，城市社区居委会也不例外。社会系统学派认为，组织是一个开放的社会协作系统①，这就预示着组织运行是在一个动态的社会系统中进行的，系统中的各主体是相互影响的。本书中的“运行”指一个组织在它所处的动态环境下为维系自身的生存和发展而进行的一系列活动，包括组织内部运行和组织外部运行。内部运行指组织内部各主体间的动态平衡，外部运行指组织与其所在的外部环境之间的动态平衡。随着现代社会中社会协作的增多，组织和外部环境的互动也愈发增多，组织越来越成为一个环境中的利益相关者，内外部环境对组织的存在和发展具有愈来愈重要的影响和意义。这就意味着，居委会组织只有适应社区治理环境中所有利益相关者的不同需要并达成一种相对平衡，才能维系组织自身正常运行和发展。

关于“逻辑”，《辞海》定义如下：思维的规律、规则；研究思维规律的科学，即逻辑学；客观事物的规律；观点，主张。这表明，能称为“逻辑”必然是对某些阶段性规律的归纳，本书主要聚焦社区居委会在社区治理中和不同主体互动时所运用的策略与遵循的规律。“居委会运行”是指，城市社区居委会作为一个基层组织，不断整合内部和外部资源、不断协调组织内外各种关系和矛盾的系统过程。广义上说，城市社区居委会的各种活动都属于居委会运行的范畴，但由于论述主题和篇幅有限，本书聚焦城市社区居委会运行过程中影响其生存和发展的最为核心的内容，包括：居委会组织内部运行逻辑——主要从居委会法律文本规定、组织设置与分工等实然状态、居委会资源获取和成员选择方式、居委会成员之间的关系来挖掘其“转起来”的内部运行逻辑；居委会与外部环境中的主要利益相关者之间的运行逻辑——涵盖居委会和社区外部的基层政府及职能部门、媒体、社会组织之间的不同运行逻辑，居委会和社区内部的物业管理公司、业主委员会、社区志愿组织、不同类型居民之间的运行逻辑等。

二、本书的理论支撑

本书从实践理论的视角回归居委会的日常实践，并从治理理论出发观照城市社区场域治理主体间的多元互动性、治理规则的柔和性和治理过程

---

① 〔美〕巴纳德：《经理人员的职能》，孙耀君等译，北京，中国社会科学出版社，1997，第76页。

的协调性。从嵌入性理论分析居委会所处的上传下达、连通左右的“结构洞”位置，居委会在社区治理中的角色选择和行为策略因此受到结构嵌入性、政治嵌入性、认知嵌入性和文化嵌入性的影响，在此基础上廓清城市社区居委会的运行逻辑，建构基层社区治理现代化图景并对国家和社会关系在基层的重塑进行再思考。

（一）实践理论

布迪厄的实践理论是本书的重要支撑，理解和解释居委会的运行逻辑，需要回归社区日常生活实践和治理实践，强化观察者之于日常生活的“深度在场”意识与“积极干预”立场。布迪厄在大量具体经验研究的过程中，逐渐认识到客观主义和主观主义两种传统社会研究模式的缺陷。他反对在结构和能动、系统和行动者、集合体和个人之间进行非此即彼的抉择，决意超越这些二元对立，将经验探究和理论思考有机结合起来①，力图从关系主义方法论出发，用“场域”“惯习”“资本”等概念描述社会世界，在揭示客观性结构的同时也揭示社会与行动者的能动的、生成性的实践过程。② 布迪厄强调社会大世界是由诸多社会小世界即“场域”构成的，“场域”是由人们的实践活动构建起来的，“实践”则是在非意识性的“惯习”引导下展开的，而“惯习”又是由“场域”所塑造的。正是“场域”“实践”“惯习”之间存在的持续相互作用，使各种“场域”及由所有“场域”集合成的“社会”大世界不断得以再生产出来。③ 布迪厄有关“场域—惯习—实践”关系的阐述和研究直接启发了本书对城市社会场域、社区场域、居委会实践、社区治理主体行动惯习等的系列思考，使本书对社区治理实践和城市基层社会、居委会实践和社区场域之间的关系获得了新的认识。

以往的社区研究多借用“国家—社会”二元界分的理论框架，将国家和社会的关系看作权力的一种分化结构。诚然，“国家—社会”理论框架确实能够从宏观上勾勒出中国城市基层社会组织实践的逻辑，但是该理论的价值预设和局限性也是很明显的——将国家和社会的同质性做简单预设，不可避免地在研究过程中将经验层面的国家和社会之间复杂的交织互渗关系置换为简单的理论逻辑。其实，“国家”和“社会”并不是简单相对的实体，两者需要在具体实践场景中加以具体辨析，唯此，具体场域中

① 〔法〕皮埃尔·布迪厄：《实践感》，蒋梓骅译，南京，译林出版社，2012，第30～37页。

② 〔法〕皮埃尔·布迪厄、〔美〕华康德：《实践与反思：反思社会学导引》，李猛、李康译，北京，中央编译出版社，2004，第29～35页。

③ 谢立中：《布迪厄实践理论再审视》，《北京大学学报》（哲学社会科学版）2019年第2期。

国家与社会的互动、合作和冲突才不至于在二元界分的理论框架下被简单处置和遮蔽，也再次揭示在不同的社会中那些掩盖最深的结构，同时揭示那些确保这些结构得以再生产或转化的“机制”是社会学的任务。

在布迪厄的实践理论中，“场域”不仅是一个重要概念，而且也是他探讨行动主体和结构之间关系的基本分析单元。“场域”被视为建立在社会关系基础上、具有自身独特逻辑的客观系统。社会行动者一旦进入某种场域，就像磁场中具有能动性的粒子一样，会表现出与该场域相匹配的表达代码和特有行为。① 本书试图把城市社区的整体结构看作“场域”，这个整体结构和传统结构功能主义意义上的静态结构大不相同，具象上来看，它是一个具有相对稳定的时空坐落，抽象上来看它又是一种流动的动态结构。这种“流动”体现在当代中国城市社区结构的形塑受国家权力的裹挟、市场经济的渗透、城市生产生活方式的变迁等多种因素的影响，城市社区结构的形成是一个动态的历史积淀过程。而在布迪厄实践理论中，“惯习”概念指贯穿行动者内外的具有稳定性与持续性的气质和行为风格。社区居委会的运行逻辑是“惯习”在城市社区治理中的表现之一，是基层组织对外界的一整套认知图式。在社区治理实践中，社区行动主体通常并没有明确意识到它所采取的某种策略，但适应国家治理需求和获得组织生存发展始终是影响居委会行动选择的一以贯之的因素，具有某种结构性的必然。同时，居委会组织又会在连续的行动场合中不断实时创新其行动策略以完成各项任务和工作。笔者作为一个“深度在场”的观察者试图把城市社区中以居委会为代表的社区治理主体的运行逻辑梳理、描述、归纳出来。

（二）治理理论

本书的另一理论基础是治理理论。“治理”（governance）是 20 世纪后期西方学者基于市场经济与福利国家政策相继失灵，社会权力主体日益多元化的现实而提出的一种公共管理新理念。该理论的创始人詹姆斯·N. 罗西瑙认为：“与统治（Government）不同，治理是指一种由共同的目标支持的活动，这些管理活动的主体未必是政府，也无须依靠国家的强制力量来实现。”② 国内学者指出，治理“指或官方的或民间的公共管理组织，在既定的规则范围内运用公共权威维持秩序，以满足公众需要。治

① 田北海、耿宇瀚：《生活场域与情境体验：农民工与市民社会交往的影响机制研究》，《学习与实践》2014 年第 7 期。

② 〔美〕詹姆斯·N. 罗西瑙：《没有政府的治理》，张胜军、刘小林等译，南昌，江西人民出版社，2001，第 9 页。

理的目的是在不同的制度关系中运用权力去引导、控制和规范各种行为，以最大限度地增加公共利益”①。当然，因学者们视角不尽相同，对治理概念的界定会有差异，但其所强调的多中心、多元的理念，推进民主合作的管理模式，增加公共利益实现善治的终极目标是被普遍认可的。相对于传统的行政管理，社区治理在治理主体、治理组织体系结构、治理规则和治理过程上都发生了巨大改变，主要表现为治理主体的多元互动性、治理规则的柔和性和治理过程的协调性。处理社区公共事务的权力主体不再是单一的政府组织，而是以自愿性为特征的社会组织或效率至上的市场组织，甚至是多个不同主体间的多类型合作。社区治理中政府、社会、市场等多个主体基于共同目标相互嵌入、相互依赖，不再是一方压倒另一方的零和博弈而是共同合作。治理主体间的互赖关系构成了复杂的治理网络，治理组织体系由垂直的科层结构转变为横向的网络结构，社区各权力主体通过协商对话来增进彼此理解与信任，确立共同目标并共担风险，最终形成合作的网络关系。

本书在揭示居委会运行逻辑的过程中充分展现居委会和社区场域不同利益主体间的互动过程，体现社区治理由行政控制逐步向民主协商的转变过程。所选取的研究个案是混合型社区，该社区既有国家在场，又有各种社会力量的不断壮大，还有市场力量的渗入，各类居民群体的诸多利益诉求层出不穷，因而常常出现各主体间交叉繁复的矛盾。矛盾协调的过程既是协商博弈的过程，也是各主体参与社区治理的过程。不同于传统的政府自上而下的行政命令，社区治理权威更多来源于公众认同与共识，社区冲突的最终解决也得益于不同权力主体通过社区长期发展目标的协商趋同，在各种不同的制度关系中引导、控制、规范自己的行动来保持对治理领域的权力控制。如果以居委会为代表的治理主体的权力行使能得到居民的普遍认可，则居委会就可能在社区公共事务管理中成为不同层面的权力中心，形成多向度的治理机制。多元治理主体基于公共利益和社区认同协同合作，提升社区公共物品供给质效，进而优化社区秩序和社区治理效能。

治理理论为现代社区发展提供了解释框架，社区实践则为治理理论的进一步发展提供了现实观照视角。正是在这一互动框架中，社区实践不断向治理理论渗入新元素，实践和理论不断对话并显示张力。可以预见的是，中国社区治理的不断完善终将有助于拓展治理理论未来走向的想象力和实践力。

---

① 俞可平:《治理与善治》,北京,社会科学文献出版社,2000,第17页。

（三）嵌入性理论

匈牙利经济史学家波兰尼（Karl Polanyi）提出“嵌入性理论”，用以解释经济活动中的主体行为，强调经济行为体的活动嵌入在社会和文化结构之中，受到社会关系的制约和影响，这种由社会关系制约产生的嵌入性是动态的，随社会发展的历史进程而变化。① 在此基础上美国社会学家格兰诺维特（Mark Granovetter）于1985年对“嵌入性”概念进一步扩展，将“嵌入性”理论应用到社会学等多个领域，强调行为主体与社会网络中各要素之间联系的复杂性，人类的目的性行为，是镶嵌于具体的、不断变化发展着的社会关系系统之中的。该理论被进一步应用于对行为主体行动选择、发展策略的分析之中，强调社会关系、文化结构等对行为主体的制约与影响。中国学者也将嵌入性理论引入对“国家—社会”关系的讨论中，关注社会网络中各要素对政府行为、社会组织发展的影响。②

作为与所有社区治理相关行为主体都产生联结的网络节点，居委会处于社会网络的“结构洞”位置，上传下达，连通左右；居委会在社区治理中的角色选择和行为策略因此受到结构嵌入性、政治嵌入性、认知嵌入性和文化嵌入性的影响。基层政府通过居委会了解居民意愿和需求，居民则通过居委会上传诉求、探查政府态度和行为，社会组织和市场组织通过与居委会的联动共同完成公共服务供给。结构性嵌入使居委会成为各利益主体之间资源和信息流转的媒介。居委会的行动选择不仅受其所处“结构洞”位置的影响，还需要同时面对社会网络中与其联结的多个行为主体施加的压力，即受到包括政治环境、政治体制、权力结构在内的政治嵌入性的影响，体现为当前法律、政策以及权力结构对居委会效能发挥与实现的制约。具体来说，有着法律规定的“群众性自治组织”和治理实践中“基层准行政组织”双重身份的社区居委会，一方面作为非政府职能机构不具有任何强制性权力，另一方面由于基层政府决定其人员编制、财政支持、绩效考核等，不得不在基层政府的领导和授意下开展社区治理。而居委会双重角色设定和社会网络内各行为主体对居委会角色的认知偏差又将进一步引导或限制居委会的行动和策略选择，即“认知嵌入性”影响。社区治理实践中，无论是基层政府、社区组织、居民还是居委会，对居委会角色认知都是存在有偏差的，在“基层准行政组织”和“群众性自治组织”两种

① 〔英〕卡尔·波兰尼：《大转型：我们时代的政治与经济起源》，冯钢、刘阳译，北京，当代世界出版社，2020，第27～34页。

② 孔子月：《嵌入性视角下社区居委会在邻避问题治理中的双重角色与行为逻辑——以S市Y事件为例》，《社会主义研究》2020年第4期。

角色间的游移使居委会在诸多社区公共事务的处理中变得立场模糊甚至时常采取矛盾行为，有偏差的“认知嵌入性”在一定程度上削弱了城市社区居委会在社区治理中的效力和合法性。“文化嵌入性”则关注行动者所处的社会文化环境对其行为的影响，居委会因办公地点设在居民区，工作内容与社区居民利益密切相关，其行动逻辑的选择和实施必然受到传统价值观、社会惯例等地方性知识的制约与影响，比如处理社区事务时通过熟人关系、打情感牌等策略达到组织目标和治理效果。

总之，社区场域中居委会在和关联主体的互动中扮演的不同角色、选择的不同行动策略、呈现出的差异性运行逻辑，无不反映出国家权力结构、社区结构等对居委会的“多重网络嵌入”，体现了“嵌入性”在不同的社会关系网络中对社区居委会行为选择的影响。当然，在影响程度和方式上不同主体、不同维度的嵌入性还是存在一定差异的。总体来说，“结构嵌入性”与“政治嵌入性”对居委会的影响更加强烈、鲜明、持续，会直接导致社区居委会角色和治理行为的转变；而“认知嵌入性”与“文化嵌入性”在居委会历时性的社会网络互动中逐渐形成，对居委会的行为选择产生温和、不易觉察的隐性影响。在未来社区治理愿景中，只有居委会充分利用其“结构洞”位置优势，在治理过程中发挥链接作用，实现社会网络嵌入从“单向度”向“多向度”的转变；同时，在社会网络嵌入下保持一定程度的“自主性”发展，逐渐降低对行政权力的依附性，在社区治理中构建起居委会和多主体间的协作共生关系，实现国家权力结构网络与社区结构网络的互嵌和互赖，提高社区治理现代化能力与水平，才能真正提升城市社区治理效能。

第四节　研究方法、田野工作及研究内容

一、研究方法的选择

（一）方法论层面

1. 宏观分析和微观分析的结合

从理论范式上看，在社会学传统中对国家—社会的分析基本上是近代社会结构变迁思想的延续，并着重突出国家与社会的冲突。长期以来关于城市街居的研究多侧重于街区权力结构的探讨，随着以街区为对象的研究逐步增多，研究者一般都倾向于在后单位制时期中国城市基层社会发生的

重要变化，由此也影响了国家与社会关系在基层的重构，即“单位制”的弱化和市民社会的成长使政府与社会间关系基础发生了变化，“正经历从纵向控制到横向互动的结构转变”①。长期以来“过程—事件”分析与“实践社会学”对社区研究的范式反思和建构尝试有明显的影响，这种分析视角有助于揭示社会实践中不同利益主体间的动态关系，但“结构—制度”分析框架的价值同样不可轻视，本书希望能在“结构—制度”和“过程—事件”两种范式间找到平衡。

具体来说，本书在具体的居委会微观运行和社会结构、制度及其变迁对城市社区权力结构、管理体制的影响中，找到两者间的内在联系，并试图解释居委会如何在社会结构和社区结构变化的形塑下表现出复杂多变的运行逻辑。孙立平等早在 2002 年就提出要将国家与社会的关系看作一种动态的实践过程而不是一种静态的结构，“过程—事件”分析作为一种研究策略是对以往静态结构分析的超越。② 城市社区居委会是一个生动的、具有主体性的行动者，是嵌入在特定的城市治理体系和社区场域中的，其行动选择既会受到宏观社会结构的影响，也会受到微观实践的影响。李友梅主张将社区研究的视角转向社区场域内不同行动者的具体合作机制与权力秩序这一富有实践特征的层面③，从静态的制度设计和组织关系结构转向组织关系的动态演变过程，从对理论的推论与演绎的关注转向对生活实践的提炼与归纳的关注。正如有学者提出街居邻里政治是普通人的日常生活政治，其地方性、碎片性、流变性的内在品格，具备了成为社会学想象源头、对象和寓所的基本条件；实践政治与文本政治、生活政治与制度政治之间的“缝隙”构成了街居行动者的自由空间和选择余地，深层的制度和结构性矛盾就隐藏在街居日常生活的实践过程之中。④ 本书通过“过程—事件”分析法展现城市基层街居行动者的日常实践过程，尝试超越“国家—社会”二元分析框架，通过居委会治理实践建构“国家—社区—居民”的分析框架，并在此基础上探析居委会和参与社区治理的不同主体间的运行逻辑。

2. 回到居委会运行的实践分析逻辑

社区日常生活看似琐碎、单调甚至平淡，但却充满“经验的储备”和“现有的知识”，是一种“唯一的最重要的社会实在”；而日常生活逻辑是

① 吴锦良:《政府与社会:从纵向控制到横向互动》,《浙江社会科学》2001 年第 4 期。

② 孙立平:《实践社会学与市场转型过程分析》,《中国社会科学》2002 年第 5 期。

③ 李友梅:《城市基层社会的深层权力秩序》,《江苏社会科学》2003 年第 6 期。

④ 刘威:《“行动者”的缺席抑或复归》,《南京社会科学》2010 年第 7 期。

一种“积淀根基”，深藏于日常生活的细枝末节中，需要研究者扎根田野、深入生活去发现和揭示。城市社区生活是普通人的日常，会受到国家政治与社会结构的渗透和形塑，同时也不失自身的自为性和独立性。因此，本书努力深入城市社区日常生活的层面，而不是浅尝辄止于宏观层面的抽象概括，通过发生在社区的具体事件透视居委会的运行逻辑。居委会的运行主要以利益相关性与情感共通性为基础。受街居工作中特定问题的导引，在利益、规则、权利等现代性因子以及关系、面子、人情等地方性社会资源的多重制约下，居委会与社区场域内多元主体展开博弈，实现国家、社会、市场的持续互动与合作共治。

本书所选取的个案——江苏省A市G区H街道荷花街社区居委会日常运行的原生态始终是单调与丰富、确定与偶然、线性与流变等多维元素的相互交织，在社会治理压力增大的城市基层社会，基层组织面临诸多压力、挑战和机遇，组织运行并非只是平淡、重复、粗糙甚至是平庸的消极面，而更多代之以生动、新鲜、流变、复杂的多向度。基层组织运行的生动、流变、复杂，正是嵌入在可观察、可言说、可规则化的“事件流”中，围绕社区“公共问题”演绎居委会和各治理主体之间的“大事小情”，将国家权力运作、基层组织动员、家庭利益表达、个体诉求重申紧紧勾连在一起，看似彼此分离却又交织耦合。本书正是通过荷花街社区居委会的日常运行来表征各治理主体关系的互动性、社会事件的连续性、事件过程的流动性、权力实践的策略性，希望社区日常生活中那些具体、实际而又执拗的“小要求”，那些细琐的片段、不确定的“小问题”，那些“给个面子”、公私相杂的“小动作”，那些既暗中抵触又依赖妥协、既心存“敬畏”又公开“叫板”甚至是“说软话办硬事”的“小智慧”，可以揭示基层某类社会问题，生产某种权力关系，彰显居委会的运行方式和运行逻辑。因此，回归组织日常运行对于理解城市社区各治理主体的行动方式、解释基层组织隐匿的运行逻辑的意义不容小觑。

（二）具体的方法

本书属于定性研究。定性研究的目的不是通过对样本的研究找到一种可以推广的普遍规律，而是通过对社会现象进行深入细致的研究以再现其本质。定性研究调查的广度虽不及定量研究，但更为深入细致是其优势和特点。具体来说，本书属于个案研究，个案研究最基本最主要的任务是发掘日常生活逻辑，解释它们背后隐匿的道理。如同解剖麻雀，个案研究的优势就在于能够深入详尽地描述经验事实，呈现事件发生的具体过程，揭示其背后的运作机理和逻辑，以此了解“社会结构里各方面的内部联系”

及“产生这个结构的条件”。“中层理论”所试图揭示的，大概也就是这种带有中间机制特征的、合乎逻辑的、具有推论性的系统知识。从这个角度来说，单个案例的研究工作是至关重要的。[①] 本书以荷花街社区居委会作为研究个案，居委会组织内外部结构及结构条件是展开其运行过程和运行逻辑分析的基础。选择个案研究的逻辑基础是进行“分析性的扩大化推理”[②]。居委会普遍具有“准行政化”、资源匮乏等共性特征，运行机制也具有较高的相似性，因此，对城市的某个居委会进行分析，虽然不能完全代表其他地方居委会的运行情况，但是也能在较大程度上反映一些共性特征和内在逻辑。对居委会未来治理愿景的构建，是本书综合考察了全国多地社区治理实践及居委会运行实践后对多地治理经验的提炼和概括。

在研究的具体方法和技术层面，本书主要使用文献法、观察法、访谈法等。

1. 文献法

文献法是指研究主体根据自己的研究目的和任务，对某一问题的已有相关研究形成的文献资料（包括数字、符号、图片、录音、文字等信息资料）进行广泛查找、收集、阅读和分析，了解该问题的研究现状，获得支持自己论点的有力而充分的证据。本书使用的文献主要包括国内外社区研究相关学术论文、论著，各级政府有关社区建设、社区治理的法规文件及公文，全国多地社区居委会相关资料，荷花街社区居委会、物业管理公司、入驻服务的专业社会组织、社区志愿组织等的工作台账和内部工作资料等。

2. 观察法

观察法指研究者在社会调查中动用自己的感官，根据课题的研究内容，有目的有计划地收集资料的一种方法。根据观察过程中研究者所处的位置和所扮演的角色，观察法分为参与观察法和非参与观察法。所谓参与观察法主要指研究者深入研究对象的生活场景中，在参与研究对象的日常生活过程中进行观察并收集所需要的资料；非参与观察法是研究者在观察过程中置身于观察对象日常生活之外，进行客观的观察。根据研究的实际需要，笔者在运用观察法的过程中既有参与观察又有非参与观察。笔者深入多个社区，特别是个案点——荷花街社区、居委会、业主委员会、物业管理公司和街道党工委、街道办等做系统的观察，通过观察社区居委会组织内部的工作内容、人际互动、居委会与外部环境的互动、所运用的各种

① 折晓叶:《“田野”经验中的日常生活逻辑:经验、理论与方法》,《社会》2018 年第 1 期。

② 卢晖临、李雪:《如何走出个案:从个案研究到扩展个案研究》,《中国社会科学》2007 年第 1 期。

行动策略等，获得真实具体详细的第一手资料，并及时对资料进行整理归类。同时，笔者经常以居民的身份深入 A 市其他社区进行间接观察，比对荷花街社区居委会的运行情况，以甄别获取的实证材料。

3. 深度访谈法

访谈法是社会学研究中常用的方法，即通过访谈者和被访者之间的谈话来获取必要的信息。根据访谈前是否预先设计好程序或问卷来看，访谈可分为结构性访谈和非结构性访谈。结构性访谈有预先设计好的问卷或程序，非结构性访谈主要围绕一个主题或范围进行较为细致的访谈，谈话者之间的交流比较自由，访谈者从谈话中获得生动丰富的第一手资料并根据研究者富有洞察性的分析从谈话中归纳和概括出某种结论。

根据研究对象的特点主要采取了非结构性访谈，即深度访谈法。除了利用出差机会，专门外出调研，预约相关访谈对象外，更多的时候笔者在荷花街社区"解剖麻雀"。居委会的上班时间是上午 8 点到中午 11 点半，下午 14 点到 18 点。在居委会工作时间内，笔者或者观察居委会组织内部成员间的互动，或者观察居委会成员如何与前来办事的居民进行互动，或者跟随居委会成员参与各类活动观察他们与不同主体间的行为方式及策略选择，并采用偶遇抽样、目的性抽样等研究方法，对荷花街社区居委会负责人、居委会工作人员、社区物业服务人员、业主委员会成员、社会组织的社工、社区志愿者、居民等观察对象共计 100 多人次进行深度访谈。居委会成员是居委会组织与其他社区治理主体互动的主力军，也是开展访谈调查的最主要对象。笔者几乎与荷花街社区居委会的每位成员都进行过多次访谈，时长从几分钟到数个小时不等，具体的时长取决于他们是否有空闲时间。对业主委员会成员、物业服务人员、社区志愿组织成员、社会组织负责人及部分社区居民的访谈则是提前预约，时间一般在半小时至一个小时。大多数访谈对象是通过综合考量其在社区内的典型性、是否有时间、是否乐意配合等因素刻意选择的。部分访谈是在观察居委会组织运行的过程中同时进行的，带有一定的偶然性，但这种偶然性并不意味着随机性。访谈提纲围绕论文的核心内容展开，主要包括居委会内部运行状况，居委会和其外部组织如社区场域外的党政组织、媒体、共建企业、专业社会组织等及社区场域内的业主委员会、物业管理公司、社区志愿组织、不同类型的居民等之间的社会互动经历与过程，以及对社区治理事件的看法与态度。通过深度访谈所得的实证资料与理论分析相互结合、相互印证，力图加强理论和实践的对话，有利于澄清居委会日常运行中纷繁复杂的问题，推进研究的纵深化发展。

二、田野工作

（一）研究地点

本书以江苏省A市G区H街道荷花街社区为主要调研地点，同时在成都、上海、南京、北京、武汉等全国多地的社区展开调研。基于学术惯例和研究伦理，取名为“荷花街社区”，并对相关地名、人名等做了匿名处理。本书以荷花街社区居委会为讨论的基点，透过社区场域中具体的治理实践呈现并回答所关注的主要议题。我国城市社区居委会的政治结构是同构的，在荷花街社区居委会碰到的大情小事、发生的故事流，在全国其他城市居委会也会发生，并且这一点也为现有研究所佐证。笔者所做的探索是把这些故事这些场景记录下来，放在社会治理创新的背景下来考察和思考中国城市社区居委会的何能何为与可能可为。

G区是A市的主城区，位于A市中心城区。行政区域面积341.96平方公里，人口54.2万人，下辖4个街道办事处、6个乡镇以及3个园区，共计54个社区83个村。H街道地处主城区中心，是G区委、区政府所在地，面积2.6平方公里，下辖荷花街等11个社区居委会。截至2020年第七次人口普查，H街道有居民2.2万户，6.9万人，辖区共有各类企事业单位4000多家。A市第一商圈——金鹰商圈坐落其间，商圈内有众多大型商贸零售企业、餐饮名店、商贸特色街，辖区内有众多名胜古迹以及数所A市的重点中小学，H街道辖区称得上是A市经济最繁荣、商贸最发达、文化氛围最浓厚的中心区域。

1. 荷花街社区的前世今生

荷花街社区位于A市老城区西南角，占地面积0.65平方公里，居民3330户，共8894人。既有集中的居民小区，也有传统的老街巷；既有农贸市场、商业街，又紧邻苏中地区最大的三甲医院S人民医院，人员密度大、结构复杂、流动性强。荷花街社区居委会服务着包括荷花池小区、湖滨公寓、苏农一村、S医院宿舍、安墩公寓、嘉荷苑、小码头街在内的7个类型多样的自然小区，其中既有普通商品房小区（安墩公寓、嘉荷苑）、拆迁安置小区（湖滨公寓）、混合型小区（荷花池小区兼有拆迁安置房和商品房），还有单位型住宅小区（苏农一村、S医院宿舍），而小码头街则是平房居多，是在古运河以打鱼为生的渔民聚集的街巷。历史上的荷花街是外地人员在A市的聚集地，人员结构较为复杂，A市市民历来有“好女不嫁荷花街”的说法。

你们可以问老一辈的人，在20世纪80年代初的时候，要“送”人（指枪决罪犯）到哪里去？都到荷花街来。这个地方当时还属于城郊地带，住的全是外来户，拾荒的、卖苦力的……都落脚在这里。1990年后陆续开始搞拆迁安置，慢慢聚集成现在的配套小区。20世纪80年代中后期，我在H街道工作，荷花街这里是街道重点抓的地方，乱得很。1996年9月我到这里，到社区的第一件大事就是跑监狱，违法犯罪蹲大狱的（居民）有好多个，我每年至少要跑7个监狱，一般过完年一上班从正月初八就开始跑了。

——与居委会周主任访谈（日志20111215）①

20世纪80年代，在A市进行城市开发前，荷花街地处城市边缘，较为荒凉，城市开发扩建使荷花街从边缘地带慢慢变成了中心城区，这一点也得到了就地拆迁安置的原住居民的印证。

这块地全是后来整出来的，以前是“鬼不生蛋”的地方，现在好得很，有医院有学校，都是大学城了，人多了成气候了。以前我们晚上不敢出门，迟了就不出去了，怕呢。

——与荷花街社区老年驿站居民访谈（日志20111223）

直至20世纪90年代初期，荷花街的外部环境都很糟糕，居民常用“晴天一身灰，雨天一身泥”来形容。随着国家顶层设计对社区建设的重视，社区逐步发展起来。1991年，荷花街社区成立。20世纪90年代中后期，荷花街社区在软硬件环境上取得了较大改善，并先后获得省文明社区、省社区建设示范社区、省级“巾帼示范岗”、省民主法制示范社区等若干集体荣誉，居委会主任周赠予②也获得全国优秀社区工作者、省十大女杰暨“三八”红旗手、省防止民间纠纷激化先进个人、A市精神文明建设新人新事当选者、奥运火炬手等若干荣誉。

2. 荷花街社区居委会空间布局

荷花街社区居委会地处荷花池小区内，居委会用房统称“邻里中心”，有近400平方米的古色古香建筑，在A市早期开发的老小区中属于办公用房宽敞、办公硬件水平中上的社区，具体包括社区服务大厅、慈善超市、“赠予工作室”、社区档案室、社区接待室、会议室、调解室等。在邻

① “日志20111215”代表访谈日志形成时间为2011年12月15日。

② 书中所提及人物均为化名。

里中心的东北面是后期增设的“三位一体”办公室兼小区项目部①，另一间则是居民活动室兼侨胞事务中心。在邻里中心的对面隔了两栋楼是社区老年驿站和青少年活动中心，这是一幢两层的独体小楼，约 180 平方米，楼下是养老站，楼上是老年活动中心、青少年活动中心、阳光学堂兼社区周末活动剧场。具体布局见图 1-1。

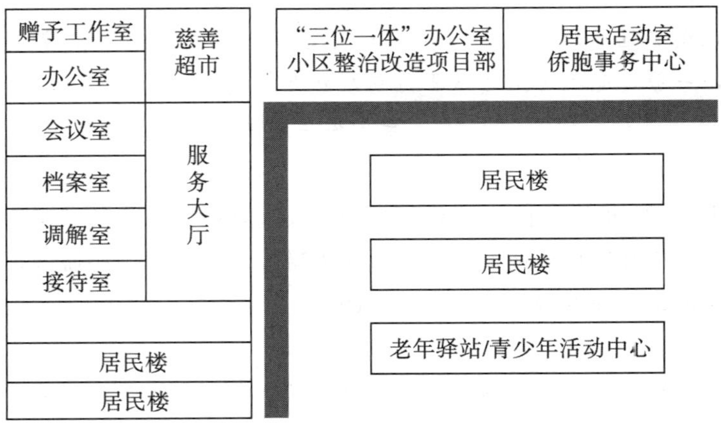

图 1-1　荷花街社区居委会办公地点平面示意图

荷花街社区居委会的“邻里中心”完全掩映在居民楼中，邻里中心和活动中心都位于小区主干道旁，是居民上下班或外出办事的必经之地，故居民来往非常频繁。

> 居委会很近，很方便，有时出去散个步啊、买个菜啊，我们都拐进去玩一下。不怕你笑话，我们几个老朋友经常都把菜带到这边（指居委会办公楼和“三位一体”办公室之间的犄角处）来择，特别是冬天这里阳光好、暖和，大家说说笑笑就把事情做了。
>
> ——与居民刘阿姨访谈（日志 20111224）

荷花街社区居委会平房式的办公布局使工作人员有更多的机会接触居民，而接触机会的增加必然会带来居民对居委会工作的关注。较便利和频繁的人际互动对于居委会来说有两面性，好的或坏的口碑都会因为频繁的

① 该项目部根据每个阶段社区承接的具体项目而更改名称，图 1-1 是承接的老小区改造项目部。

人际互动而得到快速传播。

（二）研究过程介绍

笔者选择混合型社区——荷花街社区作为调查地点的原因有三个：一是建成时间合适，小区类型多样。这是一个中等城市最普通的社区，建于20世纪90年代初期，经历了中国社区建设、社区发展和社区治理的不同阶段，辖区内各小区的基本设施完备。社区居委会所辖的小区类型样式齐全，既有普通商品房小区，又有拆迁安置房小区，还有单位型住宅小区。各种社区建设与治理的政策在各级政府的统一部署下基本都会在荷花街社区得到复制和推广，经过多年建设社区取得了一定的成绩，但也面临社区基础设施老化、社区需求多样化复杂化等普遍性问题。社区治理实践在组织形态和运作方式上具有同构性，所以选取荷花街社区作为个案研究点具有普遍性和代表性。正如波兰尼所说："如果我们能够在一定程度上说明典型条件之下支配潮流和逆流的规则，那么我们就无须被边缘性的湍流所困扰。"① 从此意义来说，典型个案可以提高个案研究结论的可外推性。二是研究资料的可获得性和场域的可进入性。2010年，笔者因为工作和荷花街社区居委会周主任初次打交道，被允许进场做调研。周主任因为经常在地方媒体上露脸而在A市小有名气，既有工作魄力也很有亲和力，是个敢说敢做的基层工作者，不少当地高校的研究者都以荷花街社区为样本做过相关学术研究。2016年底，周主任退休，于梅接任居委会负责人。因为笔者长期在荷花街做田野调查，与于梅主任较为熟悉，可以获得荷花街社区治理和居委会运行的真实情况。三是笔者有学生于2008年大学毕业后在荷花街社区任职（2012年辞职），对荷花街社区情况较熟悉。笔者希望通过熟人关系能多方比对甄别相关信息，尽可能还原社区居委会运行的真相。

能够顺利进入调查地点离不开H街道办的支持，因该街道办是笔者所在工作单位的实践实习基地，街道办主任专门打电话给荷花街社区主任，嘱咐对笔者的调研予以接洽配合，表明街道办支持的态度。在很大程度上，街道办的支持使笔者的调查更为顺利，所提出的相关调研要求也基本可以得到满足。

当然，在研究过程中，和很多研究者一样，笔者也时常会被一个问题所困扰，即研究者与他的调查对象能互惠交换什么资源？当他人提供信息助力完成研究时，研究者能为对方做些什么？研究者的到来是不是打扰甚

① 〔英〕卡尔·波兰尼：《大转型：我们时代的政治与经济起源》，冯刚、刘阳译，杭州，浙江人民出版社，2007，第37页。

至妨碍了对方的工作和生活？在一个成员异质性强，个体意识、交换意识不断增强，人的期望和忠诚度不断变化的城市情境中，以上问题是必须面对和考虑的。笔者试着从以下三个方面来解决困扰：第一，在谈话过程中试图通过带来不同资讯或视角而给予对方信息方面的交换，这特别适用于与居委会年轻人的交往；第二，通过表达尊敬和认同使对方在心理精神方面感到愉悦，这特别适用于与年长者的交往；第三，在和正式组织打交道时，如果能够产生一些合作性的工作项目，那么更能够达到一种双赢的局面。实际上，笔者利用所在单位的人力资源，和 H 街道办有过合作的横向项目。笔者已发表的研究成果中有以荷花街社区为研究对象的，居委会和街道办工作人员认为笔者是帮他们做了宣传，提升了街居知名度。同时，笔者鼓励和发动所指导的学生利用寒暑假来荷花街社区进行专业实习实践、志愿服务，学生们帮居委会做了不少信息收集、录入和文字资料整理的工作。在学生的专业实习实践和志愿活动中，笔者启发学生带着专业问题来社区实践，鼓励其在社区帮忙做事时和居委会工作人员聊聊这些话题，参与日常聊天。笔者发现，在这些轻松随意的场景下所得的资料更真实丰富。学生适时地向居委会工作人员表露所学的专业及将来极有可能要从事街居等基层治理方面的工作，居委会工作人员大多会以过来人的口吻告诫或鼓励这些年轻学生，也会和他们分享社区工作的喜怒哀乐。

随着时间的推移，笔者与居委会工作人员接触交流增多，熟悉程度加深，所收集的资料也更加丰富广泛。因调查者与调查对象所结成的熟悉关系可能会影响到“价值中立”的科学研究原则，故笔者一直有意识地自省并尽量规避这一问题，分析资料时尽可能多角度地对比不同形式的资料，使结论式的概括都建立在调查资料的基础之上。

在与社区其他组织及居民访谈之初也遇到些困难。由于隐私意识和组织规范等自我保护意识，大多数人会对陌生人的出现和询问充满警惕。笔者认为，适时告知对方正式的身份和明确的研究目的一般可以打消对方的疑虑。荷花街社区邻里活动中心是笔者出现和活动最多的地方，研究初期秉持的最基本的方式和方法是经常出现“混个脸熟”，并告诉居民自己边开展教学边田野实践的研究者身份，一般很快就能获得居民们“不容易”的同情和认同；在倾听和加入居民们的闲谈时，笔者常利用自己女性和母亲的双重角色，参与他们的家长里短，培养相对自然的“我们”感，达到一定的熟悉度后再开始“问这问那”。笔者在和居民熟悉后也会准备一些小礼物给接受访谈的居民，当然在熟悉之后调研和被调研双方都不认为这些小礼物是一种利益交换，反而觉得是双方的情谊在不断加深。

本书实地调查的集中时间为 2011 年 11～12 月、2013 年 9～12 月、2015 年 8～9 月、2016 年 10～12 月。项目获得立项后，于 2019 年 11～12 月、2020 年 8～9 月做了多次补充调查。因工作原因平时去荷花街社区零星实践调研若干次，有近十年的调研时间跨度，目睹了以荷花街居委会为代表的众多社区在管理内容和管理工具方面从传统管理型向现代治理型的过渡和面临的挑战。其间，荷花街社区居委会主任发生了人事变动，2016 年12 月前周赠予任居委会主任，2017 年后周主任正式离岗退职，居委会副主任于梅接任。调查过程中收集的文档资料、整理的访谈资料和观察笔记是本书的主要资料来源，其中访谈资料和观察笔记共有 60 多万字，文档资料包括荷花街社区居委会的工作文档以及和研究相关的资料文档共有 300 多份。需要说明的是，文中的实证资料来源标注“访谈”，即对各个不同对象访谈的文字整理；标注“日志”是笔者在荷花街的观察日志，综合了笔者对参与式观察、访谈和相关文献资料的收集整理。

三、研究的主要内容

城市社区居委会作为社区治理的重要行动者，在众多社区组织中建成时间最长、合法性最高，深嵌于城市基层社会和文化结构之中。居委会和基层政府及职能部门、专业社会组织、媒体、辖区内的企业和社区内部的物业管理公司、业主委员会、社区志愿组织及居民等相关主体在社区日常生活中形成了社会关系网络。该网络既受到国家、社会既有法律政策和规制的影响，又通过网络结构内部各行为主体之间的互动，形成主体间的社会关系制约。本书以城市社区居委会为研究对象，从实践理论的视角出发回到居委会的日常实践，强化观察者于日常生活的深度在场意识和积极干预立场，揭示那些在社区日常中被掩盖最深的结构；从治理理论视角剖析社区治理与传统社区管理的差异，政府、市场组织、社会组织、各类社区组织及居民等多元主体基于各自利益展开的博弈，最终公共利益的实现和社区秩序的优化。正是在这样的制度环境下，社区治理活动越发复杂多变。从嵌入理论出发分析嵌入社区内外环境中的居委会，发现其治理行动选择会依据内外环境变化做出权宜性和策略性变动，居委会复杂多样的运行逻辑由此铺陈。本书的具体内容安排如下。

第一章是导论。包括问题的缘起、理论基础、相关文献综述及未来研究趋势、研究方法与过程、研究点介绍、研究的主要内容等。

第二章分析居委会内部运行逻辑。居委会的运行逻辑归纳是以法律文本为出发点，以实然状态为核心，以理想状态为归宿的实践过程。本章从居委会运行的法律文本规定和实然状态的差异着手，从居委会的组织关系内外设置、组织分工、资源获取方式、成员遴选标准变化、成员在组织的日常生存状态等方面分析居委会“转起来”的内部运行逻辑。政府财政支持是居委会资源的稳定来源，通过“共建机制”，居委会扩大了资源获取路径。随着城市社区治理目标的变化，居委会成员在选拔标准和方式上都发生了变化。作为城市基层重要的管理组织，居委会进入社区场域后面临来自上级、各类社区组织和自身多方面的压力。为了保证居委会正常运转，政府、居委会及其成员都会主动或被动地采取行动策略来拆解压力以保证组织的“转起来”。

第三章分析居委会和社区场域外部组织的运行逻辑。主要包括居委会和政府组织、媒体、共建企业、专业社会组织间的运行逻辑。通过具体的事件过程呈现居委会作为场域内的行动者，为了获得自身生存和发展的资源、完成上级指派的任务、维护和谐稳定的基层社会秩序，用多种行动策略、方法来协调居委会与社区外各类组织间的复杂关系。具体表现为和政府组织“完成任务—汲取资源”的运行逻辑，和媒体、共建企业“扩大影响—汲取资源”的运行逻辑，和专业社会组织从脱嵌到嵌入的运行逻辑。

第四章分析居委会和社区场域内部组织的运行逻辑。主要包括居委会和社区党组织、业主委员会、物业管理公司、社区志愿组织间的运行逻辑。居委会会视具体的基层工作情况灵活协调和各主体间的关系，不断变通治理方式，代表国家权力在社区治理中发挥主要作用。具体包括和社区党组织间从党政合一到党建引领的逻辑变化，和业委会、物业公司间“不谋而合—压力转移”的运行逻辑，和社区志愿组织间从“吸纳—嵌入”到“互赖—竞争”的运行逻辑。

第五章分析居委会和社区居民之间的运行逻辑。不同类型的居民和居委会的亲疏、互动程度是不一样的，居委会往往根据不同类型的居民采用不同形式的行动策略。居委会遵循“交换—事务分解”的逻辑和其所依赖的积极分子展开互动；居委会依循“能帮则帮—得民心”的逻辑和其所服务的对象弱势群体展开互动；居委会面对最易赢得口碑又最复杂敏感的业主群体，在具体的社区事件中本着“不出事”的原则和业主展开博弈，本着“在社区情理和国家权力间游走”的逻辑调处居民纠纷。居委会面对不同类型的居民采取了形态各异的策略，呈现出不同的运行逻辑。居委会与居民的互动也折射出国家和社会间关系的复杂多变。

第六章主要结论与城市社区居委会治理愿景。作为一个基层社会组织，城市社区居委会需不断整合内外部资源、协调组织各种内外关系以满足国家治理需求和居民生活需求，因而呈现出不同的运行逻辑。这些运行逻辑看似复杂多变，实则有着内在的关联性。总体来看，迎合和适应国家治理需求是主导逻辑。为实现这一目标，在居委会组织内部遵循“转起来”的运作逻辑；在组织外部遵循“不出事”逻辑、“资源汲取—压力转移—事务分解”逻辑。在具体的治理行动和治理工具运用方面居委会视不同主体而有策略地采用不同的运作逻辑，本书将这种相机行事的选择行为概括为“策略主义”逻辑，主要包括情绪劳动逻辑、能人治理逻辑等。居委会复杂多变的运行逻辑主要是由其角色多重、责权不匹配、上层治理压力传导和居民对美好生活需求增长等决定的。针对城市社区居委会的运行现状，本书认为要从应然角度明确居委会法律定位及改革方向，引入整体性治理理念，构筑协商共治机制，建立符合中国国情的治理模式，并举多种治理工具等来构建城市社区治理愿景。

第二章　居委会内部运行逻辑

居委会的运行是在一定的法律框架和具体的场域中进行的，法律规定了居委会的属性和文本质态，而居委会所在的具体场域决定了其运行的实然状态。资源获取路径、成员选拔方式、组织分工模式等是影响组织运行效率的重要因素。居委会的组织设置和内部分工如何？资源获取方式是怎样的，是否随着外部环境的变化而变化？加入居委会后，成员如何适应组织要求、完成组织目标？成员间的关系如何？组织内部有着怎样的运行逻辑？本章着重分析居委会运行的法律文本规定与实然状态，对居委会运行制度空间、面临的张力做概述性把握，为后文居委会和不同社区治理主体间互动所呈现出的运行逻辑提供宏观背景和整体认知框架。同时，居委会运行实然状态与法律文本规定之间的张力将促使研究者关注张力之下的居委会治理效能情况，思考社区居委会运行的愿景。

第一节　居委会运行的法律文本规定

健全的社区法律体系是保证社区建设和治理有序开展的前提。新中国成立伊始，国家在着手改造城市基层管理体系的同时，也在不断制定和完善相关法律。自 1949 年 10 月 23 日浙江省杭州市上城区上羊市街居民委员会成立以来，城市居委会组织实现了从无到有、再到蓬勃发展的转变，相关法律也随之确立。宪法第一百一十一条明确了城市居民委员会的法律属性——基层群众性自治组织。相较社区发展的速度，总体来说社区建设和治理的相关立法工作相对滞后，现有的有关城市街居的法律法规的颁布实施时间都较早。其中，《城市街道办事处组织条例》和《城市居民委员会组织条例》于 1954 年全国人大常委会第四次会议通过，《城市居民委员会组织法》于 1990 年施行，三者均明确了居委会基层群众性自治组织的法律属性。

一、居委会外部组织架构

按照《城市街道办事处组织条例》的规定，居委会工作的开展是在街道办的指导下进行的。街道党工委和办事处分别行使党委职能和行政职能，上级政府职能部门在街道层面设有专门处理各项事务的科室。随着我国政治、经济、文化的发展，街道办无论是在工作对象、机构设置方面，还是在职能、人员编制等方面都发生了巨大变化。街道办不仅要负责城市管理，执行地方政府职能部门布置的各项工作，甚至还要承担招商引资、发展区域经济等的任务。《城市街道办事处组织条例》所规定的有限职能一再被突破。随着基层社会管理事务的多样化和复杂化，荷花街社区所在的 H 街道办和全国大多数街道办一样专门成立了社区管理办公室，对社区进行直接指导。除了街道办下设的社区管理办公室对辖区内的居委会进行直接对口指导外，街道办各职能部门也对社区居委会各项工作进行归口指导（见图 2-1）。相较《城市街道办事处组织条例》相关规定，目前的街道办机构设置更复杂细化，工作任务更多，组织职能大大拓展。随着工业化、城市化、现代化的进一步发展，不少城市已实施撤销街道办事处的改革，如安徽省铜陵市、黑龙江省伊春市，旨在探索基层治理新路径。近年来，不断有人大代表提议全国人大加快修订《城市街道办事处组织条例》或制定《城市街道办事处组织法》，以便结合我国城市社会治理现实更准确地定位街道办事处的职责权限与管理体制。

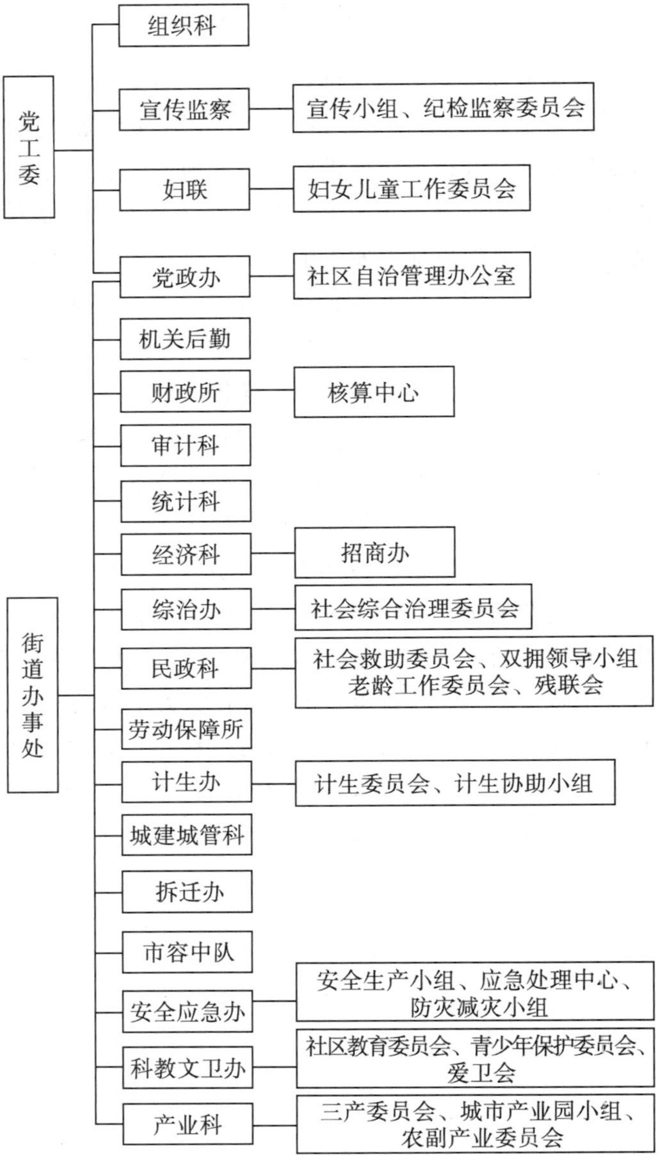

图 2-1　H 街道办事处组织结构

社区管理本质上是国家和社会公共部门对社区公共事务的社会性管理活动，政府组织是社区管理中发挥主导作用的组织。但随着社会职能的高度分化，社区公共事务涉及国家、市场、社会等各个领域，单凭政府或社区自身力量难以满足居民日益增长的需求，客观上要求多个主体、多种组织共同参与社区公共事务管理。按照宪法、《城市居民委员会组织法》《物业管理条例》的相关规定，荷花街居委会外部组织架构包括街道党工委、街道办事处、社区党支部、居民议事会、物业管理公司、业主委员会、社区社会组织。其法律关系参见居委会外部组织关系图（见图 2-2），图中实线代表“领导”关系，虚线代表“指导”关系。

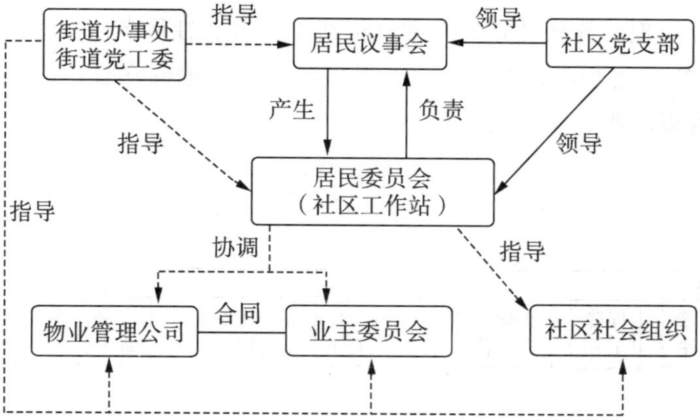

图 2-2　居委会外部组织关系

街居党组织，包括街道办事处党工委和社区党支部，在社区公共事务管理中发挥领导核心作用。街道办事处发挥指导作用，指导居民议事会、居民委员会、物业管理公司、业主委员会和社区社会组织[①]开展工作。居民委员会由居民议事会产生，并向其负责，居委会依法管理和决定本地区的公共事务和公益事业，如解决失业居民的就业问题，关照残疾人、老年人、孤儿等弱势群体，修建社区活动场所，绿化美化社区环境等。居委会不仅协调业主委员会与物业管理公司之间的关系，还指导和帮助社区社会组织开展各项工作。经由业主大会产生的业主委员会代表业主利益和物业公司形成经济上的聘用和受聘的合同关系。

总之，法律文本中的居委会在城市社区管理中发挥着重要作用，起着链接社区内外各类组织、上传下达、信息交换的重要桥梁和纽带作用，是城市基层行政组织的重要依靠力量。

二、居委会内部组织设置

《城市居民委员会组织法》第十三条规定，居民委员会根据需要设人民调解、治安保卫、公共卫生等委员会，居民委员会成员可以兼任下属的

① 主要指社区内部各类福利性、服务性组织，如社区志愿组织、社区服务组织等，早期大多为居民自发组建的组织，近年来有些居民组织发展为在民政部门注册的民办非企业单位(组织)。

委员会的成员。居民较少的居民委员会可以不设下属的委员会，由居民委员会的成员分工负责有关工作。随着城市人口增多，目前居委会所辖面积和人口数都在不断增加，根据《城市居民委员会组织法》所规定的工作任务，居委会内部一般下设社区保障服务、社区环境、社区文化教育、社区治安综合治理、社区计划生育和社区协调监督、社区老年服务等工作体系（见图 2-3）。此外，居委会还可以视情况成立其他群众性组织机构，如外来人员管理小组、居委会文化站等。

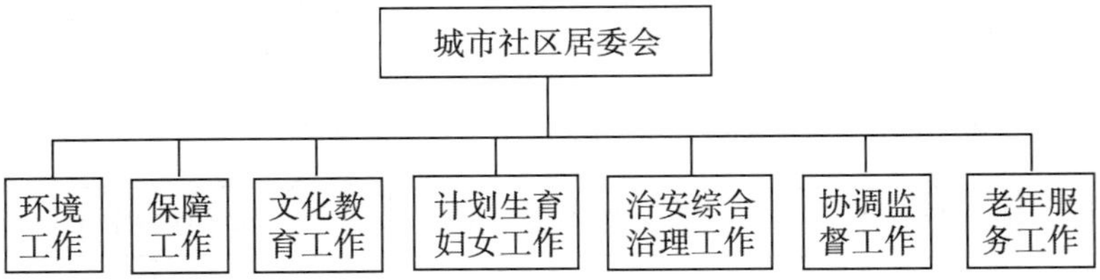

图 2-3　城市社区居委会的内部设置

居委会下设的几大工作体系的工作分别由环境保障服务干事、卫生干事、文化教育干事、治安调解干事、计生干事、综合协调干事和老龄委干事各自对口负责。《城市居民委员会组织法》第八条、第十七条分别对居委会成员的产生和居委会工作经费做了规定："居民委员会主任、副主任和委员，由本居住地区全体有选举权的居民或者由每户派代表选举产生；根据居民意见，也可以由每个居民小组选举代表二至三人选举产生。居民委员会每届任期五年，其成员可以连选连任。""居民委员会的工作经费和来源，居民委员会成员的生活补贴费的范围、标准和来源，由不设区的市、市辖区的人民政府或者上级人民政府规定并拨付；经居民会议同意，可以从居民委员会的经济收入中给予适当补助。"①

第二节　居委会组织设置与分工的实然状态

《城市居民委员会组织法》施行以来基本未有修订，2018 年 12 月第十三届全国人大常委会第七次会议表决通过了《关于修改〈中华人民共和国村民委员会〉〈中华人民共和国城市居民委员会组织法〉的决定》，但该决定也只是在居委会成员任期方面做了"三年"改"五年"的变动。现实状

① 《中华人民共和国城市居民委员会组织法》，国家法律法规数据库，2018 年 12 月 29 日。

况是，随着社会主义市场经济的提出和建立，改革开放后中国城市建设飞速发展，居民委员会在社区治理中的地位、作用、任务、职能都发生了巨大变化。由于立法滞后，居委会自治难以实现、权责利不统一，居委会和内外环境中各治理主体间矛盾不断，直接影响居委会作用的发挥。《城市居民委员会组织法》的一些法律条文与新时期关于“加强和创新社会治理”的部署也有龃龉之处。为了完成城市基层社会的各项工作，无论是街道办还是居委会都对居委会的实际运行做出了调整，即居委会的实际运行有着和法律规定所不同的实然状态。

一、街居组织法律关系的变化

荷花街社区居委会在实际运行中，和其他街居组织的关系尤其是和街道办的关系设定并不完全遵循法律规定，组织间的实然关系更多是以城市管理目标的实现、管理任务的完成为导向的，甚至会有组织关系变化的情况发生。随着城市的快速发展，市、区政府客观上也面临着城市管理幅度拓宽、管理手段明显不足、管理能力相形见绌的考验，政府职能部门在传统的管理体制下习惯于把工作任务下放给基层，包括街道办事处和社区居委会。同时，上级政府管理职能不清与政府职能的“越位”“缺位”导致上级政府对很多工作“一放了之”。本书中 H 街道办对荷花街社区居委会的“指导”关系也变成了事实上的“领导”关系，不但把大量的行政事务作为工作任务下放给居委会办理，而且在居委会的运作经费和人员配备上进行全面掌控。

（一）街道办“领导”而非“指导”居委会工作

居委会作为法定的群众性自治组织，不是一级政权，也不是基层政府或者街道办的分支机构，街道办与居委会之间是法律上的指导、支持、帮助的关系。所谓“指导”，就是在工作上给予指点和引导，提出原则性意见，把握方向；所谓“支持”，就是给予政策、舆论和人员等方面的支持和帮助。然而，宪法对城市居委会具体法律的定位具有模糊性：在明确其为基层群众性自治组织的同时，又将其划归地方基层政权的附属。同样，《城市居民委员会组织法》明确了城市居委会的自治组织性质，但同时又规定居委会的设立、规模调整、撤销、工作经费等都由政府决定与拨付。[①] 这种模糊性和矛盾性为行政权力的介入提供了空间。进入 21 世纪后，“两级政府、三级管理、四级网络”的城市管理新格局直接把居委会

① 李轲：《城市居委会法律定位的论争与启示》，《学习与实践》2015 年第 7 期。

纳入基层管理行政体系，其“行政化”取向在社会管理创新改革中非但没有削弱反而进一步强化，居委会这一法律授权的自治组织俨然成为城市街道办的“下级机关”。

H 街道办对荷花街社区居委会的指导关系演变成了领导关系。政府职能部门为了使居委会能更好地完成自己委派的工作，顺利实现本部门的工作目标，运用行政部门的考核体系和指标对居委会工作进行考核、评比，居委会事实上成为代表政府管理社会的力量，成为基层政权下辖的行政组织。根据“荷花街居委会工作内容一览表”（见表 2-1），笔者发现居委会需要负责的工作有 100 多项，几乎无法一一列举，A 市一些规模较大的社区的常规任务甚至达到 150 项之多。放眼全国，居委会工作繁重的境遇类似，“有的地方，社区承担的工作职责一度达到 270 多项，涉及 40 多个政府职能部门。不少地方将违章建筑拆除、消防、安全生产、黄标车治理、鞭炮禁放等一些本应由行政执法部门负责的工作交给社区”①。相关研究也显示，“社区居委会承担了 286 项行政任务，提供证明（盖章）的事项约为 106 项，形成的台账多达数十本甚至上百本”②。

表 2-1　荷花街社区居委会工作内容

工作类别	具体内容
社区党建服务	负责社区党员干部队伍建设、精神文明、工会、共青团、妇联、纪检、信访、宣传、人大、政协、档案等工作
社区民政服务	负责民政、优抚、低保、老龄、双拥、救灾、残联、殡葬、社会救济等工作
社区文体教育服务	负责社区文化、体育、教育、科技等工作
社区医疗卫生服务	负责社区健康教育、传染病防治、禽流感防治、计划生育、计划免疫、妇幼保健、就医指导、红十字会等二作
社区环境卫生服务	负责社区城市管理、绿化美化、环境卫生、爱国卫生、环境保护等工作
社区劳动保障服务	负责社区劳动保障、就业再就业等工作
社区综合治理服务	负责社区综合治理、房屋出租、流动人口管理、人民调解、普法教育、法律宣传、咨询、服务、人民武装、消防安全、民族宗教等工作

① 朱恒顺：《社区居委会需要去行政化》，《中国青年报》2016 年 12 月 8 日。

② 罗红霞、崔运武：《悖论、因果与对策：关于社区居委会职责的调查思考》，《理论月刊》2015 年第 7 期。

荷花街社区居委会工作主要是代行政府职能，从事党建、廉政、综治、宣传、统战、团建、妇女、老龄、双拥、义工、文体、科普，以及城市卫生、食品安全、健康教育、居民调解、计划生育、社区学校、属地共建等工作。居委会“邻里之家”办公点前的各种挂牌也佐证了居委会工作的庞杂繁重，居委会门口共挂了 26 块牌子，每多一块牌子就预示着居委会要多承担一项或数项工作任务。由于人员有限，居委会成员需要身兼数职，每年要完成报表 373 种、台账 76 种、部门进社区工作 106 项、各类考核 62 项，创建活动 55 项。

（二）居委会法定属性在现实中的变化

中国城市居委会的产生明显带有国家政权推动的意味，居委会是一个具有双重属性的外源性组织。新中国成立前的城市基层组织制度保甲制度在新中国成立后被废除了，因此城市需要建立一种新的组织形式，既能实现政府对城市基层的掌控和管理，又能把城市居民组织起来协助新政权开展政治动员，做好社会整顿，实施社会生活的计划供应，保障城市居民基本生活。新中国成立后，国家推动建立居委会主要是基于两方面的需要，一是新生政权建立之初，大量政治性任务和行政性事务需要有组织地贯彻到基层民众中去；二是组织群众自我管理、自己解决问题，以体现人民群众在新社会的主人翁地位。这项制度包含的是双间接机制，即基层群众通过居委会间接实现民主，国家通过居委会间接统合基层社会。城市居委会便是应以上双重需要而建立的，且主要是应政治和行政性的需要。换言之，服务于居民福利性事务在某种程度上是实现或者说是更好地实现前一个目标的手段，这必然导致居委会自产生之日起便具有官民二重性：既是居民自治组织，又是城市管理体系最末梢。带着如此使命产生的居委会，对基层社会生产生活的管理是全方位的，“1952 年上海市江宁区崇安里居民委员会工作任务曾列举过居委会的日常工作清单，有 40 多项，内容包括组织漫画大字报、里弄调解等。到 1961 年 3 月，由上海里弄出具的证明就包括了财贸方面 30 项、文教卫生 9 项、政法 6 项、交通公用事业 14 项、其他方面 3 项，共计 62 大项，内容细到了管理居民婚丧‘申请小菜’、婴儿缺奶申请奶糕奶粉、买饭碗买洋钉的程度”①。

为适应社会环境的变化，1990 年实施的《城市居民委员会组织法》对居委会的任务做了调整，其中第三条规定了居委会的六项任务：（1）宣传宪法、法律、法规和国家的政策，维护居民的合法权益，教育居民履行

① 毛丹：《中国城市基层社会的型构——1949～1954 年居委会档案研究》，《社会学研究》2018 年第 5 期。

依法应尽的义务，爱护公共财产，开展多种形式的社会主义精神文明建设活动；（2）办理本居住地区居民的公共事务和公益事业；（3）调解民间纠纷；（4）协助维护社会治安；（5）协助人民政府或它的派出机关做好与居民利益有关的公共卫生、计划生育、优抚救济、青少年教育等项工作；（6）向人民政府或它的派出机关反映居民的意见、要求和提出建议。法定的六项任务只是粗线条的规定，缺少相关细则，未对居委会协助街道办工作的具体事项、协助程度做出明确规定，法律条文的笼统模糊客观上为基层政府给居委会下达任务提供了操作空间。

A市政府在2009年实施《关于加快推进和谐社区建设工作的意见》（A发〔2009〕54号），旨在建立健全"四位一体"社区管理服务体制机制，在社区成立有独立法人资格的民办非企业单位——"社区工作站"，使其作为承接政府部门和街道办事处下沉到社区的各项行政管理事务和公共服务的平台，落实各项惠民利民举措。社区工作站在街道办事处和社区党组织的领导下开展工作，接受政府部门的业务指导与考核，同时接受居委会和居民的评议监督。政府部门委托给社区的行政性事务以及其他需要协助办理的工作实行"准入制"和"费随事转"。然而，为了节约成本和完成管理任务，A市包括荷花街居委会在内的所有社区都采取了"居站一体"的运行体制，该体制不仅没有解决居委会事实上的行政化问题，相反，因为这种模糊不清的双重身份定位——既是法律上的自治组织又是事实上的行政组织，居委会在诸多工作中名不正言不顺，负担大大增加。

居委会身份的悖论在于其"行政化"受到法律"自治"身份的限制，而"自治"也只是局限于处理居民生活中共同存在的福利问题，只能"向上级政府反映居民的意见、要求和建议"，而并不能作为一个独立自主的组织为了居民公共福祉而对地方决策过程施加影响。从这个意义上看，居委会是一个"有限的居民福利性自治组织"①。2013年，A市民政局开始在G区推行"网格化管理，组团式服务"工作模式充分证明了这一点。G区根据辖区内各个社区面积的大小，结合居民户数、困难群体数的多少，按照"二十分钟服务圈"理念，将各个社区划分为若干个网格，每个社区的网格设立工作人员一名，由各居委会成员负责各自网格内居民的各项事务，特别是老、弱、病、残人员的系列服务。此工作模式设计了专门平台，对各社区问题处理情况进行汇总统计，2013年初至3月底，荷花街居委会共有1368件事项被记录在案，平均每两天处置一件，而且某些

① 郭圣莉：《居民委员会的创建与变革》，北京，中国社会出版社，2006，第69～82页。

工作有一定周期，跨度较大。此外，同期还有1031个意见建议需要答复，但在处理这些事项中，居委会大多扮演的是上传下达的角色，并不能参与决策和直接解决问题。

2015年后，A市全面铺开社区网格化治理模式，这一做法不仅没有改善反而进一步削弱了居委会的自治功能。2018年，G区推进全要素网格治理，构建“一格一长多员”的网格队伍，实行网格工作网格长负责制。网格长由社区工作者（居委会成员）担任，网格员的配备坚持专兼职相结合。专职网格员原则上从现有各类协辅人员中调剂，兼职网格员由党员骨干、物业管理人员、社会组织成员、社区志愿者等担任。即便是专职网格员也是“调剂使用”，更何况兼职网格员。所以，全要素网格治理工作依然主要由居委会成员担任的网格长来承担。在网格工作任务清单里可见，网格工作人员有6项职责，共开展11大类26小类86项工作。86项工作几乎涉及政府所有的职能部门，任务清单里的工作标准基本是清一色的“及时发现、上报”或者是“及时发现、调查、上报”。作为网格治理工作主力军，社区居委会成员基本是在配合政府职能部门的工作，体现了“信息采集员”“便民服务员”“矛盾化解员”“治安巡防员”“政策宣传员”的工作职责。

> 上面的改革对我们（社区）的影响好像就是事情越来越多。基层减负也喊了好几年了，我感觉和学生减负一样，好像越减负担越重，要求还越高，我们的自主权也越小，说白了就是听指令干活。据说马上要搞市域社会治理现代化，街道成立“一办六局一中心”，还不知道会给我们增加什么工作呢。每次一改很多关系都理不顺，搞得我们不知道听谁的，结果每个（部门）都要听。
>
> ——与居委会于主任访谈（日志20200515）

二、组织内外设置的灵活性

（一）组织设置以满足管理需要为前提

从本书图2-2和图2-3可以清楚地看到法律条文所规定的居委会外部组织架构和内部组织设置情况，其实在荷花街居委会的实际运行过程中，外部组织并不拘泥于法律框架的规定而存在和运行，而是应管理的实际需要而建立。在荷花街的7个自然小区中仅有4个小区有物业管理公司和业主委员会；社区居民组织也非常有限，在笔者的观察中清晰可见的居民组织只有在居委会牵头协助下发展起来的社区志愿组织影响力较大。即便是上级主管部门，在荷花街居委会成员的眼里也是多元甚至是模糊的，他们觉得实际工作中街道党工委、街道办可以“管”居委会，区政府和街道办的各职能部门只要涉及归口工作的也可以“管”居委会，即“条”和“块”相关部门都可以对居委会工作实施管理。

> 我们也不清楚到底是谁管我们，以前我们居委会属街道民政科管，现在好像上面个个都可以管我们，谁都可以下达任务。人家不是说了嘛，“居委会就是个筐，什么都可以往里装”，能来“装东西”的都可以管我们。
>
> ——与居委会周主任访谈（日志 20111215）

在荷花街居委会成员看来，他们的顶头上司不只是社区管理办公室，而是整个 H 街道办，因为街道办的所有职能部门都有对他们分配工作和发号施令的权力。按照中共 A 市委、市政府联合发文《关于加快推进和谐社区建设工作的意见》的要求，全面加强社区党组织、社区工作站、社区自治组织、社区服务中心的建设，建立健全职责明确、衔接紧密的“四位一体”社区管理服务体制机制。2009 年 11 月，H 街道办在荷花街社区设立“社区工作站”，作为“一站式”服务中心，其设立初衷是行政事务单独受理，这样既可以提高行政办事效率，又可以将居委会从行政事务中抽离出来，使其有充足的时间和精力服务居民。该站下设民政、计生、综治、社保、科教文卫、妇联和老龄委等窗口，各行政窗口均有服务专员，要求每个服务专员有良好的专业素质和丰富的工作经验，能够在第一时间受理或处理居民日常行政事务，帮助居民解决职责范围内的困难。

> 搞社区工作站，我们也是出去调研看了不少试点城市的，包括深圳盐田搞的多元化、专业化的“居站分离”模式，也去学习了，但总觉得不太适合我们的实际情况，三四线城市还是适合“居站合一”的综合机制。虽然组织形态有所区分，但人员配置等是打通使用的。
>
> ——与 A 市民政局负责人访谈（日志 20130909）

虽然 A 市各社区应上级要求设立了社区工作站，但社区工作站和居委会实际上是两种称呼、一套人员的“居站一体”配置，所有社区工作站人员都是居委会成员，都是民选街聘的专职人员，交叉任职、合署办公。

这种设置并未使居委会从行政事务中抽离出来，相反，双重身份使得居委会的职能更多，上级政府对居委会工作的介入也相应增强。由于社区公共事务具有综合性与混合性的特征，行政、服务与自治事务间的边界相对模糊，存在大量职能交叉和重叠领域，故荷花街社区居委会在治理实践中形成了集行政、服务、自治功能于一体的复合治理形态。

> 2010年前，上面说成立社区工作站，专门承接政府交办事务，要“行政的归行政，自治的归自治，服务的归服务”，把行政、自治、服务三者区分开来。我在居委会工作几十年了，说实话我到现在也没分清这三者，真的没办法分得那么清楚。比如，搞个社区文体活动，它是政府向我们社区下达的行政服务任务，以满足居民的精神文化需求，但这个活动要居民参与，要居民自己去搞，又是自治内容。基层老百姓的事，很难区分它是哪个类别。
>
> ——与居委会周主任访谈（日志20131013）

由于处在社会转型期，社会的快速流动与变迁使得社会治理具有不确定性，社区工作中交叉性、综合性、临时性任务更是占比高，面临的事务大多具有动态性特点。而且，由于社会基础与资源条件的差异，不同类型的社区还会面临公共事务非均衡化的问题。①

> 整个社区的常规性工作和临时性、弹性工作大概各占一半吧，我们7个自然小区间的差异也是蛮大的，主要是商品房小区与老旧小区差别大，像嘉荷苑这样的商品房小区有市场化的物业管理，老年人口与贫困人口相对较少；而荷花池小区、苏农一村都是没有专门物业管理的开放式老旧小区，老年人多，困难群体帮扶、为老助老服务等方面的工作量就大。所以，我们这个组织分工设置就不能拘泥，凡事以满足管理需要为前提吧。这几年搞网格化管理更是如此，把事情一网打尽才是王道。
>
> ——与居委会于主任访谈（日志20161022）

（二）组织分工以完成任务为目标

笔者在荷花街居委会服务站（社区工作站）看到，张贴在墙的公开的

---

① 张雪霖:《通才型治理:城市社区治理现代化新方向》,《求索》2020年第3期。

服务流程和工作人员职责多是应上级的工作要求而编制的，在居委会实际运作中，工作安排和人员分工比这些程序式规定更复杂灵活，更多是“弹性边界式软性分工”。荷花街社区居委会有11名工作人员，其中街道聘任人员9名、居委会自聘人员1名、市委组织部选任的大学生村官1名。街聘人员在社区党支部、居委会、社区工作站交叉任职，比如，居委会主任同时兼任社区党总支书记和社区工作站站长，居委会副主任同时兼任社区党总支副书记和社区工作站副站长。9名专任人员的工资由街道办发放，居委会自聘人员的工资由居委会发放，大学生村官的人事关系隶属A市组织部，由A市财政统一发放工资。

在居委会实践中，日常工作要比图2-3所示的工作体系复杂得多。很多工作虽跨部门却是有交叉的，有的工作很难归类却又是非常重要的，所以社区居委会除了主任对居委会工作全面负责外，按照“主次有别”的思路将工作任务搭配分工，一般每人主要负责一项工作，同时配合其他成员兼顾一两项工作。荷花街居委会工作分工大致为：社区居委会主任周赠予兼党支部书记与工作站站长，负责社区全面工作，同时负责社区对外联络工作（直至2016年12月居委会换届退休）；副主任于梅兼党支部副书记，以党务工作为主，同时兼顾内务、劳动保障和招商引资（直至2016年12月底居委会换届当选为居委会主任）；居委会副主任马颖主要负责宣传、经济、电脑科技工作，同时以计生工作为辅；其他的居委会干事各自承担具体的主要工作和次要工作。谈仲秋原是荷花街居委会副主任，退休后被返聘，负责几个没有物业公司进驻、由居委会代管的老小区的基本物业工作，同时兼任荷花池小区业主委员会副主任。杨飞飞和张永杰是A市组织部选拔的大学生村官，相继在荷花街居委会挂职锻炼，杨飞飞2010年9月来到居委会，2013年6月被借调到H街道办工作；张永杰2013年9月来到居委会。大学生村官的工作内容，一方面是做好社区退休人员的管理工作，配合于副主任做好党务工作，另一方面是承担纪检、文字资料、活动策划、网站建设等工作。

因居委会工作人员有限，荷花街居委会的分工以工作任务为导向，实际是一种AB角工作制度，即一项工作以A角为主，并配备一个B角协助A角工作，以保证工作的稳定性和持续性。这样的内部分工模式是基于荷花街居委会的多年实践并被证明是行之有效的，比如在社区党务工作中，于梅是A角，张永杰是B角；在计划生育工作中，刘霞是A角，马颖是B角，AB角相互协作共同完成工作（见表2-2）。

表 2-2　荷花街社区居委会成员分工（2011～2016 年）

姓名	性别	年龄	职务	学历	主要负责的工作
周赠予	女	60 岁	居委会主任、党支部书记，兼工作站站长（2016 年 12 月换届退休）	高中	全面，对外交流
于　梅	女	42 岁	居委会副主任、党支部副书记，兼工作站副站长（2016 年 12 月居委会换届当选为正职）	本科	党务为主，同时负责内务、劳动保障（就业、退管、社会保险）、招商引资
马　颖	女	32 岁	居委会副主任、荷花池小区网格长	本科	计划生育为辅，同时负责宣传（剪报）、经济工作（包括招商、税收）、电脑（包括网站建设）
王　蓓	女	36 岁	居委会干事、苏农一村网格长	大专	综合治理、双拥为主（包括人武），同时负责科普、文化、统战（包括侨务）、工会
王艳月	女	28 岁	居委会干事、湖滨公寓网格长	大专	民政为主（包括残联、居家养老、慈善超市），双拥为辅（包括人武），同时负责计算机管理（包括网站建设）
刘　霞	女	34 岁	居委会干事、安墩公寓网格长	大专	计划生育为主，同时负责妇联、共青团、健康教育、未成年人教育
乔有红	女	37 岁	居委会干事、S 医院宿舍区网格长	高中	负责环境卫生、财务（资产管理）、内勤、社区档案、大事记
朱国萍	女	31 岁	居委会干事、嘉荷苑网格长	大专	居家养老为主，同时负责户况管理
蒋晓菊	女	30 岁	居委会干事、小码头街网格长	本科	廉租房申请、社区教育等为主

续表

姓名	性别	年龄	职务	学历	主要负责的工作
谈仲秋	女	58 岁	退休留用、 居委会原副主任	初中	居家养老为辅，同时负责物业
杨飞飞	女	25 岁	居委会主任助理 （大学生村官）	本科	退管为主，党务为辅，同时负责纪检、文字资料、活动策划、网站建设
张永杰	男	24 岁			

荷花街居委会成员间的工作合作不仅止于 AB 角的“分工式搭档”，还有基于个人情感的“帮忙式合作”。当某个成员的工作任务需要其他人简单协助时，通过人情的方式“求助”，达成“合作”关系。例如，居委会分片（2013 年后分网格）管理社区居民，入户开展相关工作时，通常需要两个人共同完成，一般是由负责此项工作的居委干事寻找此时较方便的其他成员，以“邀请”方式共同前往，这种协作是临时的，并无稳定和统一的分工，却又是经常性的。社区居委会成员的第三种合作方式是“全员参与式”，此类情况通常发生于工作量大的季节性工作、中心工作或者突发的重大任务，为了不打折扣地完成工作，居委会以“全民总动员”式打破日常分工，将全体人员做统一安排，进行协作，共同完成工作任务。所以，很多时候居委会工作人员实际上是身兼数职，无法固定负责某一项或几项工作职责。

> 我们社区工作者都是多面手，身兼数职，不仅“块”上的工作要熟悉，每条“线”上的工作也要知晓。所以，我们常常说自己是“万金油”，是“社会主义的砖”，哪里需要哪里搬。
>
> ——和居委会于副主任访谈（日志 20130917）

2015 年后 A 市全面推进网格化治理，荷花街社区居委会成员间的工作分工在原先“主次有别”的基础上又增加了“条块结合”，社区居委会正副主任兼社区党总支正副书记相互配合负责完成社区居务和党务的全面工作，其余的居委会专职人员除了按 AB 角分工负责条线工作外，每人还包干负责一个网格，综合负责网格内的各项事务。荷花街居委会形成“分工不分家”“主次有别，条块结合”的任务分配模式，组织成员协作完成居委会各项工作。

应该看到，居委会运行的法律文本状态是普适性的基本规定，实然状态才是当下城市社区治理的现实，后文的愿景是欲达成社区治理体系和治理能力现代化目标的推论。居委会运行的法律文本状态、实然状态和愿景间存在冲突和张力，从某种程度上来说，荷花街社区居委会的运行逻辑是以法律文本为出发点，以实然状态为核心，以理想状态为归宿的实践过程和行动策略的展现。未来《城市居民委员会组织法》修订所要解决的首要问题是，如何根据城市社区治理的需求进一步明晰居委会的法律定位、治理权限及与其他街居组织的关系，将制度优势进一步转化为基层社会治理效能。

第三节　居委会的资源获取

英国著名社会学家吉登斯将资源划分为物质性资源和权威性资源两类，居委会的物质性资源是指居委会组织正常运行过程中所需的物力和财力，权威性资源包括形式权威与实质权威。居委会的形式权威来自自上而下的行政赋权和自下而上的选举赋权，而实质权威是居民主观认同建立的信服，本节所说的居委会资源是居委会的物质性资源。

作为外源性组织的居委会所具有的官民双重属性与双重功能，造就了其特有的资源汲取模式与资源依赖结构。《城市居民委员会组织法》规定，居委会的工作经费主要由上级政府规定并予以拨付，不管是居委会为居民提供服务所需的资金还是办公活动经费、人员经费，主要来源于政府的转移支付，这就决定了居委会掌握的物质性资源较有限。在居委会组织面临生存压力的现实驱动下，A 市设计了社区“共建机制”，默许各社区自行补足短缺的财政拨款。

一、政府财政支持的保底

随着我国社区建设的推进和基层治理重要性的突显，政府对社区的投入在逐步加大，无论是办公设施配备、人员配置、成员工资补贴还是居委会办公经费补贴等，都得到了基层政府的稳定支持。组织的发展以及组织权威的确立不仅需要资源，更需要这种资源具有持久性和稳定性。从这个意义上说，荷花街居委会所获得的基层政府的财政支持不仅具有经济价值，而且具有象征价值——是居委会组织取得官方合法性的象征，即政府给予居委会的物质性资源的多寡影响到权威性资源，尤其是形式权威。

2011 年，荷花街居委会每月可获得基层政府财政拨款 1500 元作为办公经费，包括居委会日常运作所需的水电费、电话费及办公纸张等耗材费用。由于社区活动多、开支较大，1500 元的办公经费远不够正常开支，包括荷花街居委会在内的几乎 A 市的每个社区都处于入不敷出的状态。

> 我们一年下来要好几万元的花费，一个月要几千块钱才能运转。不谈人员（指居委会聘用的人员）工资光谈运转费，一个月电费就要大几百，而我们的办公经费整个社区一个月只有1500 元，你说够不够？
>
> ——与居委会周主任访谈（日志 20111206）

居委会需要花钱的地方很多，办公电话、办公耗材、水电开销，有时遇到弱势群体突发性的求助还要临时性地给予资助，但政府财政拨款并没有这些专门用途，所有开销都包含在办公经费里。

> 我手上管着 60 岁以上离退休老人养老金的发放，我们社区有 300 多位老人，要电话通知他们来领，每位老人平均最起码要打 2～3 次电话才能把他们喊过来（领钱）。这些都是费用，都是社区必需的花销。老年人的钱不能省，无论打多少个电话你都要把他通知过来。
>
> ——与大学生村官杨飞飞访谈（日志 20111219）

鉴于紧张的社区经费和社区共建理念，A 市政府在有限的财政拨款之外又设计了“共建机制”，即社区属地单位和共建单位给予社区一定的扶持，包括物质或资金的扶持。A 市 G 区更是把落实“五有”共建工作机制作为“先进社区”的考核标准之一，即有一个共建领导机构；有一个共建工作班子，分工明确、团结协调、形成合力；有一个共建工作规划和年度实施计划；有一套共建制度和措施；有一笔必要的共建经费。2011 年起 A 市政府将此共建机制进一步扩大，以指令的形式指定政府职能部门与社区一对一结对共建。

> 政府搞社区和相关部门结对子，我觉得这个应该是值得好好总结经验的。有的部门负责任，手头也有钱，就拨一点钱给社区，这是一种关心；还有的部门，是清水衙门，没得钱，但对社区工作关注，这也是一种关心。但更多的部门是没钱没人没时间，觉得政府布置和社区结对子是在“拉郎配”。像前年和我们结对子的部门，从来都不曾把头伸过来看看我们社区。每次纪委、作风督查办来对这个工作进行

考核时，哪个愿意说别人的坏话呢，我们还要挖空心思写他（指结对的职能部门）的假表现假评语，说他好话，什么资助都没给我们，还要给我们增添工作量。

——与居委会周主任访谈（日志 20131017）

政府的财政支持在居委会规模渐大、事务渐多的形势下已很难维持居委会正常运行开支。虽然在全国多个城市中关于社区改革的探索都提出“有偿服务，费随事转”的构想，即属于政府职权范围内但确实需要社区组织协调解决处理的事务，政府要拨付相关的经费，旨在解决社区经费紧张问题。落实“费随事转”既需厘清政府和社会的权力边界，也需相关的配套政策和制度保障。就解决现行体制下居委会运行过程中面临的经费短缺问题而言，A 市设计的“共建机制”虽是权宜之计，但正如前文所述，政府的支持不仅包括资金还包括合法性的认同，“共建机制”不仅能解燃眉之急，也能给社区居委会外出募集资源提供合法性支持。

二、社区“共建机制”的弹性扩张

荷花街居委会通过“政府拨款”和“社区共建”两条路径基本解决了组织运行的物质性资源有限的问题。政府拨款的数量有限，至多解决居委会的基本生存问题；而社区“共建机制”则要灵活得多，各社区将与政府职能部门间的“结对共建”扩展到和社区属地单位甚至非属地单位间的共建。

属地单位虽与社区没有行政隶属或业务指导关系，但其日常运营离不开社区场域内相关组织的配合与支持。比如，社区为辖区单位营造良好的治安环境，提供各类管理的日常便利等。为了回馈社区的协作，属地单位一般会向居委会提供一些力所能及的赞助，由此形成居委会与属地单位间的互惠交换关系。有时，属地单位的部分领导和员工可能会就近居住生活在该社区，居委会也会借助这层关系向属地单位尤其是向领导个人求助以达到共建目的。

共建单位的资助比起财政拨款要灵活得多，一个居委会日子的“滋润”与否常取决于这部分资源的获得情况。在 A 市社区“共建机制”的默认下，每年特别是年关岁尾，居委会负责人都会通过各种关系网络四处奔波向共建单位寻求援助，以争取到各相关部门和单位的更多支持。在实践中，只要居委会负责人有足够的“人脉”和“能量”，便会不断扩大“共建”的半径，资源筹集由最初政府指定的结对共建部门扩大到辖区内的企事业单位，直至向非属地单位与非直接“结对”的单位筹集。这种通过各种关系网络向上级部门、企事业单位或私人寻求资金和物质援助的社区共建弹性机制被居委会成员视为“化缘”行为。由此社区居委会运行资源有两种来源：一是财政拨付的固定经费，二是各单位提供的不固定资金和不固定物资。

> 我们出去争取的资金用于两大块：一块是下一步的运作经费，另一块是困难户的经费。不争取没办法，社区现实就是这样。你说靠政府，确实是有一部分拨款，但是它不够，就要靠社会各方资助，这些全靠自己跑。出去争取的资源肯定是多多益善，回来我们能派上很多用场的。说实话现在人也“精”了，不太信任别人。过去我们出去募的多是资金，现在实物也募。实物看得见摸得着，省得不明事理的人认为我们出去（募钱）个人得到好处了，募实物也减少不必要的误会。
>
> ——与居委会于副主任访谈（日志 20131023）

笔者在和荷花街居民的访谈中确实发现有居民认为居委会成员特别是负责人在外面“捞”了不少好处，认为“共建机制”存在监管上的漏洞。随着研究的深入，笔者发现社区居委会资金监管确实存在漏洞，居委会成员是否利用“化缘”机会谋取私利不得而知。居委会资金中，政府拨付部分的使用情况由街道负责财务审计，虽有监管但监管力度不是很严格，用多个居委会负责人的话来说“账目对得起来就行”。截至目前，A 市也没有发现因资金账目问题而受到公开论处的居委会负责人。“共建机制”在资金管理上确实较混乱，这部分资金使用是否规范关键看怎么走账，如果是单位直接打给社区居委会，馈赠人不干预资金使用情况，街道办也就无权过问；如果要经过街道办账户走一下账，那么街道办可能会管，但最终审计也只要做到程序公正就行，实际上并没有多少约束效力。

荷花街居委会负责人很在意共建过程中账目的清晰度，主要表现为：一是不经负责人手募得的钱物，去“化缘”时居委会更希望对方尽量给予物质支持，居委会主要负责人只负责动员、游说，但不经手账目，一般会另派社区其他工作人员去领回募得的资助。二是面对一些居民对这方面的质疑，居委会主任一再强调账目要清晰。社区某居民有次酒后来居委会耍横，拿着棍子捣“邻里中心”的牌子，并且说居委会在居民自筹资金砌车库时没有进行招投标，拿了施工方的好处，扬言要看居委会的账目。闻此言，居委会主任很生气，多次和居委会其他成员强调：

> 反正我们是一颗红心为群众，但你们（指居委会管财务的人员）的账目一定要合法合规，这样我们就不怕查也经得起查。
>
> ——与居委会周主任访谈（日志 20161027）

三、日渐压缩的“化缘”空间

党的十八大以后，公共预算改革进一步推进，各级政府的财政收支行为得以进一步规范，地方政府违规使用预算内资金的比例大幅度下降。随着地方财政制度不断强化硬约束和过程管理，财政制度日益规范化，基层“化缘”的空间渐渐被压缩。这就预示着基层治理中社区居委会通过和政府职能部门、辖区内事业单位的结对共建来谋求自主发展空间的难度越来越大。一方面，随着财政制度日益健全、财政监控技术日益发达，技术治理使地方政府行为日趋公开透明；不断加大的问责风险使得各部门负责人不敢随意变通为社区居委会提供资金资助，居委会的“化缘”空间随着这些部门变通操作财政资金的空间变小而被大大压缩。另一方面，居委会成员深知自己的“化缘”之举可能会给相关部门负责人带来风险，如果私交甚好更不会贸然行事；而多数居委会也在“社区招待零开支”制度下逐步取消了对居委会成员“化缘”行为的各种激励措施。[①]“化缘”变成一件有风险且需要透支私人情感的事情，但“化缘”所得收益却是由整个居委会甚至社区多数成员共享，居委会负责人的“化缘”动力自然大大减弱。

> 现在出去筹钱的比过去少多了，确实也不好筹了。虽然（和政府部门相关负责人）私人关系也不错，但也不能因为这个让人家为难甚至犯错误。出去“化缘”说到底还是我们主任负责，说个境界低的话，透支私人关系还冒风险，何必呢。
>
> ——与居委会于主任访谈（日志 20161106）

2016 年后“项目制”治理方式在 A 市普遍推开，政府以购买服务的方式投放相关项目到社区，通过项目以奖代补给各社区居委会划拨相关资金。随着财政约束刚性化，居委会干部的“化缘”空间不断缩小，居委会的非正式生存空间也随之缩小，如若制度化的支持供给不及时跟进，居委会将面临更大的治理困难。

---

① 田先红：《弹性财政：基层化缘行为及其解释》，《西北师大学报》（社会科学版）2021 年第 2 期。

现在上面给的运转经费充裕了不少，召开各种会议、开展各类公益活动、办公的水电网各种耗材、居务公开宣传费用等都有经费了，但管理也严格了，由街道统筹管理、统一拨付使用。对使用审批的把关很严，200元以下的支出居委会主任可以审批，200元以上1000元以下的由街道办管理科审批，超过1000元的需由街道办主管领导审批。现在都强调专款专用，应该说资金不足和铺张浪费同时存在吧。像走访慰问辖区内特殊群体的费用在我们小区是严重不够的，但办公耗材方面的浪费也蛮惊人，还有一些活动经费只能专款专用，确实有突击花钱的现象，特别是到了年终，花不掉也不能改变用途，只好硬着头皮花。

——与居委会于主任访谈（日志20191219）

第四节　居委会成员选择

组织运行除了需要资金保证，还涉及组织成员的选择配置问题。荷花街社区居委会成员的来源主要有三类：第一类是街道招聘人员，工资统一由街道财政拨付；第二类是居委会聘用人员，工资由居委会拨付；第三类是由A市组织部门统一选调的大学生村官，每个社区一名，工资由市财政统一拨付。人们通常认为，在进入场域的过程中，只要拥有了某种确定的禀赋构型，在被遴选出来的同时就被赋予了合法性。那么，什么样的人会被挑选成为居委会工作人员？又有哪些人可以从城市基层管理场域中脱颖而出？在居委会工作者的成长过程中，能够发挥作用的禀赋是什么？

一、从政治过硬、热心邻里到有经济头脑

从新中国成立后到改革开放前，基于居委会工作对象的狭窄和工作内容的单一，只要政治过硬，热心邻里事务，表达能力强就可以成为居委会工作者。“早期的居委会干部被称为‘小辫子干部’，也就是家庭妇女中年轻、活泼、进步的那一部分，她们后来成为‘居委会老妈妈’的主体，其特点是与居民水乳交融。”①

① 陈宪:《上海头脑》,上海,文汇出版社,2006,第53页。

> 计划经济时代，当居委会干部，首先，要政治上过硬，家庭出身好，什么海外关系啊，千万不能有，要又红又专。像我妈妈就是几代贫农，家庭出身好，真的是根正苗红，20世纪50年代她就当居委会干部了。其次，要热心邻里事务。那时他们也就负责百十多户吧，没事就跑居民家里关心这唠唠那的，越是居民休息在家越要跑，一年每家都要跑好几次，真正是“跑千家进万户的铁脚板”，闭着眼睛能把街坊邻里的情况说个八九不离十。最后，要不在乎拿钱多少。你要想做这个工作，上面的人首先会问你：“如果没有钱，你做不做?”那个年代是讲奉献的，如果你说“不计较有没有钱”，那就让你当。
>
> ——与居委会周主任访谈（日志20131216）

法律规定，城市居委会工作人员一般是不领工资薪金的，只领取生活补助费，但补助标准普遍很低。根据国家民政部的相关资料，各地居委会工作人员的生活补贴标准普遍低于当地的最低生活保障水平。例如，1997年，辽宁省抚顺市居委会专职工作人员的生活补贴每月只有60元；同期，杭州市居委会工作人员月均享受财政补贴为83.30～108.33元；即使像天津这样的直辖市，到1999年，绝大多数居委会主任每月领取的工作报酬也只有一两百元。[①] 20世纪90年代初，随着街居经济的发展，居委会也有了发展经济的迫切需求。当时刚成立的荷花街居委会辖区内只有400来户居民，多是工人、拆迁安置农民，文化素质一般，生存技能有限，生活水平偏低，对居委会的依赖性较高。居委会工作也因此面临众多难题，诸如下岗工人就业难、待业青年和拆迁居民安置难、老弱病残等特殊群体生活困难。可刚成立的居委会窘迫得连办公用品都买不起。1994年，在街道办“发展经济好办事，办好事”的目标鼓励下，居委会经济从社区小吃部开始起步。当时恰逢很多企业改制，部分企业经营者或主动辞职下海或被迫下岗离开原单位，城市街道和居委会吸纳了这批企业精英发展街居经济，由此居委会有了组织开展生产的任务和机会，同时也具有了一定的资源调配自主权。在社区有了一定的资金积累后，荷花街居委会又聘请本社区的一些退休“能人”，先后办起制衣厂、皮革厂等小企业，荷花街居委会的经济实力愈发壮大。在社区经济发展的基础上，荷花街的社区服务也得到了初步发展，居民生活质量大幅提升，社区下岗就业及一些经济难题逐步得以解决。

---

① 汪大海、魏娜、郇建立:《社区管理》,北京,中国人民大学出版社,2005,第2版,第48页。

> 我们那时热情高涨，都要出去跑市场的，当时居委会的主要工作是在市场经济下挣到钱解决居民的困难。“不管黑猫白猫，会捉老鼠就是好猫”，挣到钱解决实际问题是真本事，你解决了问题居民也信你，所以要有经营头脑才能把居委会工作做好。
>
> ——与居委会成员谈仲秋访谈（日志 20131216）

20 世纪 90 年代中后期，随着政府职能转型和企业市场转轨，大量的社会事务，包括各种公共服务供给都下沉到社区，居委会面临政府下派事务增多、居民各类服务需求量多面广等多重压力，街居组织开始打政策的“擦边球”来应对现实治理问题。

> 到了 20 世纪 90 年代中后期，情况变了，不允许居委会搞经济了，委办企业要么被收上去了，要么被个体承包了，我们（居委会）又穷了。但那时其实还是变相地搞的，怎么搞呢？就是以居委会的名义去领执照，这个执照是集体性质的，然后给个体户去用，就是所谓的“假集体真个体”。
>
> ——与居委会周主任访谈（日志 20131216）

在市场经济刚起步阶段，非公企业的发展并未获得有利的政治环境和社会环境，为了获得市场准入资格并享受国家的一些优惠政策，同时也是利用群众对国有和集体经济的信任心理，个人合伙、个体工商户和私营企业等非公企业挂靠在国有企业或集体企业下，以集体企业名义从事经营活动，“戴红帽子”便是方法之一。在居委会的帮助下非公企业挂靠在某个国有或集体企业名下，借助国有或集体企业合法的“红帽子”争取政策优惠，谋求生存空间，非公企业则向国有或集体企业支付营业额的 10%作为挂靠费用①，居委会则收取一些中间费。

> 说实话，那时群众也不太相信个体，大家依然相信集体，个体户就拿着居委会为他领的集体执照到市场上去搞经济。当然这种经济实际就是一个“怪胎”，是“假集体真个体”的“怪胎”。我们社区方方面面要搞建设，急需要钱，但政府没有钱下来，那居委会就去给他（个体户）办理执照，他一年给个千儿八百的管理费。当时我们街道

---

① 邱观建、付佳迪：《从“戴红帽子”到“多元主体共治”：非公党建中企业家的行动逻辑》，《社会科学研究》2016 年第 1 期。

光收这个管理费，一年可以有几十万。我们底下的这些居委会，一个社区里这种“假集体真个体”的商户多着呢，至少上百个。我们收的钱也不多，每个月百十块钱，但累计起来就很可观啦，一年的收入也将近10万元。后来政府摘“假集体真个体”的红帽子，不允许居委会搞经营和参与经营，要全心全意为居民提供服务。我当时还想，个体户毕竟还弄点钱给社区，能够帮社区做些好事，他们一摘帽子变成民营企业，也不用挂靠谁了，这样社区一点“活”钱都没有了。

——与居委会周主任访谈（日志20131216）

随着多元化所有制的确立，非公有制经济成为社会主义市场经济体制的重要组成部分。众多非公企业摘除“红帽子”的变更直接影响了居委会的收入及用人标准。20世纪80年代末到90年代中后期，因为街居经济的发展，居委会干部队伍从20世纪五六十年代的注重政治出身、热心邻里事务、不计个人报酬变为开始吸纳一些经济精英，试图改善居民生活。可见，时代的需要和居民需求的变化影响着居委会队伍的建设。居委会组织建设规范后，成员收入待遇得到较大提高，但居委会干部跑家串户却少了，慢慢过上了和机关工作人员差不多的按时上下班的生活，与居民之间的关系也因此疏远。

二、从兼职、老龄化到专职、年轻化

20世纪80年代前，“单位制”管理是中国城市的主要管理模式，“街居制”只是“拾单位之遗，补单位之阙”，居委会的服务对象有限、工作内容狭窄，大部分居委会成员都是由年龄较大、热心邻里事务的家庭妇女或退休人员来兼任，他们只领取微薄的生活补贴。随着我国改革开放的深入和社会主义市场经济体制的确立，城市基层社会结构面临改革调整的任务，社区管理压力陡增，居委会队伍的职业化进程开始走上快车道，居委会及其成员身份有着与以往不同的职业化、专业化的社会期许——除了具有认真的工作态度和奉献精神外，居委会工作者还需要有化解矛盾、协调利益、服务群众的能力方可胜任变化的城市基层社会。可以说，居委会队伍的职业化、专业化，首先，来自城市社区管理的现实需要。“1996年，上海市将居委会主要干部改编为全民事业编制，并较大幅度地提高了居委会干部的待遇。同时，当年的‘小辫子’们也基本上整体退出，下岗的工厂干部顶了上来，居委会正规化了。”① 其次，来自国家力量的推动。2000 年 11 月，《民政部关于在全国推进城市社区建设的意见》指出，社区建设需要大批专业的社区工作者。强调要采取向社会公开招聘、民主选举、竞争上岗等办法，选聘社区居委会干部，努力建设一支专业化、高素质的社区工作者队伍。造就一支素质优良、结构合理、数量充足的社区工作者队伍，无疑成为全国各地构建和谐社会、夯实基层管理的重要人力资源保障。

从全国的整体情况来看，居委会干部队伍虽具有热情高、干劲大、奉献精神强等特点，但是其年龄结构老化、文化水平偏低确实是突出问题。A 市 G 区民政局的统计数据显示，2001 年全区共有居委会 43 个，居委会专职人员 247 人，其中离退休人员占 90%，50 岁以上的占 77%，小学、初中文化程度的占 75.9%。② 自 2005 年起，A 市开始重视吸纳专业社会工作者加入居委会队伍，同时不断优化年龄结构，招聘应届本科毕业生到基层锻炼，力图改善社区居委会的年龄结构、知识结构，提升居委会队伍的整体形象。2008 年，A 市 G 区一律通过公开招聘录用社区居委会人员，招聘工作统一归区社区建设办公室和街道工作协调委员会办公室负责，全区统一报名、统一考试、统一分配，通过严格的机考、面试、体检和政审等环节确保招聘的公平公正。2008 年的首次公开招聘，最终从 140 名报名者中录用了 30 名。2009 年，G 区继续面向社会公开招聘社区居委会专职工作者 4 批，最终从 180 名报名者中录用 52 名。同年，中共 A 市委和市政府联合发文强调社区居委会要不断优化年龄和知识结构，提倡老中青结合，确保“一社区一名大学生”，推广“一社区一名专业社工师”，注重提高队伍的整体效能。通过严把社区居委会专职工作者的入口关，一批年纪轻、学历高、素质高、服务观念强、热心社区事务的优秀人才被吸纳到社区居委会队伍中来，优化了居委会专职工作者队伍结构，一定程度上改善了社区居委会工作者年龄偏大、文化偏低的结构性问题。

笔者在 2011 年和 2020 年前后在 H 街道办开展的两次相关调查对比显示，通过公开向社会招聘等举措社区居委会工作者的年龄结构和知识结构得到了显著优化，已形成了老中青相结合的工作梯队，具体表现在居委会成员的年龄结构、文化结构和身份结构等方面。

（1）年龄结构优化。社区居委会成员的平均年龄大幅降低。2011 年，对 A 市 H 街道办所属 11 个社区的调查显示，居委会成员共 91 人，其中，

---

① 陈宪:《上海头脑》,上海,文汇出版社,2006,第 55 页。

② 数据来源于 A 市民政局内部统计资料。

年龄最大的 66 岁，最小的 34 岁，平均年龄 45.8 岁。2020 年，对 H 街道办所属 11 个社区的调查显示，居委会成员年轻化已成趋势，该街道办下辖的社区居委会成员已增加到 117 人，他们的年龄大都在 30～45 岁之间，平均年龄 36.2 岁。

（2）学历结构优化。2011 年的调查资料显示，H 街道办 91 名社区居委会工作人员中，大专以上学历不到 50%；而到了 2020 年，居委会成员的平均文化程度有了较大提高，本科以上学历占比 86%，居委会成员的学历水平有了较大提升。

（3）身份结构多样化。改革开放后居委会成员的身份类型由单一性逐步向多元化发展。改革开放前绝大多数居委会成员是退休人员或家庭妇女，改革开放后居委会成员身份逐步多样化，有合同制，有事业编制，还有上级部门下放到基层锻炼的。这些成员基本是通过公开招聘择优录用的，普遍年轻化、高学历，有的还是上级重点培养的后备干部。在 A 市，不少居委会主任都是事业编制的干部身份。但居委会成员身份结构的多样化也带来了相应的问题，“民选街聘”的专职化居委会工作者基本都不是居住在该社区的业主，他们更像是纯粹行政性的管理干部，和社区居民间只有工作关系没有邻里关系，不具备原初意义上的社区地缘关系和邻里关系的特征。

（4）业务能力优化。随着信息社会的到来，各类工作都离不开办公电脑网络技术的操作使用。居委会大量上传下达的工作更是要依赖现代办公手段，上级越来越多的工作都是通过网络下达，网上居委会建设、各类业主群的建设和维护等也常态化。应基层治理信息公开、方便居民参与和更好地提供各类公共服务的需求，近年来居委会成员招聘都强调对办公自动化技术的熟练运用。同样，随着各类公共事务的下沉和居民个性化需求的增多，越来越多的社区工作需要具备专业知识，如对空巢老人、残疾居民、问题少年和家庭暴力受害者等群体的帮助，客观上需要居委会成员具备较强的专业能力。

三、从上级选用到居民“直选”

居委会成员的选拔除了在选择标准上要与时俱进，在选拔的具体方式上也发生了变化。《城市居民委员会组织法》第八条规定：“居民委员会主任、副主任和委员，由本居住地区全体有选举权的居民或者由每户派代表选举产生；根据居民意见，也可以由每个居民小组选举代表二至三人选举产生。”正如前文所述，法律文本所规定的状态未必就是居委会运行的实然状态，从全国实践来看，居委会成员的选拔一般采用“选举”和“选用”相结合的方式。随着政府部门下派给居委会任务的增多，基层政府需要居委会特别是居委会负责人能全心全力地配合其完成各项行政任务。在A市，各社区居委会成员基本都采取街道选用的方式产生。街道办事处会把热心社区管理工作，作风正派，有较强事业心、责任感和政策水平，服从组织安排，有一定群众工作经验和基层管理经验的人员作为居委会组织成员的候选人。荷花街居委会的周主任1996年来到居委会，于副主任2007年来到居委会，他们都是通过街道选用的方式任命的。

在“扩大基层政治民主”“完善城市居民自治”成为对地方党政部门的考核指标后，A市在2007年就开始了居委会直选的试点工作，各街道党工委将直选试点放在了社区内部矛盾较少，原有社区党组织、居委会等组织状况较好的社区，以保证直选过程的顺利。到2013年A市所有居委会都实现了直选，H街道办下设的所有社区都是“两委交叉任职”，其中有8个居委会是主任书记“一肩挑”。“一肩挑”指居委会主任兼任社区党支部书记，“两委交叉任职”指主任以外的其他居委会成员兼任党支部委员会成员。A市所有社区都是先进行社区党支部的换届选举，然后将党支部成员推选为居委会候选人，比如，2013年荷花街社区先举行了党支部换届，周主任当选为社区党支部书记，于梅当选为副书记。党支部换届的结果则是居委会选举结果的一种预测，在其后的居委会直选中社区党支部正副书记一般会当选为居委会正副主任。像荷花街这样“一肩挑”和“两委交叉任职”的情况在全国各地居委会比比皆是。据统计，2006年，全国共有社区居委会80717个，实行“一肩挑”的社区35679个，占44.2%，比2001～2003年的平均占比高出21个百分点；2006年，全国社区居委会副主任、委员为362343人，其中64082人兼任社区党组织成员，占17.69%；全国社区居委会成员兼任社区党组织成员共计99761人，全国“两委交叉任职”的平均比例为22.52%。[①] 党的十八大后，更多的居委会实行书记主任“一肩挑”和居委成员与党支部成员的“两委交叉任职”。

2016年10月中旬至12月底，笔者参与观察了荷花街社区居委会直选全过程，此次换届周主任因年龄和身体原因要退职，按照街道的培养计划于副主任被推为正主任。在本书的第五章将具体展现这一次居委会直选过程。为了落实基层政府的用人意图，居委会运用人情网络和互惠机制，依靠楼组长、志愿队伍骨干、党员等“亲居委会”支持网络完成了对街道

① 史卫民、郭巍青、王金华等：《中国社区居民委员会选举研究》，北京，中国社会科学出版社，2009，第299页。

办选举意图的落实，其深层机理是地方政府及其派出机构、居委会和社区积极分子之间形成的合意机制。

第五节　居委会成员的日常生存

虽然居委会成员的选拔标准和选拔形式随着时代的发展不断变化，但居委会成员都面临着共性的问题：入职后的适应、成长及如何与组织契合。组织成员能否取得好的业绩往往和个人入职的动机、态度有很大关系。在目前居委会工作任务繁重的情况下，居委会成员入职动机如何？成员的工作压力有哪些？个人、居委会、基层政府是否会化解或帮助化解这些工作压力？化解的目的是什么？居委会成员间是否存在矛盾或利益冲突，又是如何解决的？

一、不尽相同的入职原因

荷花街社区居委会成员进入该场域的原因各不相同，对居委会工作持有的不同态度和情感会影响个体是否能尽快融入组织并脱颖而出。

（一）因为喜欢所以选择

居委会周主任是1986年从A市木偶剧团调到H街道办工作的，先后在街道办财务科和民政科任职，街道办民政科和辖区内的居委会交集较多，也正是这段经历使其对居委会工作日渐熟悉。1996年，H街道办选用她到荷花街任居委会主任兼党支部书记。周主任对居委会工作的热情还受到家庭和时代的熏陶。

> （20世纪）五六十年代我妈妈就当居委会主任，从小我就跟着她走街串巷，看着我妈做这个工作，所以我小时候就喜欢这个工作。但真正从事社区工作是1986年。我们这辈人的思想很正统，也不是说有多伟大，就是心里总想着要把工作干好。有工作干，我不孤单不寂寞，没得事（做）我就难受了，就要动脑筋想出事情来做，这么多年我也习惯天天在荷花街居委会忙忙碌碌了。居委会主任当然不算个“官”了，但你为任一方，就要把这一方人的生活水准提高一个梯度。我不是生产者也不是金钱的创造者，但我可以通过自己的服务把居民生活（水平）提高。比如，政府的很多优惠政策，对那些符合政策要求的人，你要把政策送给人家去享受；对那些需要帮一把、拉一把的

人，我们就通过政策去拉一把。作为一方管理者，你就要争取把这一方的居住环境、生活条件等方方面面给提高一个档次，否则为什么要你来管理，为什么三年（指居委会的三年换届选举）要为你举手？你说（工作）有没有难的时候，太多了，但办法总比困难多。

——与居委会周主任访谈（日志20111220）

根据A市相关部门的规定，女性社区工作者55岁退休，而周主任因为身份特殊，拥有众多头衔——省级劳模、连续多届的A市人大代表、市级机关行风监督员等，自上任后把荷花街社区建设得颇有成效，所以退休后又被街道返聘，留任荷花街社区居委会主任。最关键的是，社区各项资金的捉襟见肘需要周主任这样的“能人”为社区发展汲取资源。当然因为社会名气大，退休后愿意高薪聘请她的企业也很多，周主任多次面临在街道留任和被知名企业高薪聘请之间的抉择。

别看我年纪大，我离开（居委会）可以找到工资更高的工作。人啊，哪个嫌钱多呢。我前年有阵子曾肩挑两职，“牙刷之乡”那个镇（A市的明星乡镇，以生产牙刷用品闻名全国）上有个厂请我去负责物业管理，我去了，两头跑，一个星期去那里一趟。居委会主任那个时候一个月拿2000元，人家一个月给我3500元，试用期满后可以拿到四五千。我干了一段时间，不行！一心挂两头真不行，我在居委会不能全心全意地干了，后来就辞掉了（厂里工作），一心一意待在居委会，谁叫我喜欢这个工作呢！

——与居委会周主任访谈（日志20131208）

（二）下岗后的现实选择

副主任兼党支部副书记于梅原先在一家企业上班，后因效益不好下岗在家两年，2007年来到荷花街社区居委会工作。于梅工作认真踏实，在街道办积累了一定的口碑并被列为培养对象。她觉得目前的工作虽然累点但总体不错，特别是听说近年来其他社区居委会有人考取了公务员编制，觉得个人的职业生涯还是有发展空间和盼头的。

街道对我们中青年骨干的发展还是比较重视的，去年我们街道有两个居委会副主任考取了公务员编制，是转编（制）不转岗（位）的那种，还在原来的社区工作，情况熟悉，这个政策挺好的。要是转岗的话，会把你放到下面的县市去锻炼一下，我们人到中年拖家带口的，那多不方便。

——与居委会于副主任访谈（日志 20131017）

于梅认为，在人到中年且就业压力大的社会形势下，很多本科生、研究生都找不到工作，像她这种在年龄和学历上都没有太多优势的中年女性能在居委会谋得一份稳定工作已经很不错了。虽然工资收入不高，但对女性而言也能说得过去，况且还有事业发展的机遇，她对社区工作有着良好的预期。

现在居委会工作都是专职的，不像过去是退休人员兼职，相当于挣一点生活补贴。凭良心讲，现在专职人员的工资还是可以的，政府也知道工资太低留不住人。我们社区一般工作人员是 1800 元/月，女孩子 1800 元做这个事情（居委会工作）也是不错的，做到一定程度还可以担任副主任、主任，工资还会再高一些，政府对居委会福利这块还比较关心。办公经费呢，实事求是说确实不多，但是现在也提倡“费随事转”，虽然目前还没有完全实施，几年后肯定要朝这方面发展，那样日子就更好过了。

——与居委会于副主任访谈（日志 20131017）

和人打交道的居委会工作特性也对于梅充满吸引力，尤其是相比以前在企业工作时每天面对的都是冷冰冰的产品，于梅觉得居委会工作可以接触到各种人，不枯燥单调。

社区工作有意思呢，它不枯燥，不像企业里整天对着冷冰冰的产品。社区里很多事你是没办法预知的，你不知道今天会发生什么，而工厂里做来做去每天就那几件事，没什么意思。

——与居委会于副主任访谈（日志 20131017）

（三）稳定弹性的工作机制吸引

和在企业面临激烈的市场竞争及可能被淘汰的不稳定性相比，居委会工作的稳定、工作时间的弹性操作也是吸引成员加入和留下来的重要因素，社区计生干事刘霞即如此。

我在居委会干，主要是因为老公平时工作忙，孩子上学要接送，家里也没有老人帮衬。结婚生孩子后我就一直没上班，先是在家带孩子，孩子上学后白天在家闲着觉得挺无聊的，正好街道招聘社区工作人员就报名考试了。社区工作虽然工资低但是较稳定，我们家也不指望我挣钱，有一份事做着就好。毕竟居委会工作忙的时候忙，闲的时候也闲，而且内部考核不是那么较真，不同于一般的工厂、公司上下班都要打卡什么的，很紧张。在居委会上班，有时家里有事晚到半小时只要打个招呼就行了，相对比较灵活，大家也能互相照应。

——与居委会干事刘霞访谈（日志 20111210）

（四）当大学生村官：权宜之计还是扎根基层

2008 年 4 月，中组部等部门联合发文拟用 5 年时间选聘 10 万名高校毕业生到村任职，全国各省、市、自治区启动了“大学生村官”计划。2010 年，中央将 5 年的选聘规模由 10 万人扩大到 20 万人。中共江苏省委、省政府根据中央精神实施了“一村一社区一名大学生”的部署，A 市积极响应，选聘应届大学生到社区任职。在研究开展过程中，先后有三名大学生到荷花街社区任职锻炼，其中两名所学专业和社区工作关联性不大，且都经历了国家公务员、省公务员和事业单位编制考试的失败。杨飞飞，A 市人，所学专业是动物学，2010 年来到居委会，2013 年 6 月离开社区到 H 街道办任职；张永杰，四川人，毕业于中国人民大学中文专业，2013 年 7 月通过 A 市组织部的大学生村官选拔来到 H 街道办任职，同年 9 月到荷花街居委会任居委会主任助理；李丹，A 市邻县人，所学专业是社会工作，和基层管理较为对口，2019 年 9 月到荷花街社区任职。

为了吸引更多重点高校优秀毕业生到基层工作，中共 A 市委组织部每年二、三月份都会到一些全国重点高校开展选聘大学生村官宣传活动。随着大城市生活成本增加和竞争压力增大，越来越多的高校毕业生将就业去向转至中小城市和农村。笔者首次见到大学生村官张永杰问及为什么选择到社区任职时，他的情绪有些烦躁，直言这是他来 A 市后被问得最多的问题。

当时做这个选择，主要是大环境比较好，从中组部到地方对大学生村官选拔工作都比较重视，可以说外围营造的氛围比较好。A 市组织部到我们学校宣讲过，如果其他省市的组织部来我们学校宣讲得早一些，可能我也就去了其他地方当大学生村官了，所以来 A 市具有偶然性。现实是，当时公务员没考上，所以就来当大学生村官了，也想锻炼一下，能干出点成绩来最好啦！毕业那会儿确实也有去一些国企的机会，但是本来就一直想着考公务员，去企业发展没在自己的规划内所以就放弃了，大概就这意思吧。三年后我最真实的想法，估计大部分大学生村官也和我一样，就是继续考公务员。

——与大学生村官张永杰访谈（日志 20131029）

居委会成员一般都认为大学生村官的出路较多。理论上来看，目前大学生村官的出路大致有 5 条：留任村（居）干部、择优考录公务员（事业单位）、自主创业、另行择业、继续学习深造。“三当五化”① 的江苏模式也充分说明对大学生村官制度的重视，根据中共江苏省委、省政府的部署，每年拿出一定数量的公职岗位，专门定向招录聘任期满、考核合格的大学生村官。地方政府对大学生村官制度的支持政策所显示出的政治进步空间吸引了大批优秀应届生到基层任职，尤其是就业出口狭窄的文科生——短期内难以找到合适的工作，考上公务员跻身体制之列不失为一个较好的选择。“在大学生村官的位置上干着就是为了哪天能考上公务员”是很多大学生选择到基层任职的真实想法。和其他几条出路相比，“择优考录公务员（事业单位）”这条出路是较为便捷、自我可控性大的选择；“留任村（居）干部”要经过选举，且三年才一次，就目前的选举机制来看，刚走出校门的大学生缺乏足够的政治、社会资源，要选上也有很大难度；目前对“自主创业”的相关优惠条件与支持政策也不太充分，年轻人的启动资金与经营能力较匮乏；“继续学习深造”，一是面临入学竞争和学习压力，二是这种选择只不过是将就业压力推迟三年罢了；“另行择业”对于多数想走仕途的村官来说可能性较小，何况新的合适的工作并不容易找到。江苏省大学生村官研究所对“1011 工程”② 展开跟踪调研，调研结果显示，15%的受访者是被大学生村官经历可以给考公、考研加分的优惠政策所吸引，14%的受访者赞同大学生村官是一种政策的职业选择。后续的跟踪调研也显示，大部分大学生村官都通过考公考编进入了更高层级的体制内继续发展。③

① “三当”即把大学生村官“当后备干部来培养，当优秀人才来服务，当自家孩子来关爱”；“五化”即对大学生村官实行“优质化选聘，科学化管理，精细化培养，多元化发展，制度化保障”。

② “1011 工程”指江苏省选派 1011 名大学生到苏北五市 1011 个经济薄弱村任职。

③ 钱德洲、刘祖云：《从“嵌入”到“融合”：大学生村官制度的弱化与优化》，《江苏社会科学》2018 年第 4 期。

在A市这样的中小城市，选择一份稳定有保障的工作是多数年轻人及其家庭的想法，大学生选择应聘大学生村官多是冲着国家给予的相关优惠政策而来，尤其是冲着考公、考事业编的优惠政策而来。仅A市G区自大学生村官进社区任职制度实施以来，共选任48名大学生，目前有18人离开了社区居委会，其中14人是考上公务员或事业编制岗位。可见，体制内身份及其附着利益具有较强吸引力，大学生村官在基层亲历体制内外身份不同带来的巨大反差后，其强烈感受会进一步转化为考公考编的动力。笔者对所走访过的A市的17个社区曾做过一个统计，85%的社区大学生村官的办公桌上都摆放着各类公考用书，一旦有进入体制内的机会，大学生村官就会选择离开。故对大学生村官而言，除了少数能考上公务员或事业编离开的，多数仍拥堵在原有岗位上等待考编机会。

在很多居委会负责人眼里，大学生村官都是短暂的，在工作上一般不会把主要工作给他们，大学生村官更多是打杂跑腿，扮演居委会“秘书”的角色。更有基层领导和居民认为，大学生缺乏社会经验和基层工作经验，即使给予他们参与基层工作决策的机会，他们也提供不了实质性的建议和意见；许多大学生村官本人也表示自己有一种成为摆设和政策符号的感觉。在这样的工作氛围下，大学生村官对基层的归属感与被尊重的需要根本无法得到满足，其自身对基层工作便会缺乏认同感，甚至会觉得工作干得越多个人学习的时间越短，考上公务员的机会就越小，所以自然不会花太多的心思在这份“短暂”的事业上。

2019年，来荷花街社区的大学生村官李丹显示出不太一样的状态，她因为喜欢社会工作专业而主动选择从事社区工作，希望在基层实现自己的职业理想。

> 在学校时就和不少居委会、村委会、社会组织有过较多接触，知道基层工作者的收入低事情多，但选择自己喜欢的工作不是更有意义和乐趣吗？现在主要觉得自己的专业知识不能用上，好像整天就忙着做各种规定的事务。比如，我想给社区青少年、老人举办一些活动，但好像既没有经费也没有时间，疫情防控期间自己倒是有了一些用武之地，用社工知识帮居民解决了一些生活的、心理的难题，挺开心的。如果将来离开了，一定是去专业社工组织了，想把自己所学用上，毕竟这里不太能用得上我的专业知识。
>
> ——和居委会大学生村官李丹访谈（日志20200424）

李丹的想法在一定程度上代表了新生代大学生村官的心声，借助大学生村官的履历更快速地进入体制内似乎已不是他们的主要追求；希望做自己喜欢的事，甚至不介意收入高低，能学以致用并创造更大的人生价值和社会价值成为新一代大学生村官更关注的。上层政策是为了助力基层吸引人才、培养人才、留住人才，反而一度成为大学生村官不安心岗位工作、为实现“公务员梦”而曲线就业的策略。李丹们所呈现出的“不同”若能进一步得到家庭和社会的支持，对于吸纳基层社会治理人才及提升基层社会治理能力具有重大意义。

二、无处不在的职业压力

政府多个部门的各类工作接踵而至，加之居委会办公地点直接设在居民区，随时要接待居民来访，因此不可能像机关事业单位那样严格执行八小时工作制，特别是承接了时间紧任务重的派发工作，加班加点就是家常便饭。而居委会群众性、基层性的工作特质要求工作者除了具备专业知识外，还要具备沟通、协调等群众工作能力。因此，居委会成员除了要承受职业带来的普遍压力外，还要承受工作的基层性、群众性等特性所带来的职业压力。

（一）组织在地与基层性带来的压力

作为城市社会治理末梢的居委会，一方面直接面对多元差异的群众需求，另一方面由于处于社会管理网络序列的最基层位置而缺少议价的资源和能力，不仅要及时处理社区内大小事件，而且要在指定时间内完成上级指派任务，因此加班加点成为家常便饭。

> 社区工作者不像机关干部有固定的上下班时间，我们没有那么规律，加班是正常的。上面布置的很多工作确实是在他们的八小时工作时间内，但层层布置下来到了我们居委会经常都是临下班或已经下班了。很多材料、数据都是说要就要，根本没有回旋余地，不加班不行，即使下班了手机也要 24 小时开机，哪怕半夜有电话，事情紧急也要爬起来处理，出了事不得了！
>
> ——与居委会周主任访谈（日志 20111123）

特别是居委会负责人需随时处于待机状态以应对各种突发和紧急事件，工作任务的难以预知和无序性使得居委会成员精神紧张、压力增大。在笔者的调研中，几乎所有居委会成员都或多或少流露出难以高质高效完成上级布置的工作任务的担忧和焦虑，特别是年轻成员对一些创新型事务，普遍有提高深化自己专业知识和工作能力的诉求；而年长者却坦露，不少工作量和工作难度的增加与上级部门的好大喜功有关联，很多工作在他们看来甚至是完全没有意义的“折腾”。据笔者观察，这种所谓“超出自身能力”或“不能胜任”的工作，并不仅仅是由信息技术发展导致知识更新速度加快而引起的，更多时候确实是上级部门布置的任务太过笼统导致居委会人员无从下手。其中，领导意图含糊不清或者多个领导多个想法衍生多个工作标准而导致居委会无所适从的情况较多。

在荷花街社区，整理占据居委会办公用房半壁江山的各类工作“台账”，即社区各项工作留存的档案资料，用荷花街居委会成员的话来说“是一项吃力不讨好的事”。在调研期间，笔者看到居委会成员的很大一部分精力都花在做各类台账上。

> 居委会工作是分工不分家的，有时一个检查要让我们所有人辛苦一周、一个月，结果上面就来检查几分钟，但你还不敢怠慢，整个社区各条各块的工作加起来少说也有几十项啊！
>
> ——与居委会于副主任访谈（日志 20131023）

在荷花街社区，包括党建、计生、综治、卫生、民政、文化、教育等在内的十多个大类几十项具体工作都有台账，由于职责不清，相当多的行政、社会甚至经济事务管理落到居委会职责范围内，使居委会成了各种难事烦事的接收点，“居委会是个筐，什么工作都往里装”。大到非公有制经济党组织情况调查、市民家庭状况及营养健康调查、育龄妇女信息调查，小到居民家庭养狗及狂犬病防治调查、辖区单位停车状况调查等，这些需要居委会主导或配合执行的事务使居委会苦不堪言却又无力推托。在超负荷承担事务的压力下，居委会工作效率低下，工作模式也基本以应付上级为主，社区自治和社区服务等工作自然排到了各类上级指派事务之后。

> 基本上我们处理的都是政府派下来的任务，可以说 90% 的精力是在应对上面的事。有些事真的不该由我们做的，像拆迁工作，本来就是政府的事，现在又交给我们。我们处的位置很尴尬，最底层的组织既没有资格拒绝上面的事，又没有资源处理好那些难事急事。而且，好多工作都是要有相关专业才能做得起来的，但上面才不管那么多呢，最多给培训一天半天，就让你去办理，更多的时候连个培训都

没有，直接通知你去做。

——与居委会马副主任访谈（日志 20131019）

最基层的位置导致居委会事务的来源多头多重多样，上级各部门基于自我目标不断“加量”，在传达过程中各层级也会根据自我诉求重重“施压”，最终叠加累积至居委会就形成“上面千把锤千条线”的态势。而权力末梢的位置又使得居委会对于上面各层级压下来的任务既缺少议价资源也缺乏议价能力，分内分外工作都要做。一项工作任务下达到居委会，相关部门能有零星半点的配套培训就算是替基层着想了，更多的工作则无具体标准，甚至连任务下达者自身也不知道工作标准是什么，经常出现“一个领导一个说法，一级政府一个版本”的情况。居委会大量的时间消耗在揣摩上级不明确的工作意图和修改落实不同版本的工作要求中。因标准不一而导致无法行动的尴尬局面是基层面临的常态，应接不暇、疲于应对成为“多头领导”态势下居委会成员的鲜明感受。

上面说什么规定，我们就按规定做，这倒也简单。问题是我这边才辛辛苦苦做好印好材料，突然领导晚上打个电话过来，“不行，不能这样子写！今天八点你们都要把它改好！”我们做的所有材料全部废掉。一箱一箱的纸啊，还要从电脑里打印出来，惊人的浪费，惊人的折磨！我们只有重新做，还要结构完美、按规定的套路写……要求一大堆，要“精致”，要“完美”。上面提要求我们也不怕，怕就怕你的要求版本太多，一轮一轮，你查完他又来查。

——与居委会周主任访谈（日志 20130915）

下级政府常在上级意图和客观形势不断变化的压力下执行各项政策，特别是当顶层宏观政策的指向具有模糊性时，地方政府在细化任务时常增加执行压力，即所谓执行中的“层层加码”。部分基层领导甚至本末倒置，将汇报材料是否“内容丰富”“图文兼具”作为考核居委会人员工作认真与否的核心依据。因此，比起文件、会议、调研等各种任务本身，更让居委会工作者头疼和疲乏的是政出多门的工作机制、层层施压的工作态度、突袭催促的工作方式以及处处干预的工作作风。

现在社区工作真不好干，责任太大、压力太大，作为副职我都常有焦虑和危机，“一把手”更不用说。以前吧，一年的工作心里大致还能有个数，现在不行了，重点工作、中心工作太多，干预工作的部门也多，不可控的事情越来越多了。我们像个陀螺停不下来，又像消防员哪里有险情就要冲向哪里，真是忙而无序。

——与居委会马副主任访谈（日志 20191128）

除了工作时间长、工作标准模糊不清外，相关部门对居委会的各类评比考核也给居委会成员带来了巨大压力。为了促进居委会更好地承担各类工作，实现上级的工作目标，基层政府以考核、评比等手段代替对居委会工作上的指导。按照中共 A 市委、市政府的要求，引入竞争机制，加大考核力度，对成绩突出、居民满意的社区工作者给予表彰和奖励，对连续两年考核不合格的社区工作者予以罢免或解聘。加大和谐社区建设工作的考核奖励力度。建立并完善以居民满意度为主要指标的评价激励机制，充分发挥考核奖励的导向作用，表彰先进，推进工作。每年评选“十佳社区”，对每个入选社区颁发 5 万元奖金（其中 1 万元奖励社区负责人）；每年组织社区管理服务优秀奖（20％的社区）和社区管理服务合格奖（60％的社区）考核并给予资金奖励；继续实行社区服务中心建设以奖代补的政策，每验收合格一个，奖励 10 万元。

虽然地方政府文件中强调居民对社区工作的满意度，但实际情况是，对居委会工作的评比和评价常常以政府的满意度来代替居民满意度。

2019 年 3 月，为进一步提高基层治理能力，中共中央办公厅印发《关于解决形式主义突出问题为基层减负的通知》，并把 2019 年定为“基层减负年”。作为对中央政策的积极响应，中共 A 市委、市政府 2019 年 2 月出台《关于加强新时代街道工作的意见》，并指出要切实抓好社区减负增效，明确社区职责，整合人员配置，优化服务模式。各地各级政府都在探索系列政策改革，旨在不断落实社区减负工作，理论界也预期可以通过制度设计优化与政策配套解决基层负担过重的问题。

“给基层减负”也喊了好些年了吧，但我们居委会负担真没减下来。现在都在提倡“互联网＋”服务了，有了各种工作微信群，上面布置工作更方便了，但对我们基层人员来说，新技术成了新麻烦，我们被拉进各种工作群，你看我手机上有 38 个微信工作群，其中 33 个是对接上级部门的群。听说我们街道有个社区党支部书记被居民投诉到 12345 市长热线，居民说来办事总是找不到社区负责人，说社区不是在开会就是在去开会的路上，嘲讽我们是“会议书记”“会议主任”。但凡有一点办法谁想这样呢？

——与居委会于主任访谈（日志 20200524）

以居委会现有的人力资源配置来看，不仅难以应对繁重的工作任务，还面临服务工作专业性增强的困扰。有时居委会不想做但推托不掉，做了却又不能很好地完成，结果只能是敷衍式参与。比如，2005 年，A 市开始推动实施社区矫正试点工作，即在宽严相济的刑事政策指导下，本着与社会不隔离的原则让罪行较轻、社会危险性不大的罪犯在社区中进行有针对性的监管、教育和改造。社区矫正工作的职责归口是 A 市司法局，具体操作由各街道司法所的社区矫正科指导实施，居委会负责协助司法所对辖区内的社区服刑人员进行监管，并参与教育矫正和困难帮扶。鉴于居委会对辖区居民的个人和家庭情况比较了解，司法所一般会在审前调查中与居委会提前沟通调查涉嫌犯罪人的社区表现情况及其对社会的危险性，从而判断是否适用社区矫正；矫正实施中司法所定期走访居委会，了解社区服刑人员的现实表现、社会危险性等。

我们居委会主要是协助司法部门走访了解社区服刑人员的情况，定期向他们反馈，有时候会协助司法所组织一些社区服务，让服刑人员参加社区保洁之类的劳动，但是司法部门既没对我们进行相关工作培训，也没有特别的经费补助。

——与居委会于副主任访谈（20131014）

居委会成员普遍认为社区矫正工作中居委会的职责就是要求矫正对象定期到居委会报到，从事公益劳动。但实际上，社区矫正并非居委会成员所说的这么简单。社区矫正需要对矫正对象做心理上的辅导，并且帮助他们解决就业、社会融入等问题，具体包括思想帮教、困难帮扶、协助监督管理、协助开展社区服务等。如果工作方式不当，不仅难以有效改造矫正对象，而且可能使其进一步犯罪。

多样化的社会需求和增进居民公共福祉的治理目标对居委会队伍的专业化提出了更高的要求。像荷花街这类老社区，沉积的弱势群体较多，按照相关规定满足这些群体的多元需求并不完全属于居委会的工作职责，况且居委会缺乏相应的专业人才，因此只能提供一些基本服务，如帮助符合相关条件的困难居民申请“低保”等。而满足空巢老人、残疾人等群体日益多元的需求则显得无能为力，但从居民的角度看，其对居委会的认同与否更多是考虑自己的需要能否得到满足，并不考虑这些服务是否属于社区居委会的职责和能力范畴。

（二）组织身份异化带来的压力

在居委会实践中，居委会组织身份的异化——亦官亦民及接受多个上级部门的指挥造成了组织及成员角色不清，责任范围模糊宽泛，身兼数职充当各条块的“救火队员”，任务设置超出能力范围，有责无权难办事，最终导致“名不正，言不顺，事难办”的尴尬局面。组织身份的异化使居委会工作者面临执行难的巨大工作挑战，而疲于应对各种行政性任务客观上也分散了其正常的工作精力与时间。

作为压力型体制的末梢，居委会所面临的巨大行政任务压力使“居民自治”等政策运作大打折扣，尤其在纵“条”和横“块”的双重施压下，政策执行陷入“中梗阻”困境。在业绩考核上，居委会的工作业绩基本取决于基层政府的认同度，轻视甚至忽略了社区居民对工作者服务质量和工作业绩的评价。这种考核评价制度严重偏离了居委会作为群众性自治组织的组织价值。完成上级政府下达的任务和指标成了居委会的组织目标和追求。

> 我们常常是种了政府的田，荒了社区的地，但没有办法。虽然我们居委会是群众性自治组织，但我们是街聘民选，政府出钱，真正做到自治也是很难的。特别是近几年，不瞒你说，我们就基本不主动做为居民服务的工作了，没时间做。工作都是职能部门给我们的任务，忙起来经常连星期天都很少休息，干的又都是和社区无关的活，我自己感觉我虽然是居民选出来为大家办事的，但其实真正为大家办的事、想的事并不多，有时都觉得对不住群众为我们举手（投票）。这也是我一直在思考和困惑的问题。我们居委会11个人，每个人都分管几摊事，哪个不累得够呛。
>
> ——与居委会于副主任访谈（日志20130908）

“串百家门，知百家情，暖百家心，解百家愁”一直是居委会工作的传统与经典模式。居委会利用身处基层、和老百姓“零距离”接触的优势“缘情治理”，但在任务下沉和问责压力加大的现实下，居委会不得不花费更多的精力迎合上面的偏好。这不仅导致居民对居委会的疏离甚至不满，而且导致居委会服务群众的功能弱化。在众多工作中居委会不得不投入更多的精力、耗费更多的情绪劳动以取得居民配合，工作效率低下，治理成本大大增加。

荷花街居委会成员普遍觉得自己的工作“很难让上级和居民满意，经常两头受气，只能说凭良心做事”。笔者在荷花街社区发现，上级政府及其派出机构对社区建设和治理方面的工作不可谓不重视，诸如文明小区建设、和谐社区建设、十佳社区建设等类目，从表面上看最终受益者应该是广大居民，但对基层政府而言，各种项目最终的验收只看居委会提交的书面材料，所以这对居委会提出了大量文字性和组织性的工作要求。然而，居委会成员时间精力有限，如果在精美“台账”方面投入时间较多，那么在提供服务上就会打折扣；而对居民而言，能否从各类社区项目中受益要看居委会能否提供实实在在的具体服务。可见，居民和上级政府的标准存在较大分歧，各类建设评比工作越多，居委会成员坐在办公室搞文字资料的时间就越长，直接接触居民、服务居民的时间就越少。

> 我们也不知道居委会整天在做啥，但实事求是地说，他们在办公室还真没闲着，个个在电脑前忙得不得了，有时连和我们说话的工夫都没有，头都没时间抬。但我们老观念还是觉得居委会就是要走千家串万户，过去的基层干部都是和群众捆在一起的，随叫随到，家家情况一清二楚，现在不一样了。
>
> ——与社区居民陈先生访谈（日志 20130924）

必须完成落实政府的指令要求以维护政府形象，同时也要尽可能满足居民的需求以惠及民生。“对上要负责，对下有交代，对己能心安”的工作逻辑使得居委会成员尤其是“当家人”不得不寻找一种平衡，但工作中自主性弱、有责无权的无力感常打破这种平衡。

> 社区居委会负责上传下达，政府的奖杯想要，群众的口碑也想要。有些事情要深入去做我们就要受“夹板气”，很多问题我们居委会是无权解决的，只能是向上汇报或提出建议，但是大多数（汇报或建议）不被采用也没有反馈。上面的部门不作为，但群众不知道内情，都说我们居委会不得力。而上面对我们考核又多，“和谐”也好，“稳定”也好，“卫生”也好，都是要考核我们的，很多考核都是“一票否决”。所以，我们处在中间是最难的。
>
> ——与居委会于副主任访谈（日志 20130908）

我们居委会的公章现在几乎成了“万能章”，经常有夫妻拿着结婚证，让居委会证明他们是夫妻；有老人拿着退休证，让居委会证明他已退休；还有拿着户口本，让我们证明他是辖区内居民……人家手上都有证，为什么相关部门还要居委会盖章证明呢？就像暑假里我们不知道遇到多少例择校的事，因为我们是名校施教区，很多人在我们这买了房就想把户籍转过来，民警就要我们居委会出证明才给转。我就想不通了，户籍登记是派出所的事，关我居委会什么事呢？

——与居委会周主任访谈（日志 20130913）

笔者在荷花街居委会发现，像择校转户口需要居委会开具证明这样的事时有发生，一些单位在进行行政审批或发放有关证明时，需要对行政对象的相关条件进行调查核实。为减少工作量相关单位就要求行政对象去居委会盖章证明，既将问题简单化，又为自己规避了行政责任。凡此种种，相关部门实际上是把居委会当作它们规避风险的挡板。对居委会而言，如拒绝居民的这些需求则会进一步失去民心。这种角色模糊性或者说“万能角色”所带来的压力导致居委会成员产生极大的负面情绪。

（三）成员生存发展的压力

全国社区工作者的薪酬福利在逐年提高。2008 年以来，中共 A 市委、市政府出台多个文件对社区居委会成员薪酬作出利好规定①，继 2013 年以来荷花街社区所在的区更是多次对社区专职工作者的基本工资和“五险一金”缴纳基数进行提标。比如，2017 年基本工资每人每月上调 270 元，最高增幅 9%；“五险一金”缴纳基数调整为基本工资。但居委会工作者承担的繁重任务和薪酬待遇不相称，特别是在付出同等甚至更多劳动的情况下，居委会工作者和同类型的公共服务提供者——公职人员在福利待遇、社会地位等方面的差距使其易产生被剥夺感和心理上的失衡。

1. 工作报酬低

目前 A 市居委会工作者薪酬的最新标准为：居委会主任月基本工资正职 2300 元、副职 2100 元，居委会普通干事 1800 元，同时比照企业职工参加养老、医疗、失业等各类社会保险。

① 主要包括《A 市 G 区城市社区干部管理办法》（2008 年）、《关于引导和鼓励大学生到社区工作的实施办法》（2010 年）、《关于建立城乡统筹的基层组织保障体系的意见》（2014 年）等文件。

七七八八全部加起来，在我们社区一般年轻人每个月拿个四五千元吧，干得时间长一点的拿个五六千。怎么说呢，从绝对数上看肯定比以前高了很多，但和公务员横向对比，再和房价比比还是算低的吧。

——与居委会于主任访谈（日志20200824）

居委会成员工资是按八小时工作的时间给付的，但实际上社区有大量的临时性突发性工作是要加班加点来处理的。比如，最常见的开展社区活动，无论是居委会、媒体还是驻区单位来社区搞活动，都想聚集人气吸引居民参与，所以这些活动大都放在节假日。在荷花街基本上最多两周就要有一个大活动，小活动更是隔三岔五就有。有时政府及相关部门还会把各类需要群众配合的活动作为任务指派给居委会，每个社区必须出满指定的人头，并由居委会负责带到活动现场。荷花街居委会成员在和笔者闲聊时多次表示出对工资收入的不满，特别是和机关工作人员比较时的失落感较强，普遍认为居委会干的是政府的工作，出的力甚至比公务员还多，但收入只是他们的几分之一。

一比（较）就来气，按照劳动付出，我们的工作时间、工作强度和工资所得与公务员相比差距太大，居委会人员的工资还达不到A市平均水平，所以大家有怨言。你在我们社区别说看报纸，忙起来连喝口水都没有时间。有时上面一天有四五个会要我们参加，人手直接不够用。现在上头提出要“网格化”管理，“网格化”就是你一个人负责一个小区，必须了解你包干的这个小区的情况，现在房子出租的很多，人口流动大，这个工作量多大啊！

——与居委会马副主任访谈（日志20130917）

大学生村官在基层的发展备受社会关注，基层能不能吸引并留住大学生很大程度上取决于大学生在基层的收入状况和发展前景。针对大学生村官待遇，A市采取“使用专项全额拨款事业编制”支持性政策，即大学生村官享受全额拨款事业单位工资待遇，新聘大学生村官直接转正定级，薪级工资高定一级，并按照A市事业单位有关规定参加各项社会保险。虽然相较居委会其他工作人员，大学生村官的收入要高出很多，但高昂的生活成本也让大学生村官觉得生活压力很大。一项针对大学生村官的调查显示，只有3%的人认为大学生村官待遇还不错。[1]

> 一个男孩子要负家庭责任，张永杰还是人大毕业的，特别是农村培养一个孩子上名牌大学不容易，一个家庭甚至一个家族都指望他的收入来改善家庭条件。所以，无论是在农村还是在城市，大学生村官中男性流失的比例较大。不能怪人家，男孩子养家的压力太大了。
>
> ——与居委会周主任访谈（日志20131017）

薪酬因素在经济社会中的作用已经超出了物质激励的范围，成为兼具物质和精神双重激励的重要因素。对于大部分人而言，薪酬不仅是生活的保障，更是对自身价值和劳动付出的肯定。市场经济下成长起来的大学生村官，面临购房、养家等现实的生活压力，最直接最现实的想法就是要提高自己的收入待遇。美国管理学家孔茨等曾指出，金钱对那些抚养整个家庭的人来说，要比对那些已经功成名就、在金钱的需要方面已不再那么迫切的人来说重要得多。[2] 居委会工作者不仅对工资收入总数偏低有看法，而且对发放方式也不甚满意。为了调动员工的积极性，H街道拿出居委会人员工资的40%搞绩效工资，根据年终各项考核的达标情况再给予发放。

> 到年终看起来好像是发钱了，其实发的是平时截留下来的我们的工资。我们H街道最可怜，一年到头干巴巴的。过年哪个单位不发福利啊，我们街道给我们一人500元过年，这个钱其实还是市民政局给的。
>
> ——与居委会干事王蓓访谈（日志20130917）

作为单位收入分配中“活”的部分，绩效工资主要体现单位工作人员的工作业绩和贡献。在居委会人员看来，自己干得不比街道的公务员少，但工资收入却比他们低一大截。搞绩效工资应该是向公务员工资福利待遇看齐的一种方式方法，如果总收入并没有提高，那么搞绩效工资就没有多大激励意义，更何况荷花街居委会成员绩效工资发放完全是根据完成街道下派任务的情况，和居委会实际为社区居民提供的服务毫无关系。

---

① 钱德洲、刘祖云：《从“嵌入”到“融合”：大学生村官制度的弱化与优化》，《江苏社会科学》2018年第4期。

② 〔美〕哈罗德·孔茨、海因茨·韦里克：《管理学》，张晓群译，北京，经济科学出版社，1998，第10版，第311页。

令人意味深长的是，笔者也发现了居委会成员对于加薪、提高收入水平的矛盾心理。按照常理盼望加薪是正常的职场心态，然而荷花街居委会尤其是居委会负责人则担心工资提升后会有很多“关系户”觊觎居委会的岗位，不利于工作的开展。可见，关系文化在这个最底层的政治生态圈中同样存在，微妙又复杂。

2. 升职空间小

在A市，所有居委会成员无论是哪种身份类型都需与所属街道办签订就业合同，从而在客观上使这份工作相对稳定。但是，在职业发展方面，居委会工作者的升职空间普遍有限。除了上述福利待遇的反差使得居委会成员缺乏自我认同外，职业上升空间小、发展机会少是该工作认同度低更为重要的因素。从现有相关制度的设置来看，居委会工作者的职业发展通道似乎较多，包括社区间交流任职、社区内提拔、街道挂职、提任街道班子成员、考录公务员或事业单位等，这还不包括自谋职业、自主创业。但是，很多政策只是纸上谈兵，实践中居委会成员的晋升通道要狭窄得多。

“社区间交流任职”只是一种让居委会成员更换工作环境的途径，算不上工作晋升，更多起到心理上的调适作用而非职务上的晋升激励作用，况且一般居委会干事较难享有交流任职机会，多为正副职享有。

“社区内提拔”，一是机会少，二是很快就达到职业顶峰再无发展空间。比如，2011年H街道公开选拔社区主要负责人，整个街道辖区内11个居委会也仅有两位工作9年之久的居委会副职成功进阶，一位任居委会主任，另一位任社区党支部书记。这两位30出头的年轻人在社区的职业发展已达顶峰，如果想再发展除非另谋他就。

“街道挂职”是在不改变人事关系的前提下，到街道办进行培养锻炼的临时性任职行为。通常情况下在街道挂职的居委会工作者并没有相应职务，只是街道某些部门在工作多、任务重时会把他们借用到街道，如突击搞招商引资等，这不过是人手紧张时的救急之举、临时之举。故居委会工作者在“街道挂职”不过是人事工作创新之举，为街道做事、缓解街道“用工荒”问题而已，其编制问题依旧无法解决。相反，在很多居委会，常有成员被借调到街道却还在原居委会享受一些内部福利而导致居委会其他成员非议的情况存在，影响内部团结。

“考录公务员或事业单位岗位”这一通道有着严格的资格要求，一般只对社区大学生村官、居委会主要负责人等定向招录，覆盖面很小，而且这方面的用人计划不稳定，要取决于政府的整体人才招录计划。

“提任街道班子成员”这一晋升通道得益于国家对大学生村官的重视。2012 年，中组部等六部门联合下发《关于进一步加强大学生村官工作的意见》，进一步健全和完善大学生村官工作的政策与体制，推动其健康、有序发展，其中有一条颇引人注目：每个县（市、区）至少有 3～5 名部门领导班子成员有大学生村官工作经历。从一名社区大学生村官成为街道领导或区级部门领导，确属职务晋升上质的跨越。但上级的硬性规定到了地方层面，由于下级的种种权衡极易成为对上级政策规定的变通执行。在国家层面，街道领导或许只是最基层的官员，但在县区层面，他们是正式的区管干部，提拔任用有一整套程序和要求。基层政府会更多考虑从居委会选出的街道领导对街道层面乃至区属单位形成的政策影响和实际效果。即使是把大学生村官列为区管后备干部，也会令街道工作人员和社区居委会资历较长的工作者感到诧异和不能接受（这点在和荷花街居委会成员的访谈中得到佐证），更遑论将其直接提拔为街道领导可能造成的巨大思想冲击。所以，考虑到这一政策实施对街居层面可能造成的冲击，一般来说，地方组织部门会审慎定夺。对更多的社区大学生而言，按照中组部《关于进一步加强大学生村官工作的意见》精神，一个街道才选出一名大学生村官进街道领导班子，胜出者凤毛麟角，机会渺茫，政策的象征意义则远高于现实意义。

综上，由于缺乏操作性较强的实际激励措施，街聘居委会工作者对个人职业发展普遍感到前景黯淡，特别是居委会的年轻工作者经常觉得既没有发展目标又缺少发展机会，面临前进和退出两难的尴尬境地。笔者在 A 市其他社区调研时也发现了差不多的情况：几乎每个居委会都有位中老年的当家人，堪称“社区领袖”“社区能人”，他们几乎占据了社区里的所有政治资源，年轻人无法脱颖而出。这样的情况使年轻人觉得工作上没奔头，政治上没盼头，经济上没甜头，往往造成社区居委会的年轻人缺乏动力和活力，常有“混”日子之感。

> 我们居委会的小环境还不错，主任对我们就像自己的孩子一样，但年轻人总要奔个前途，在居委会干最大的问题是看不到前途。我今年 29 岁，在居委会也工作 5 年了。当初毕业竞聘过来，觉得国家蛮重视社区工作的，媒体上天天都在宣传，刚工作时确实满怀希望、干劲十足，但现在感觉越来越没劲了！工作 5 年，工资才涨了两次，加起来也就多了几十块钱；职位还是原地踏步，而且暂时也基本没什么上升机会，比我年龄大资历老的人多呢。今后也没什么保障，有时也

想趁年轻出去闯闯，不想耗在这里，但是又不甘心，毕竟已经工作了这么多年，就这么放弃，总觉得很遗憾。

——与居委会干事王艳月访谈（日志 20130911）

3. 利益之争的矛盾

组织内的利益相关者常会因资源竞争或资源分配不均等而彼此不满甚至发生矛盾。荷花街居委会的人际关系总体还比较和谐，但也有一些因分配不均带来的心理失衡。一定程度上来说，这种不满和矛盾更多指向的是国家对大学生村官的优惠政策。心理失衡源于比较而来的一种心理感受，有时会和组织外的人比较，更多的时候是和自己身边的人比较，正如荷花街居委会成员有时会和街、区公务人员进行比较，更多会和干着相同工作的同事进行比较。居委会年轻人觉得大学生村官的收入远远高于自己，居委会年长者会觉得大学生村官不把社区工作当回事却拥有较多的晋升机会，而大学生村官则觉得在社区工作施展不了自己的理想抱负。

大学生村官的工资反正要比我们高，他们享受全额拨款事业单位工资待遇，年终还有一万多的奖金，和我们差别大了去了，这造成的结果是伤害我们社区人员的感情。大学生村官如果不来我们社区，我们大家工资都差不多，蛮好，没有比较。

——与居委会干事王艳月访谈（日志 20131026）

现在的大学生村官，一下来就带个“官”字，并且给了他们特殊的待遇，三年以后就可以去考公务员。既然是带了官帽子下来的，下面就把他当作“官”了，就不怎么叫他去做事了。其实呢，在下面待三年太短了，刚熟悉（情况）就要走人，对社区贡献不大。我始终觉得大学生村官不适宜在城市社区，农村里有集体经济，大学生村官可以用他们的知识带着农民发家致富。到社区来我觉得太稚嫩了，社区是搞群众工作的，是解决基层矛盾、解决社会管理问题的，他一个刚毕业的孩子来做，不适合。而且我们社区工作经常无固定上下班时间，要根据工作情况来决定时间。像我，上面一个电话叫早上 6 点来，我年纪大没有羁绊，我能 6 点到。可是作为年轻人来讲，他要谈恋爱结婚，要忙前途，还要去（公务员）考试，怎么可能全心全意在这干呢？

——与居委会周主任访谈（日志 20131008）

居委会的年轻人觉得，和大学生村官相比，收入、个人发展空间都有较大差距；年长者觉得，大学生村官无论在社会经验上还是在主观意愿上都不太适合在城市基层工作，甚至从仕途发展的角度认为国家对大学生村官的一些优惠鼓励政策伤害了一批基层工作者。可见，大学生村官的到来对居委会工作人员，无论是对年轻人还是年长者都有一定的冲击。居委会成员可以跨社区任职，并不强调居住的在地性，相比较农村村委会成员“土生土长”的“内生性”，表现出某种“悬浮性”，但居委会成员一般有基层任职经历或当地生活经验，在某种程度上还是“接地气”的。而从大学生村官的产生程序与实践效果看，不同于居委会成员的产生和管理制度，他们非经居民选举产生，而是由上级组织部门从应届毕业生中通过考试选拔聘任“空降”或“嵌入”到社区。这种把大学生村官的考试择优机制嵌入居委会干部选拔过程中的做法，使得政治过程具有了一定的市场竞争意味，相较“内生性”的村干部或“接地气”的居委会成员，大学生村官表现出更强的“悬浮性”。

一方面大学生村官的收入高于居委会工作人员，另一方面大学生村官升职的机会要多很多，这些都引起了居委会其他成员的心理失衡。而大学生村官却认为，自己的身份定位不明确，只是与政府签订劳务合同的聘用人员，既不是真正意义上的村干部，也不是事业编制人员或公务员，角色尴尬，有时连话都讲不上，更像是临时工。在中国的政治生态圈中，身份角色是非常重要的，所谓名不正则言不顺，非官非民的角色使得大学生村官无法施展手脚。

> 现在就是做自己负责的这一块工作，跟其他人一样……当初来社区确实是想干点事情的，看看基层真正需要什么服务。现在的情况是，上级让做什么就做什么，下面啥也做不了，跟我之前的想法差距太大了。
>
> ——与居委会大学生村官张永杰访谈（日志 20131029）

不可否认，大学生村官为基层带来了新的思想理念、新的行为方式，对于提高基层干部的整体素质确实发挥了积极的作用。然而，当前大学生村官在社区治理“嵌入”过程中遭遇了困境——大学生村官制度的“国家逻辑”与“基层逻辑”间存在断裂，具体体现为大学生村官承载的政策意图和被赋予的角色、权力不对等。从政策意图来看，政策设计的文本是基层为大学生村官提供施展才华和能力的平台，国家希望将大学生村官培养为新型的基层管理者和优秀的党政干部接班人，但实际上大学生村官在基层多为辅助性角色，特别因其电脑技术过硬、熟悉政策法律条文，一些撰写材料、整理档案的辅助性工作就交给了他们，他们从事的多是“面上”务虚工作，而难以参与居务决策，以致被边缘化。大学生村官希望实现的个人抱负与居民对其的认同也形成了冲突。凡此种种，都形成了悖论。在荷花街社区，无论是杨飞飞、张永杰还是李丹，他们在居委会的分工都无一例外地包含党务、纪检、文字资料、活动策划、居委会网站建设等。在A市其他居委会，大学生村官的主要工作也是写各种公文、居务报告和工作总结，其次是负责接电话、整理居委会台账、宣传政策法规等细琐杂事，多数大学生村官名曰“主任助理”，但并没有真正接触到实质性的居务或者拥有居务决策权，他们只是旁观者或记录者，有较高比例的大学生村官还被街道以各种理由“借调”成为“街官”。比如杨飞飞，2010年来荷花街居委会工作，2013年6月被借调到H街道工作，多数大学生村官不是下沉到社区而是仍然悬浮在上面，他们也因此沦为“无根的基层治理群体”。

当然，在顶层设计方面，大学生进基层有着缓解就业难、改善基层治理人才荒等多重动因，但很多大学生却将进社区当作择业未果的权宜之计，自恃文化优势，利用政策优惠把“大学生村官”作为一个进入体制内的跳板或者是初入社会找不到满意工作的临时过渡，较少有人将“大学生村官”工作当作长期奋斗的事业。对大学生村官政策的评价也许为时过早，但不可忽视的是，这一政策已经在类似荷花街居委会这样的社区组织里产生了一些负面影响，未来的政策设计需要进一步反思如何找到大学生村官制度“国家逻辑”与“基层逻辑”的结合点，平衡好大学生村官与居委会其他成员及社区居民的关系，推动其顺利嵌入和融入基层社会。

三、尽量设法化解职业压力，积极投入工作

面对工作压力，荷花街居委会成员并非被动承受，他们或积极主动，或被动应对式调整自身状态以适应工作环境；居委会组织在环境中也是积极的行动者，通过“以老带新”、成员间合作、“应付”等方式化解工作压力；而基层政府及主管部门也通过入职训练和在职培训等方式帮助居委会成员适应治理需求，客观上帮助其提高化解职业压力的能力。

（一）自我调整适应角色变化

对于组织成员来说，要想尽快适应环境变化，首先要调整好自身的状态。做出契合角色需求的状态调整无论对居委会新人还是老人都是非常必

要的。像大学生村官这样的职场新人面临着角色转变的挑战，而居委会“老人”则面临即将退职、职业倦怠等挑战。

> 社区的事很多很碎，我没有来社区工作时，根本不知道社区会有这么多事。刚入职时，我在人际交往上几乎处于冷漠状态，入职后持续了学校里同学间简单的交往方式，几个人的圈子，不会主动和别人聊天，更不用说和居民家长里短了。以前我绝对想不到自己会像今天这样坐在这里和几个人八卦聊天，但这个完全就是社区工作状态所必需的。你要了解居民，就要了解张三李四家的情况，经验是慢慢积累的，你看我现在完全是“社区状态”。
>
> ——与大学生村官杨飞飞访谈（日志 20111217）

考虑到居委会成员年龄结构的优化及给年轻人更多发展机会，2013年后A市政府拟在近几年居委会换届选举时，力推年轻人勇挑社区当家人重担。对此，周主任多次在笔者面前流露出对居委会工作的眷恋和对政府此举的不解。

> 我已经超龄服役了，很快我就要退休了，以前（上级）是留我，现在是“赶”我，我不是要这个（居委会主任）荣誉，但现在上面就把这个当作荣誉似的来赏赐，我觉得你们学者要好好分析基层。有些干部还没有成长成熟呢，就把他提上来；那些还正在时候干得正欢的，却因为年龄问题要“一刀切”退下。社会工作者应当是不受年龄限制的，只要你身体好，想为群众服务，可以做事，就不应该受年龄的限制。我们有些部门却把这个年龄作为一把“尚方宝剑”一刀砍。虽然我不是科班毕业的，但是我有实践经验，我能说服居民做好工作，按照我这个身体条件完全可以继续干下去。后面（2016年）社区换届，上面说要一刀切，（社区工作人员）女的50岁，男的55岁全部（退）下来。我本来就是退休返聘，更该回去了。把这个年龄作为硬杠子是不对的，特别是基层，作为社会工作者，有些人正好和人家（共建单位）处熟了，我到他那儿去（募集资源等），他只认我（说话），我可以（帮社区）解决问题；再有，在社区干了一二十年，张家长李家短全记在心里，熟呢。50来岁，一刀切，要人家回去了，你（政府）再弄个年轻人来，千家万户的，要再花多长时间他才能摸得熟呢。我这样说不是为自己，有很多人年龄到了，但他身体条件、

各方面还能为社区做工作，可惜啊！要统筹社会资源来做事，你不能因为年龄而“一刀切”。否则，这是不是也叫人才浪费呢？”

——与居委会周主任访谈（日志 20150910）

虽然对居委会工作充满了眷恋和不舍，对政府“一刀切”的政策也颇有微词，但周主任在社会现实面前还是觉得潮流不可抗拒，该急流勇退时还得服从组织安排，自己也在调整心态逐步放手工作。

有的时候，我和于主任在工作上有些分歧，如果不是原则性的问题我就放手让她做，一个是避免冲突，再一个她跟在我后面也快十年了，我很快要退了，也要放手让她独当一面。我对她说“这个班要逐步接过去，不要到时候‘硬摘瓜’，你现在逐步就要适应了”。我现在出去讨资源啊，跟人家部委办局联系啊，都把于梅带着，让她逐步对接上。

——与居委会周主任访谈（日志 20150910）

（二）政府赋能提高管理水平

为了提升社区管理水平，2010 年后 A 市一直坚持对社区居委会工作者进行职业训练，通过相关培训提升居委会整体工作能力和治理水平，客观上也提升了居委会成员应对工作压力的能力，能更好地适应工作环境和满足基层社会治理需求。

1. 入职培训

A 市针对居委会工作者的职业训练分为“入职培训”和“在职培训”两种，入职培训主要是针对以大学生村官为主的新入职者，H 街道办每年都组织大学生村官集中培训。

社区工作复杂琐碎，需要大学生村官沉下心来，同社区融为一体，同居民连为一心。这几年，我们街道始终坚持把大学生村官“当后备干部来培养，当优秀人才来使用，当自家孩子来对待”的培养理念，通过日常培训及重点培养等方式，引导大学生村官学习经验、理清思路。

——与 H 街道党工委韩书记访谈（日志 20131024）

像杨飞飞、张永杰、李丹等大学生村官在被招录后即参加了由 A 市组织部统一组织的入职培训，包括请专家进行社会治理方面的理论培训，请资深社会工作者做社区管理实践方面的经验传授，组织大学生村官去外地社区治理样板区参观取经等。

> 三天的江阴（入职参观学习点）学习之旅结束了，虽然时间不长，但是在江阴的所见所闻却给我留下了极大的震撼。一个声音在心中反复地问自己：为什么江阴能发展成今天的模样？江阴的村干部们又有怎样的过人之处？作为即将走上工作岗位的我又该怎样通过自己的努力去为居民做事，为社区管理贡献一份力？结合几天的所学所思，我觉得应从以下几个方面去锻炼、提升自己的素质，方能更好地适应工作要求……
>
> ——摘自大学生村官杨飞飞的入职心得（日志 20131024）

以上是笔者在 H 街道办档案室看到的杨飞飞在 2010 年参加入职培训时写下的心得，记录了她当时的所思所想。从个人职业成长来看，认识角色、树立良好的职业动机、努力和职业角色的要求相匹配，是职业生涯的良好开端，基层政府的赋能培训使新入职者能尽快借力成长。

2. 在职培训

“在职培训”是地方政府及部门旨在提高社区居委会在职人员综合素养与工作能力而提供的各类培训学习机会。在引进年轻人才的同时，针对既有社区居委会工作人员治理能力和治理水平有待提升的现状，A 市民政局每年举办两期社区党支部书记、居委会主任业务能力轮训班，并于 2010 年联合中共 A 市委组织部，与市委党校合作成立了社区工作者培训基地。政府每年专项拨款 20 万元用于基地社区工作者培训，“请专家进来讲授，带社区工作者出去交流”成了常态化的培训工作机制。

> 除了针对社区领头人的培训，最近五年，我们还扩大了培训人群，先后组织市、区机关、街道及社区工作人员 20 多批次超过千人，到杭州、上海、青岛、武汉等地学习取经，进行社区治理专题培训。搞好社区治理需要多部门多主体协同聚力，单单培训社区工作人员肯定不够，有时候问题不是出在基层，基层只是执行部门，如果上级部门的决策水平跟不上，也会影响社区的执行力。
>
> ——与 A 市民政局潘局长访谈（日志 20191127）

除了市里统一进行的社区工作者短期培训外，各区相关部门也会考虑社区工作者持续发展的职业资格并举办相关培训。如 2008 年 G 区民政局为全区 80 多名社区工作者参加全国社会工作者职业考试全额出资，这一支持性措施一直延续至今。另外，G 区还专门出台优惠政策鼓励并资助居委会正副职及 45 周岁以下的社区工作者参加学历教育。这些激励措施全面提升了社区工作者队伍的业务技能和整体素质，特别是促进居委会新人能快速向职业化和专业化方向成长。大学生村官杨飞飞到荷花街社区后，通过和居民的接触发现居民的诉求不再是吃饱穿暖，而是希望有丰富的精神文化生活。因为自己爱好文艺，所以她主动请缨挑起社区文艺总策划的担子，在荷花街社区任职锻炼的三年中，先后组织策划了几十场社区文体活动。这些活动提升了居民的社区参与度与社区知名度，杨飞飞本人为社区工作出谋划策的主动性也在不断增强，从她所说的“人际交往的冷漠状态”转为主动关心居民的大情小事。

> 我觉得到社区最大的收获是学会了主动工作，主动关心和我没有多少交集的人。参与策划组织这么多活动，一开始是想干出点成绩来，后来是居民依赖你，隔三岔五就来问有没有活动，说实话，社区里很多中老年人生活真蛮单调的。
>
> ——与大学生村官杨飞飞访谈（日志 20131023）

（三）居委会成员协作化解压力

为了应对各种工作压力，除了居委会成员的自我调适、政府组织职业培训提升管理能力外，居委会作为行动者也会本着完成工作任务、保证组织目标达成的目的而采取各种行动策略帮助成员化解压力、完成任务，通过居委会或积极主动或消极被动的各种行动策略维持组织和环境间的动态平衡。

1. 老带新，传帮带

社区工作是一项需要不断积累管理经验才能胜任的实践性工作。像杨飞飞等新入职的大学生，刚走出校园，和大多数职场新人一样面临缺乏管理经验、解决复杂问题的能力不足等挑战，帮助他们尽快适应工作并取得突破是居委会组织的当务之急，“新人尽快上手”也是化解居委会工作任务繁重难题的良策。

> “老带新，传帮带”的传统不能丢，尤其我们社区工作不是看几本书、会几个理论就能胜任的，它必须积累工作经验、增加社会阅历

才行。我们新来的年轻人往往理论大于实践，理想高于现实，我们老的就要带带人家孩子，手把手地教，在定岗之前他们要在每个岗位都轮一下，全面熟悉情况后再确定具体负责哪块工作。在开始接手一项工作时也会安排业务熟练的“老人”带上一段时间，让他们慢慢上手。

——与居委会周主任访谈（日志 20131028）

前文论及大学生村官杨飞飞从“学生状态”转为“社区状态”，其实她是花了较长时间才慢慢进入的。据居委会其他成员介绍，刚到社区时杨飞飞也像许多其他同龄女孩一样，衣着光鲜、打扮时尚、爱穿高跟鞋，还时不时地攥着手机把玩，同事戏谑她“那时不像来工作的，更像是来串门的”。居委会“老人”对杨飞飞的影响很大，到岗的第一个月她的主要工作内容就是跟着居委会主任到居民家中串门聊天熟悉情况，也是在不知不觉中杨飞飞换了装束进入了工作状态。几年中，笔者在荷花街社区看到她的一贯形象是扎着马尾辫，身着休闲服，手臂戴着套袖，脚穿运动鞋，与周围穿着入时的年轻女孩相比，显得朴实无华。这样的装扮一直持续到她因工作出色被调到 H 街道任职。

那段时间我就像是主任的影子，天天跟着她，从主任身上不仅学到了工作方法，而且开始注重内在积淀，想着怎么高效处理好各项事务。也就是在那段时间，我养成了工作时穿平底鞋，看到居民热情招呼，随时记录居民需求的习惯。说实话有时看到社区里那些年龄相仿的女孩子打扮得优雅得体地去上班，我也有点失落的，但转头看看同事们怎么方便工作就怎么穿，也就不会想那么多了。

——与大学生村官杨飞飞访谈（日志 20131023）

2. 以合作提高工作效率

随着社会治理重心下移，许多本该由上级职能部门承担的工作下移至社区。如果说上文所说的“统一的职业培训”属于提升居委会工作者素养的普适性培训的话，那么在居委会工作实践中，由于每个社区的具体情况不同，更多的工作要靠居委会成员间的通力合作才能更好地完成。

上面搞的培训基地是很好，包括请专家来讲课，把社区工作者带出去见世面，去学习外面的东西，但也只是走马观花，时间很短，能参加的人员也很少。和你说实话，政府确实带了不少人出去，但大部分人是政府部门和街道办的，真正社区基层的一般工作人员是没有这个机会的，只有一部分干得出色的社区主任才可能去。

——与居委会周主任访谈（日志 20130915）

一方面社区居委会工作任务繁杂繁重，另一方面其工作者中很少有专业对口的科班生，再加上基层事务的复杂性、流变性大大增强，处理基层具体问题时常常是“摸着石头过河”，故完成社区各项任务的时间成本较高。为了能按时按点完成任务，特别是在一些重要的或工作量大的任务来临时，居委会通常是打破日常分工，“全民总动员”共同完成工作任务。在日常工作中，相互协作也是经常性的，不仅居委会主要负责人之间需要在工作思路、分工上协作，而且居委会老同志和年轻人之间也需要合作。

社区要搞得好，需要一个人在外活动（运作资源），不然经费从哪里来啊，政府财政拨款一个月才拨那么点，居委会这么多人肯定不够用，电费水费各种费，居委会开门就要钱，这一部分钱完全要靠主任的能力。像有的社区办公用房多少年都没变化，没钱搞，我们这边还是相对可以的，就像人家一个家庭要有个当家的，说出话来大家要听，出去对外联络也要有些名气威望才行。这些年我们周主任把更多精力放在对外联系上，为社区争取资源，我们在家里就把内务搞好，让她没有后顾之忧，大家齐心协力日子就好过。

——与居委会于副主任访谈（日志 20150917）

作为正式制度和非正式制度的交汇场域，社区有着自身的特殊性，它不像机关单位那么正式、威严，在这个场域居委会更像一个大家庭。年长的居委会负责人扮演着家长的角色，并在这个大家庭里统筹协调大家的分工，遇到难事时，“当家人”也会挺身而出帮助、指引年轻成员。

社区工作经常是不按时上下班的，也许一个电话你就要到场。一般那些要占用时间的工作，要起早带晚的，我就和周主任两人来。像我们居民砌车库（后文第五章详细论述），开了几十次的协调会基本都是我和周主任两个人来召集，等居民下了班晚上开，到深更半夜是常事，因为我们没有牵绊，他们年轻人有小孩，要去忙。遇到个别蛮不讲理的居民来争吵，我们两个老的也是冲到前面，年轻人在后头，为什么啊？年轻人血气方刚，有时来个不讲理的（居民），一旦和他们年轻人拍个桌子，年轻人就脸红气急，我们老的毕竟经历的事多，有经验些。再说哪个人见到老人都要让三分吧，我们一出场他（指吵架治气的居民）的气也不好意思多撒。居民有时和（居委会）年轻人杠起来，我们把他一拽，“什么事你跟我说，人家是孩子，你别把小孩子吓到”。我们做工作都是这样老中青三代互补，像网络技术我们老人不会，就是他们年轻人的事，我们建“网上居委会”，建这个群那个群都是他们年轻人搞的，我们没操过心。

——与居委会成员谈仲秋访谈（日志 20150917）

3. 用“巧干”应对工作压力

随着街道办和政府职能部门对居委会下派的工作任务和考核内容不断增多，居委会用“巧干”来应对上级派发的工作也成了常态。

政府工作来了我们就做，压力大的时候就掺掺水。上面都是把工作压下来，到我们这没有退路了，很多只好“硬”做。综治重要，计生重要，民政重要，环境卫生也重要，现在都强调“一票否决”，没有哪项工作不重要，只要有考核指标，件件工作都重要。就像搞文明城市创建，搞了几个月，我们天天都加班，你说重不重要？今年（创建）任务又下来了，还要继续。

——与居委会干事刘霞访谈（日志 20131108）

街道办各科室有时也会组织辖区居委会进行一些业务培训，怎么做好各类台账、填好各类表格的培训内容居多。众多的基层数据由居委会干事们收集并填写在各类复杂的表格中再层层上报，最后汇总成清晰有序的统计数字。上级政府考核居委会工作也是根据这些填写的电子资料、台账等，基层工作越来越表现出以“写到”“说到”代替“做到”，以数字的增长或改观替代真正的治理成效。正如一位在街道办任职的笔者的熟人所言：

上面的检查太多啦，我们在街道办也苦，成天要么就是做表格、填表格、汇总表格，要么就是困在会议室。有些数字也许底下报上来时就有水分，只要不离谱也就算了。我们也没办法，不搞这些脱不了身的。

——与 H 街道办工作人员李峰访谈（日志 20131023）

这些对工作的抱怨也许有夸张之嫌，但长期以来，一些名目繁多、五花八门的形式主义负担成为基层政府的“不可承受之重”，影响其工作实效与创新行为，甚至妨碍基层领导者应对重大突发事件的精准施策。由于任务重、压力大，“5＋2”“白加黑”“连轴转”是基层工作者的常态，长期高压力、高强度的工作状态使相当一部分人不堪重负，甚至在心理上对上级政策产生抵制情绪，影响其主动担当作为的积极性。区街基层干部会以风险最小化的避责行为来应对执行日益严格的规章制度与行为准则，并且倾向于将政策责任与行政任务转移给更基层的居委会而不愿意在政策上做出创新。①

至少在荷花街居委会，笔者看到居委会成员根据地方政府职能部门和街道办的要求，不断地通知居民前来或主动上门登记各类信息，日复一日地填写报表。如果上面布置的工作不太好做，他们就会“想办法”填写一份看起来较完美的表格。一个个活生生的个体、一项项繁复的工作在基层被简约为纸上数字直至某种全民范围内的指标；而国家则通过条块归口管理形成一条条便捷的信息收集和统计渠道，高效地对社会管理各项工作进行目标制定和控制评估，最大限度地满足国家管理简单化、清晰化、规模化的需要。近年来有学者针对该现象提出文牍主义型形式主义（简称“文牍主义”）②，文牍主义严重脱离基层治理实际，常以文件落实文件，以文件应对要求，明显脱离居民需求与社区实际，导致治理空转。

四、居委会像个“家”，一定要转起来

居委会成员在朝夕相处间形成了关系网络，通过工作中的合作参与、共进共退逐步培养起网络成员间的团队合作精神。居委会负责人通常也会利用网络所形成的亲密关系，融合并发挥居委会成员的特点与强项，形成集体化解人少事多的强力，以良好的组织氛围弥补外界大环境的不足。由此，居委会组织内部表现出较强的整体主义和集体主义特征。

> 现在社会上有一种说法，说能留在社区工作的家里都不差钱，这话说得既对也不对，因为我们干工作既是为了钱也不是光为了钱。居委会收入确实不高，能坚持在这儿干的肯定是家里经济条件相对宽裕

---

① 胡威：《困于会议室——会议负担对基层公务员创新行为的影响机制》，《学术研究》2020年第5期。

② 彭勃、赵吉：《折叠型治理及其展开：基层形式主义的生成逻辑》，《探索与争鸣》2019年第11期。

点，不是那么急着赶着用钱的。但谁不希望收入高一点呢，能坚持下来也是因为喜欢这一行，多多少少还是有点奉献精神的，更主要的是大家把居委会当成一个有归属感的大家庭了，有感情了。

——与居委会周主任访谈（日志20150823）

（一）家要转起来，分工要做好

在居委会组织内部强调成员的参与和不分彼此，更多关注对居委会集体的激励而非对某个成员的激励，荷花街居委会日常工作中多设置集体目标、集体责任和集体奖励。在居委会组织内部非常注重营造良好人际关系与相互信任的组织氛围，涵育成员对组织价值观的认同，强化组织自身的内聚力。

居委会就像一个大家庭，虽然各有各的分工，但是我们始终强调大家合用一张脸，所以要相互协作，不然这个家就撑不起来。对外协调事务的，在家搞内勤的，哪个都不能少，少了哪个也不行。我说我就像大家庭的家长或者说是总管，对这一大家子的事首先要有个数，然后把事分配下去，大家商量着来办。当然也有矛盾要协调，总体还好，目前我这个家长说话还顶用，年轻人也比较配合。我就想着大家在一起不仅是干工作，也是处感情，将来离开荷花街，或者调动了，或者被重用提拔了，回想起来还是一段愉快的共事经历，（这）就行了。

——与居委会周主任访谈（日志20150823）

我国儒家文化的领导人格是以伦理道德为价值尺度的贤者型人格，强调领导者在“正己”的基础上，通过道德感化树立内在的权威，实现对他人的管理，其实质是“权”与“威”的完美结合。具有贤者型人格的组织领导者通过了解人心、感应人心继而征服人心、赢得人心，终使组织成员心悦诚服，产生内在的信任、尊敬与合作，人格感召力与集体责任心是这类领导者的标配。像荷花街居委会周主任这样的居委会“当家人”，经过基层社会长期的磨砺与自我道德修炼，其个人修养与管理艺术都达到了一定的境界，无论在居委会组织内部还是在荷花街社区场域，其威望都逐步树立了起来。这种把强者的权力意志、能者的事业心、贤者的伦理性结合起来的独具中国人文特色的管理者，在基层社会管理中具有出极强的生命力和适应性。

现在各地居委会成员流失严重，A市一些县级市的流失率接近40%了，我们居委会人员除了大学生村官被抽到街道去帮忙，基本没有流失，大家也蛮安心在这儿干的。周主任真心对大家好，这么大年纪了事事处处冲在前面，不仅抓工作，而且想方设法把大家团在一起，也经常为了大家的利益不惜得罪人。

——与居委会干事王蓓访谈（日志20150828）

（二）严护相加，谁都不容易

荷花街居委会内部形成了家庭式管理文化，不仅注重组织个体间的互动关系，而且对组织成员予以全面的关怀，大到职业发展，小到个人庆生，甚至包括帮助解决成员的家庭生活困难。居委会经常通过一些人情化的仪式，如在一起聚餐、发点经济上的小补贴、为年轻人发展开道等，建立起成员之间亲密的个人关系，培养成员的集体认同感，形塑彼此间的和谐关系。

我们年纪大的在外面当然要冲在前面，你有这个能力，你也有这个责任。对内工作也要压，很多工作不压也完成不了，但也要“打一巴掌揉三揉”，居委会资源有限，大家干得辛苦也图不到什么，就要用人情，有事多担待，有困难多帮衬。有些临时性任务、阶段性任务很急很辛苦，完成后大家聚一下、放松一下，能有点小贴补。上面街道办领导那儿，年轻人可能没有机会直接接触，我们就要替他们争取，多说好话，为年轻人在领导那儿争取个好印象，他们还要谋取今后的发展呢。街道办领导有时有饭局，我们也是带着小年轻一起去，一是锻炼，饭局文化还是要知道一点；二是混个脸熟，将来有机会领导能想到某某居委会的年轻人，不然你一声不吭的，领导咋晓得有你这个人呢。

——与居委会周主任访谈（日志20150823）

居委会家庭式运转，既和组织本身规模小、成员互动频繁、同事间是半熟人关系有关，也和组织正式资源不足有关，需要家庭式管理文化的嵌入，讲究情和义，以组织内部个体间的“人情”交往降低组织管理难度。居委会年长者自觉承担起大家庭里家长的角色，这种组织权力结构更易使成员团结一致，但也在一定程度上导致了年轻人在工作中难以独当一面，易对居委会年长的主要负责人依赖甚至顺从。

第三章　居委会和社区外部组织间的运行逻辑

本书把与居委会发生直接互动的组织，以是否在社区地域空间内划分为不在地的社区外部组织和在地的社区内部组织。不在地的社区外部组织主要包括：地方政府组织（方便起见，行文中笔者把与居委会互动的各级政府职能部门一并归入政府组织）、各级媒体、与居委会共建的企业、通过政府购买服务嵌入社区的专业社工机构。在地的社区内部组织主要包括：社区党组织/党支部、业主委员会、物业管理公司和社区居民志愿组织等。本章主要探析居委会和不在地的社区外部组织之间的运行逻辑，重点关注的问题有：法定的自治组织和实际的准行政组织“双重身份”的居委会和地方行政权力按照怎样的运行逻辑在互动？居委会重视和媒体互动的原因是什么，依循什么逻辑？“共建机制”如何被扩大运用于市场企业，和企业共建的运行逻辑是什么？通过居委会日常事件的呈现，展现居委会和基层政府、媒体、共建企业、专业社工机构等社区外部组织间的互动过程和运行逻辑。

第一节　和政府间的运行逻辑：完成任务—汲取资源

和居委会有直接互动的政府组织包括市、区、街道三级组织，一般来说区级政府和街道办与居委会的直接互动相对较多。基层治理实践中，居委会扮演着“基层政府”或“准政府”角色，是国家社会治理体系的最末梢，居委会的工作目标、工作内容都受地方政府的调控。作为一个资源弱化的主体，居委会为了生存和发展，运用各种方法、策略全力配合完成政府的各项工作，在和政府组织的互动中呈现出“完成任务—汲取资源”的运行逻辑。为了完成工作任务采取各种行动策略——既有完成政府“规定动作”的被动依赖，也有积极完成“自选动作”的主动依附，这些策略可概括为“弹性依附”与“有限自主”相结合的“策略主义”。

一、政府组织下达的任务与调控

随着市区政府难以应对的社会公共事务日渐增多，大量行政性事务以“治理重心”下移的名义打包分配给街道办，街道办再转移给居委会，居委会最终成为基层政府行政职能延伸的工具，市区政府、街道办和居委会由此结成了基层公共事务管理的“政绩共同体”。居委会的人财物配置均由街道办调控：工作人员由街道办选聘，人员工资和基本运作费用由街道办发放，街道办还通过各种形式的考核对居委会工作内容实施全方位的调控。居委会承担起街、区政府管理基层社会工具的角色，与基层政府形成了利益攸关的制度化依赖关系。所以，只有将城市社区居委会运行逻辑纳入地方政府行为的分析框架中审视，才能看清楚其运作的全貌和实质。

“将社会组织纳入行政科层体系并将更多的行政管理事务和治理责任向下转嫁的做法是基层政府推动政府权力下渗最简单的措施。”[①] 街道办等政府组织之所以将其应该完成的任务转嫁给社区居委会，是受经济人自利性的驱使。这种自利性既可以表现为增加经济收入、获得权力，也可表现为减轻工作负担——自己承担的任务越少越好，最好是自己下命令由他人来做。因此，对街道办和地方政府职能部门来讲，实现自利性的最好途径就是将承担的任务下压给居委会。

> 我们街道办实际上也是一个大居委会，是区政府有关部门的“脚”。区政府职能部门要么以会议的形式下派任务，要么以某某领导的名义来下达工作，和我们街道办签订各种责任目标作为考核的标准，你说我们怎么办？各个部门给我们下派的任务总要有人去做。有专家提出街道办机构臃肿，人太多，要精简人员。说这话的人是不知道基层的情况，减人不减事是无法推行改革的。现在街道办层面人员绝对数是不少，但和承担的事比起来人手又远远不够。我们消化不了的工作只好朝下面社区压，任务总要完成。
>
> ——与H街道党工委韩书记[②]访谈（日志20131024）

街道办在某种意义上和居委会的处境类似，其承担的工作远超自身职责范围和角色设定，居委会减负、街道办减负都是一个系统工程，如果不从上至下彻底地理顺关系、放好权力，很难有效改变当前基层治理面临的

---

① 王巍：《社区治理结构变迁中的国家与社会》，北京，中国社会科学出版社，2009，第8页。

② 韩书记在H街道党工委的任职时间为2013～2016年。

困境。荷花街居委会台账显示，历年承担工作的90%以上都是H街道办和G区区直部门下派的任务，每项任务都对应着一个或多个相关政府职能部门，居委会就是街道办和区直部门的“基层”和“下属”。虽然居委会成员经常抱怨政府下派任务太多，有的工作难度大给居委会成员造成沉重负担，但居委会作为一个行动者并不完全是被动的，在实践中还经常会主动发挥自身优势和潜力来完成工作。

> 我们的工作和体育比赛有点像，既有上面的“规定动作”，也有我们自己的“自选动作”。“规定动作”必须要做，还要做好了，不然基本费用从哪儿来呢？“自选动作”也不能马虎，我们日子过得好不好就要看它了。
>
> ——与居委会周主任访谈（日志20130923）

给居委会成员造成沉重负担的工作包括招商引资、维稳、拆迁安置工作，还有各种所谓的创新工作。以居委会目前所拥有的资源完成上述工作的难度无疑是相当大的，而这些难度大的工作往往又是政府的“规定动作”，属于考核中“一票否决”类的重要工作。所谓“一票否决”是指如果在规定时间内未完成相应的工作任务，居委会全年工作将被否定——丧失评优评先、成员职位晋升、政府投资社区各类项目建设等各种机会。

（一）经济发展与社会维稳

关于上级政府的“规定动作”，如果是放在台面上的常规性工作还是比较好完成的，令居委会苦恼的是日渐增多的隐性的工作。街道办领导的主要精力通常聚焦于两点：一是抓经济发展，二是抓社会稳定。

> 区里每年会给我们下达财政税收任务，完不成是要“挨板子”的。经济上不去，税收上不去，怎么给下面的居委会发工资？辖区人居环境用什么去改善？环境不好，商户凭什么在我这里落脚？所以，我们班子对经济非常重视，经济发展是重中之重。上面给的指标街道办完成不了就要发动居委会的能量，有些任务不得不分解下去啊。
>
> ——与H街道党工委韩书记访谈（日志20131024）

在发展区域经济方面，居委会也承担了越来越大的压力。G区作为A市的主城区一直是经济发展的龙头区域，区政府把招商引资的任务下发到各个街道办，街道办完成不了就转嫁给社区居委会。相应地，发展经济和社会维稳就成了社区的头等大事。

> 我们为了完成招商引资任务，朋友托朋友，真是把三亲六眷都发动了起来。听说哪个要办公司了赶快去盯着，比如把他的50万注册资金拉过来就可以算我的招商引资的任务完成，我给他跑执照、办年审，提供“一条龙”服务。没得办法，我们就靠这种后续服务来吸引人家。因为荷花街这块，包括整个老城区几乎没有土地，你说发展实体经济怎么可能啊，所以我们就靠服务，靠自己的关系网把人家拉到我们这儿来充任务。其实每次开会我们都会反映这个招商引资的压力，但没有办法，上面压着你完成，经济是头等大事，完不成扣你的分，不可能得先进，各项评优评奖想都不要想。对我们个人也有考核，在工资里拿出一部分作为绩效工资，考核完成了才发。
>
> ——与居委会于副主任访谈（日志20130927）

区政府并不承认给社区居委会派发了招商引资任务，然而，事实是荷花街居委会招商引资的额度每年都在增加，2008年是2000万元，2009年是3000万元，2010年是4000万元，到了2013年则是6000万元人民币外加50万美元的任务。

> 区委书记大会小会都说，“我没要你们居委会招商引资啊”，他把任务分到街道办，街办完成不了任务肯定要下来，我们至少弄了有10年了吧。区委书记确实没直接给居委会派招商引资的活，难道间接摊派就不算下派了？居委会工作者没钱没权，怎么能招到“商”引到“资”呢？
>
> ——与居委会周主任访谈（日志20131023）

如果说发展经济是“硬实力”的话，维持社会稳定创造良好的社会环境则是“软实力”的体现。社区作为城市社会兜底的筐、维护社会稳定的“最前沿防线”，很自然地成为基层维稳的主要场域，而居委会则是代表基层政府实施和推进基层维稳机制的重要主体。

上级政府为督促下级重视群众工作，及时就地解决问题，针对群众上访行为对地方官员设计了“一票否决”考核机制，尤其是把群众越级上访次数作为对下级官员政绩考核的硬性指标。[①] 然而，“一票否决”制常被

---

① 陈发桂：《基层维稳的行动逻辑：从体制化运行到社会化运行》，《理论与改革》2011年第6期。

下级政府解读为仅是一种体制内评价，这种以体制内评价为维稳向度的考核方式直接导致基层政府的维稳行动逻辑——为避免被问责采取简单化的不计代价、严防死守的“稳控”形式阻止上访行为，而不是解决上访者的实际问题，即所谓“不出事”逻辑。目前，“不出事”逻辑已被广泛运用于基层社会治理中。

对群众而言，由于自身一些利益诉求被基层政府当作破坏社会稳定的行为加以“稳控”，他们会设法援引体制外的方式甚至非理性的方式表达诉求与不满，进而导致基层社会冲突加剧，基层政府维稳压力加大，简单化的“稳控”机制也随之进一步固化。

这种重结果轻过程的“不出事”逻辑逐渐成为地方政府的行为逻辑，但“不出事”逻辑的最终结果可能是“出大事”——民众因问题得不到解决而通过“闹大”行为扩大事件影响以引起更高层级政府的关注和重视。不可否认的是，一方面，一些地方政府官员因角色定位出现偏差，导致公共权力行使方式欠妥，或因法治理念淡薄，导致法律手段缺失，工作作风简单粗暴；另一方面，民众的利益诉求渠道不畅，甚至社情民意被压制和漠视。这些都会导致各种社会矛盾激化升级，公民采用“闹大”逻辑进行行动抗争，而出现问题时，预警和应急机制的不健全、现场处置的不得力等都可能导致上访行为的产生和矛盾的进一步激化，需要引起高度重视。

（二）“硬骨头”摊派下来

硬性工作通常都是上级政府完成起来有难度甚至是无法应对的“硬骨头”。大到完成拆迁工作，小到年度的报纸征订工作，这些难派虽没有明文规定是居委会的工作内容，也没有列入对居委会的考核，更没有上升到“一票否决”的高度，但是每个居委会都清楚，越是“硬骨头”越要帮上面“啃”下来，否则居委会及其负责人就得不到上级的肯定了。这里仅以居委会承担的拆迁工作为例来说明。

拆迁工作在城市开发过程中确实是复杂的系统性工作，像荷花街这种开发较早的成熟社区已不存在拆迁户，但辖区内没有拆迁户并非就意味着居委会可以不参加这项工作了，拆迁工作作为一项硬任务仍会被布置到各个居委会。区政府相关部门采取抽签的方式决定每个居委会的包干区域，荷花街居委会自 2011 年后每年都有工作人员被抽调到其他街道做拆迁安置工作。

> 抽你到哪儿做工作，你就得包下哪儿来。从动员到签协议，从头至尾，政府给政策你负责落实完成。像现在 A 市东区的 QJ 街道今年

有五六百户要拆迁，QJ街道自己是落实不了这么多拆迁户的安置（协商）工作的，区政府出面协调就分到各个街道办。必须去，这个上面也是有考核的，比如10个月达到80%的拆迁率，虽不是“一票否决”式工作，但这个难题你要帮着解决。

——与居委会周主任访谈（日志20131013）

社区居委会工作人员做拆迁协调工作是有优势的：一是社区工作者善于做群众工作；二是营造了一个缓冲层，避免政府和群众面对面直接激化矛盾。

基层治理是一个通过政策分解传导任务压力的过程，即为完成上级政府下达的各项任务（生成压力），下级政府通常在现有任务的基础上拔高指标，并层层加码“摊派”给基层政府（转移压力）。由于资源匮乏，基层政府通常需要进行策略性“变通”来化解被问责的风险（消解压力）。[①]将工作任务和压力一并分解转移给居委会这样的基层组织就是常用方法。世界大多数国家是通过建立土地征收制度来解决因城市改造需要而拆除房屋这类问题的，由于中国城市土地属国家所有，拆迁只是对房屋进行补偿而非赔偿，因而形成了一套具有中国特色的城市房屋拆迁制度。城市改造中房屋拆迁涉及多方利益，不可避免地带来补偿、安置等一系列工作压力和利益冲突。尽管居委会既不是行政主体也没有执法权，本应配合有关部门做房屋拆迁协调工作，但是在实践中一些职能部门习惯把居委会作为下属单位布置任务，居委会从“协助主体”变成“责任主体”，从“配角”变成“主角”，越是困难的工作越要冲在前面，做不好还可能面临问责。

每年要签几十份责任状，有的是社区的责任，但更多的责任状不该是居委会来认领的，但我们没能力也没资格反抗，只好硬着头皮认领。压力大啊，有时想到这些晚上会睡不着。

——与居委会于主任访谈（日志20191213）

上级各部门常把“责任状”当“免责单”，偏好“数字化”管理，借助现代信息技术的量化评估手段实行考核控制的精细化，但各条线的部门设置的电子工作系统缺乏有效整合。居委会这样的基层组织无论在人力还是技术层面都难以招架，繁复的电子化记录徒增了居委会治理的任务，最

① 张国磊、张新文：《行政考核、任务压力与农村基层治理减负——基于“压力—回应”的分析视角》，《华中农业大学学报》（社会科学版）2020年第2期。

终导致居委会要么注重通过具有显示度的方式展现社区工作，过分迎合科层考核；要么以数据与堆砌材料来应对上级的考核，治理成本增加而治理绩效却未有改观。[①]

（三）各种创新压力

确立不同的地方发展模式，是中国式政治竞争的一个重要部分。[②] 地方政府每届领导会根据上级政府思路谋划地方社会发展，根据城市特色打造发展亮点形成新一届班子的发展思路，故每逢市区政府领导班子调整，都会在发展思路上有所更新。

> 每届领导有每届领导的风格，侧重点、想法都不同，压到我们这里不管啥想法都要去执行完成。除了要完成招商引资任务外，还有地域税收要我们居委会帮着征收。在荷花街这儿纳税的（商户），如果走掉不在这个区域了，要问责于我。你看我们社区工作者是不是比公务员工作多、责任大？你说我怎么可能有时间和精力再去想为群众服务的事？
>
> ——和居委会周主任访谈（日志 20130917）

自 2011 年以来，A 市针对城区经济发展提出了发展“楼宇经济”的口号。楼宇经济除了包括以前的招商引资，还另加了协税护税等更多的内容。G 区政府根据老城区特点提出发展民居客栈、打造城市文化名片等创新发展计划。

政府的创新思路不仅体现在经济发展上，还体现在打造城市文化名片等多个方面。作为旅游城市，A 市有 2500 年的历史，市政府强调在经济发展中要充分挖掘历史文化名城的资源。随着辖区内老街区街景的挖掘与营造，G 区政府强调打造“民居客栈”，进一步释放“体验式旅游”的潜力。H 街道办辖区是传统特色民居保存完好的区域，自然就成了区政府打造文化城市名片、发展民居客栈的重点区域。区政府给 H 街道办下达了创办 300 张床位规模的民居客栈任务。

现代公共管理中的“责任制”强调权责对等，即有多大的权力就要承担多大的责任。然而，一些上级部门和单位权责理念错位，把手中的权力当作“指挥权”，把本应承担的责任当作“包袱”，通过签“责任状”的方

① 彭勃、赵吉：《折叠型治理及其展开：基层形式主义的生成逻辑》，《探索与争鸣》2019 年第 11 期。

② 郑永年、翁翠芬：《为什么中国的改革动力来自地方？》，《文化纵横》2012 年第 2 期。

式，把分内工作和职责以行政发包的方式“甩”给基层。① 街道办没有财力和人力来完成这一任务，因此这一任务和其他各项工作一样最终被分摊到了各社区，荷花街居委会摊派到了 30 张床位。

> 街道办为这个事召集各居委会负责人开会。我就说了，这个是社区不能办也办不了的事情，这不仅是办几张床位的问题，更是社会协同管理的大问题。你叫人家居民接待游客，那上面针对这一块有没有一个管理协会？这个要有统一管理的，最简单的双方人身安全、派出所方面怎么来对接，你们考虑了没有？民居客栈是个好点子，但你在规划方面肯定要先把如何管理考虑起来，而不是简单地发展床位，叫几个居民开客栈。
>
> ——与居委会周主任访谈（日志 20131018）

随着“共享经济”日渐升温，贴近生活、带有地方特色的民宿——“共享住宿”受到越来越多的青睐，发展势头迅猛但也乱象丛生，大量非法行为扰乱了社会和行业秩序，且相关法律法规也不够健全。发展民居客栈确实是个系统工程，但地方政府单纯追求床位数的增加忽视对民居客栈的配套管理，只会使城市旅游价值大打折扣，降低城市的旅游品位。

> 上级为这事天天催我们，但这个民居客栈“硬”弄下来将来要害人的。有时喊我开会我都不去，你让我干（居委会主任）我就干下去，不让我干我大不了回家去。有次碰到市旅游局的人，他说：“你们搞什么民居客栈，我们 A 市的这些酒店一年只吃了一个季度（指春季 A 市旅游节）的饱饭，其余时候旅客入住率很低，你们搞这个民居客栈，投（资）到最后就怕‘竹篮打水一场空’。”还有，我想不通的是，区里要搞民居客栈也要根据具体情况。有的街区文化底蕴深厚，有看头，历史上大户人家的房子保存完好自然形成民居。而我们 H 街道，特别是我们荷花街，历史上就属于“边疆”“边城”，是十分荒凉的地方，即使现在繁荣起来了，但它不是有文化底蕴的地方，人家住到民居客栈来，有什么可看可体验的呢？
>
> ——与居委会周主任访谈（日志 20131018）

① 吴海红、吴安戚：《基层减负背景下“责任甩锅”现象透视及其治理路径》，《治理研究》2020 年第 5 期。

随着社会经济的发展和政府体制改革的推进，各地区间的竞争已不仅是 GDP 的竞争，更是引领社会创新的政策竞争。各地政府面临社会治理挑战，纷纷谋求社会创新。一方面，地方政府视“创新”为行政目标，并通过绩效考核体系确定目标责任制，自上而下传达创新任务；另一方面，地方政府间的角逐演变为“为创新而竞争”，各地开始了“求新求异，学习改造，内部扩散，争取试点”等创新竞争的主要策略探索。[①] 各基层政府以不同形式将“社会管理创新”列为重点工作目标，这既是顺应上级要求，也是积极回应上级考核与政治施压。

> 区、街道办每隔一段时间就要来检查，一会儿要搞“智慧社区”，一会儿要搞“一刻钟社区”，一会儿要搞“两型社区”，一会儿又要搞“数字社区”，总之，各种新名词。不管谁来，我们都是一套材料，上面看过也就走了。搞这些社区创新很好，问题是钱呢？人呢？资源呢？我们也不想折腾居民，居民也觉得搞来搞去没见啥大变化，你说怎么搞？
>
> ——与居委会马副主任访谈（日志 20161113）

在缺乏财税收入的情况下，很多社区的创新性想法常流于表面。所谓建设“智慧社区”“数字社区”的口号在居民看来只是一句“空话”，因为对于居民来说，重要的不是口号或新概念，而是要实实在在地解决实际问题，提升生活质量。

二、居委会的被动依赖

各类棘手的工作要去完成，各种创新性工作要去谋划，面对基层政府的“规定动作”数量越来越多、难度越来越大，居委会千方百计动用各种手段和策略来完成任务，甚至打起了政策法规的擦边球。既然是上级的“规定动作”，其完成就具有一定的强制性和被动性，完成此类工作时居委会通常要借助准政府组织的身份，因为只有借助该身份才能带来政府权力的让渡，能更快更好地完成任务。比如，征兵工作的巧妙操作、文明城市创建中的各种努力，都清晰可见居委会作为准行政组织的办事作风和运作逻辑。而这些“规定动作”的完成，客观上导致了居委会对政府权力的进一步依赖，尽管这种依赖经常是被动和无奈的。

---

① 王迪：《双重指标考核体制下的基层运作——以社区调解为例》，《学术论坛》2014 年第 2 期。

全国文明城市是反映城市物质文明、精神文明、生态文明与政治文明综合性建设整体文明水平的最高荣誉称号，是重要的城市品牌和城市无形资产。中共A市委、市政府提出建城2500周年庆前要实现“三个创建、一项申报”目标，即创成“全国文明城市”“国家森林城市”“国家生态城市”，力争“中国大运河”或“盐商文化遗迹”项目申遗成功。“三个创建、一项申报”任务重、难度大，特别是创建“全国文明城市”，这是中国所有城市品牌中含金量最高、创建难度最大的，具有决胜全局的意义。

规则为本、按章办事是常规运作的基础，但有时为完成某项特殊任务或解决某一突出问题也会打破常规运作模式，以政治动员的方式充分调动资源，集中力量与注意力来完成工作。A市文明城市创建工作即为典型的动员模式。动员机制不仅包括资源动员，还包括强化激励、强化行政控制等操作模式。2010年新年伊始，中共A市委、市政府即召开文明城市创建动员大会，号召全市上下必须动真碰硬落实责任，以临战状态迎接和推进此项工作，动员大会上还特别针对社区工作提出了相关要求。随即各区和相关部门代表向市长递交了责任状，中共A市委、市政府专门下发了《A市创建全国文明城市问责办法》。2011年6月初，A市创建指挥部开展了第一次模拟测评，针对测评结果市里召开了文明城市创建推进大会，大会上指出社区环境整治是创建工作的薄弱环节，要求房管部门牵头开展住宅小区环境整治，全力以赴打好“攻坚战”。

政府下派的很多工作是需要居民配合完成的，但社区作为“拾单位之遗，补单位之阙”的场域，其实较难吸引居民追随的目光，特别是像“创建”这类持续时间长的工作，居委会因多次发动群众已耗尽了积极分子的资源。而且为了确保文明城市创建万无一失，相关部门提出的要求近乎苛刻，这也导致居民的反感和不配合。居民普遍认为文明城市创建是件好事，但为了在评估中不丢分，基层政府相关部门搞的“突击式”甚至是违背自然规律的举措，给居民日常生活带来诸多不便。比如，A市所在的江淮地区多风多雨，地面落叶较多，为了保持地面整洁，居委会动员居民和社区志愿者全天候守在树下随时清除地面落叶，在责任人的包干区内坚决不允许有落叶存在，很多居民觉得这种要求是“作秀”且劳民伤财，抵触情绪明显甚至故意不配合。而和街道办立了“军令状”的居委会在动员不足、任务艰巨的情况下只好自己动手，亲力亲为。

> 文明城市创建本身是利国利民的好事，但现在政府下发到社区的任务太多了，别说居民嫌烦，我们也嫌烦。有些检查标准真是吹毛求

疵，居民是既不理会也不参与。你说这个“创建”到最后哪个吃苦，还不是我们居委会的人。说实话现在有些居民素质还不是很高，只顾家里整洁，“门前三包”做不到。“创建”期间我们每天扫楼道，一楼到六楼，一天扫三次。街道办的同志7月份到我们居委会坐镇办公，说是蹲点现场办公，其实就是朝空调房里一坐，打开电脑上网、抽烟看报，我们可是在大太阳下干活呀。其实人家上面检查组来了未必查得那么细，但他们拼命抠细枝末节。天气炎热的大夏天，我们五六点趁凉快来干活，干到中午11点一身臭汗累死了，想提早一点回家洗个澡换身衣服，恢复下体力，下午还要接着干哪！哪知他们拦住我们不让走，说上头打电话来随时可能来检查。后来我和街道办发脾气，这不是要人命嘛，但发脾气也不得用啊，还是要干。

——与居委会周主任访谈（日志20131015）

据笔者观察，荷花街居委会成员在“创建”期间确实非常辛苦，因为有考核的“尚方宝剑”，街道办也是天天盯着涉及居委会的各项考核指标，几乎每件事居委会成员都会亲力亲为，一是人手不够，二是希望通过“亲自做”“带头做”获得居民的认可甚至是同情。

我做事喜欢背着喇叭，人到哪儿就喊到哪儿。有人说我高调、作秀，我不高调不作秀没有办法。你看我做事时都是一群人跟在后面，做出那种“苦相”，我们也是没办法。“创建”搞卫生，我找件旧衣裳往头上一扎，挡灰、防晒、在人群中还扎眼。每天一大早五点钟就起来干，但我们不能白干，也就是想让居民来看看，居委会的人已经干了这么多活了，不搞点声势有人根本不注意。话说回来，即使这么卖命地干，照样有人骂我们。

——与居委会周主任访谈（日志20131015）

戈夫曼认为，戏剧性是由场景、表演者、道具、受众及其之间的关系所形塑，其目的是激活受众的社会行动。戈夫曼把个体的“前台”促成因素分为“外表”和“举止”，“我们往往期望外表与举止之间有确定的一致性……当然，我们还期望舞台设置与外表、举止之间的一致性”①。按照这个逻辑，居委会成员的外表举止虽不如机关事业单位那么规范，但最起

① E. Goffman, 1956: *The Presentation of Self in Everyday Life*, Edinburgh, University of Edinburgh Press, pp.15-16.

码也是得体的，办公室、居民楼是他们工作表演的舞台，多数行为举止是和居民间得体的交流互动，而在“创建”工作中他们脱掉了日常工作服，穿戴破旧、夸张，将小区人来人往的公共要道作为表演的空间。这种“一反常态”不仅使居委会成员的外表与举止产生了矛盾，而且造成了外表、举止和小区场景之间的冲突，由此制造出一种“戏谑”式的“悲情”景观。①

荷花街居委会成员在“创建”中扮上“苦相”，在身份扮演中创造性地加入“苦情”扮相等戏剧性元素，制造“陌生的苦相表演”与“熟悉的社区空间”之间的张力，目的并非在现场解决问题而是生产符号，以期获得居民的关注和追随，最终达到社会动员的目的。果然周主任的“雷人”扮相引起了地方媒体的聚焦并上了当地电视新闻，“只有具有新闻价值的表演才能使抗争者达到预期效果，假如抗争行为戏剧性不足，则越不可能具有新闻价值，越不可能被媒介化、焦点化，也就越不可能达到预期效果”②。居委会直接和居民接触，处在矛盾的最前沿；基层政府在“创建”工作中的形式主义使得居民把矛头指向其基层代言人居委会，指责其各种“折腾人”的工作是对居民正常生活的妨碍。所以，居委会经常吃力不讨好。在文明城“创建”这类“规定动作”中，居委会无法对政府代言人身份进行过多的诠释，只能通过戏剧性的有助于社会化传播的视觉符号告知居民：居委会并不只是上级指示的传声筒，也是“承受者”，甚至还是“受害者”，由此和居民构成“我们”的情境。

三、居委会的主动依附

虽然各地都有将居委会组织行政化的趋势，但居委会自治组织的法定身份是无法通过政策改变的。因此，在行政化的过程中，居委会可能存在的权力申诉也让地方政府不得不有所顾忌。这一现实使居委会组织的权力运作空间相较于政府组织更加灵活和多元，在执行政府指令的过程中有了讨价还价的机会。但不管讨价还价的空间有多大，居委会对于自己从属于政府外围的处境还是有较为清晰的认知的，“如果一个组织在正式结构中融合了社会承认的理性要素，就会提高自身的合法性，增强资源和生存能力”③。尽管居委会对承担的行政任务颇有微词，但对因此带来的社会合法性地位的提升还是比较重视的。因此，总体来说，居委会干部对于组织

① 杨国斌：《悲情与戏谑：网络事件中的情感动员》，《传播与社会学刊》2009年第9期。

② 黄振辉：《表演式抗争：景观、挑战与发生机理——基于珠江三角洲典型案例研究》，《开放时代》2011年第2期。

③ 张永宏：《组织社会学的新制度主义学派》，上海，上海人民出版社，2007，第13页。

的双重身份并没有刻意突破的强烈需求，相反，有时还会主动出击为政府出谋划策、排忧解难，目的在于利用这种被承认的合法身份获得更多资源，同时提升在居民心目中的权威和地位。所以，对于居民把居委会看成政府组织的认知，居委会成员一般是不去纠正的，甚至会利用这种身份的误识。这是一种主动依附的运行逻辑，即利用法律文本所规定的民间自治组织身份主动出击，想政府所想，为地方治理和政府业绩出谋划策。当然，这个过程同时会让居委会或整个社区受益。

（一）为老街区改造主动请缨

A 市市长刚从省里“空降”至此，上任伊始到基层调研熟悉情况，在 H 街道调研时召开了街居负责人座谈会，当别人还在谦让或斟酌措辞时，荷花街社区周主任及时抓住第一个发言的机会。

> 当时市里是给了主题的，要我们围绕“如何提高社区工作的能量”来发言。我说提高的方法很多，但重中之重是要把好社区工作者的队伍关，招社区工作者不在于年龄而在于能力，在于他是不是能真心实意地为社区干事，只要社区有个真心干事的带头人，他发挥的能量就很大，能带动整个团队把工作做好……我趁机还说了很多，像社区里“4050”的下岗失业职工，政府之前已经给他们交养老统筹金了，下岗后政府能不能继续帮他们交到退休？对这些弱势群体要稳住他们的心……都是当场发挥。市长当时就夸我们做得不错，还询问我是什么文化水平，哈哈。
>
> ——与荷花街居委会周主任访谈（日志 20131027）

信息爆炸时代，最宝贵的资源不是信息而是注意力。作为“政策企业家”的地方党政主要负责人，要兼顾政治、经济、社会多方面的问题，其注意力分配是非常有限的，然而党政主要领导的注意力分配对于地方政策执行、基层治理创新实践及可持续发展又起着重要的保障作用。周主任的想法和居委会的做法在座谈会上引起了市长的注意，此后 A 市政府每年都会邀请居委会代表建言献策以收集基层的声音。

> 每年 10 月 20 日之前，要求我们居委会“一把手”写建议，包括对城市建设、基层治理的想法，你认为政府要做的事是哪些……只写一张纸，不要说废话，把我们基层认为要做的事写清楚就行了。
>
> ——与荷花街居委会周主任访谈（日志 20131027）

早在几年前，周主任就以居委会主任和人大代表的双重身份向政府提议：A 市老城区的甘泉路（和荷花街社区同属 H 街道辖区内）是 1949 年以来唯一一条保存完好、见证了 A 市经济发展的老商业街，鉴于年久失修，建议政府对其进行改造。在多次提议后政府于 2012 年采纳了这一建议并着手改造，结果却因改造时机不当遭到该街商户的一致抵制。

> 你们政府人员也是要吃饭的，晓得商家都是指望下半年到春节这段赚钱的日子，还弄到国庆之后才开始改造，要人家搬出店铺门面，饭碗被砸了人家肯定要上访，这不是逼人家上访吗？
>
> ——与荷花街居委会周主任访谈（日志 20131027）

眼见建言未能实施，周主任主动到 H 街道办和市人大去建议：可以抽调各社区居委会成员去做甘泉路各商户的工作。理由是社区经常承担政府的拆迁改造谈判工作，积累了大量的实战经验，社区人员出面做工作可以缓解政府和商户间的直接冲突。

> 最后上级把这事（动员商户配合老街改造）交给了我们街道办，街道办从社区抽调人做动员工作。不去不知道，这里面的难度真的很大，超出我的预想。
>
> ——与荷花街居委会周主任访谈（日志 20131027）

作为 A 市最早的商业街，1949 年后甘泉路日渐繁华。然而，随着城市的扩建和发展中心的不断外移，这条老商业街日渐衰落，很多单位外迁另谋发展空间，因此留下一部分单位公房。改革开放后单位改制，部分单位把老厂房使用权作为福利分给职工进行市场谋生，不少公房的产权则随着单位的改制、破产早已模糊不清。因这些“落私”房的产权不太明晰，故政府要求商户出资配合老街改造时，很多商户就“搅毛”不愿个人掏钱。另有部分门面房属明确的私人房产，为了让房主配合改造工作，政府给出“商户出 70%，政府补贴 30%改造费”的优惠政策，但很多商家仍不愿配合，理由是总改造费太高，妨碍了商铺资金流转。这其中固然有部分商户确实存在资金周转的困难，但其实更多是商户们谙熟拆迁改造的“规律”——“只要闹一闹或者硬一硬，总会弄点好处”而采取的抵制策略。

商户们摸清了政府的脾气，我不改造，我就现在这个样子蛮好的，我就不花钱，还愁你不帮我弄啊，你这是统一工程，不可能留几家不弄的。

——与荷花街居委会周主任访谈（日志20131027）

改造工作一度陷入困局，186家商户只有35家和城建部门签署了改造同意书。周主任再次以人大代表身份组织社区人员在商户中做调研，并联名其他人大代表向相关部门积极建言。

这条街上有近两百家商铺，都是小本生意，很多人是靠这个生存的。我们就建议能不能和他们签一个合约，由社区牵头给他们担保，改造的钱先由政府垫付，以后逐年从他们的租金里提出一部分作为改造费，这样做小本生意的人不吃力，更能接受。

——与荷花街居委会周主任访谈（日志20131027）

对于实施基层治理的国家代理人居委会而言，它需要确认自己的服务对象和相应的微观公共行动空间，以便获得行动的合法性，这种行政性的规范渗透倾向于将基层社会的自发秩序予以体系化的整合，使之成为社会治理体系的一部分。通过居委会的对上“化解”和对下“驱动”，政府最终采纳了社区和人大代表们的调研建议，并把改造工期挪至来年3月商户的销售淡季。居委会主任和人大代表的双重身份使周主任的建言具有了草根和民意的意蕴，老街区改造也就成了顺应民意的惠民工程，社会矛盾和冲突在居委会的主动运作下得以化解，“国家”的话语、指令与“社会”的反应、表述得以共生共赢。

（二）为城市窗口提亮主动站台

从2009年起，A市上下就开始了创建全国文明城市的工作。在上级专家组的测评要素中，作为城市窗口的公共交通是必查项目。城市公交涉及社会成员数量多、流动性大，比较容易失分，因此公交行业在创建中能否出彩提亮是地方政府和相关部门颇为重视的。对于政府各部门来说，为创建文明城市所执行的种种任务，既是一项行政命令，也是一个自我展示获得资源的机会。A市交通局在市政府的创建动员大会后主动邀请社区代表为窗口行业增分提亮献计献策，被邀请在列的荷花街社区周主任献策两条：一是把公交公司的职工家属发动起来随车做志愿者维持公交秩序，因为在“创建”期间尤其是节假日，机关事业单位的人员基本都要去共建小区帮忙，公交秩序混乱却无人维持；二是紧扣市里关于抓创新、打造“创建”特色的精神，建议由A市日报社和市公交公司合作“策划”一则新闻，既弘扬文明风气又能体现公交行业的特色。

信息社会新闻宣传难度不断增大，在座谈会上当大家热烈讨论怎么搞出个特色新闻时，周主任忽然想起曾听邻居说过坐公交车时因让座给一位老人，获得老人手写的感谢卡。居委会负责人本身就是个信息集散地，周主任把这件事分享给与会的社区主任后很快锁定了老人的相关信息，于是邀请老人加入公交志愿者队伍，大规模制作感恩卡发放给让座市民。“让座感恩卡”事件经媒体报道后社会反响强烈，相关部门把它作为素材汇报给“创建”专家组，专家们通过暗访最终确认公交行业取得了不错的成绩。2011年5月，A市“创建”进入迎接验收阶段，各行各业再次立下“军令状”，中共A市委文明办、市公交公司再次请来周主任等人出谋划策。周主任表示自己愿意组织居委会工作者以志愿者的身份跟车维持公交秩序并宣传推介社区相关工作。

> 我们帮忙维持公交秩序，同时借助这个平台来宣传社区工作。现在政府的很多优惠政策都是通过社区下达的，但居民既不关心也不知道怎么享受，我们就想借这个流动的宣传平台来推介一下，也算扩大社区影响力。
>
> ——与居委会周主任访谈（日志20131021）

周主任利用私交落实了第一批志愿者，找来的都是A市颇有名气的社区主任，也都是经常在地方媒体露脸的“名人名嘴”，他们跟车做志愿者立刻引起了市民的关注。2011年5月21日，笔者的学生跟随周主任到公交站台，周主任第一时间切换志愿者角色，麻利地戴上志愿者袖标，热情地招呼乘客。

> 市民朋友，我们在这儿等66路车。来，大家一起排好队有序上车。好，车门开了，请当心。看看这边有位老人，谁来让个座？……谢谢你，小同志，来，老太爷请坐。这儿有位孕妇，谁来让个座……
>
> ——摘自学生日志（20110521）

周主任热情招呼乘客排队、上车、让座，公交车上井然有序，待公交车行驶平稳后，她便开始了自己的社区宣传工作。

> 各位乘客，我是来自荷花街社区的志愿者，今天通过这个平台请大家关注一下您的住房。目前政府规定，在 A 市住房面积不超过 18 平方米、工资在 1200 元以下的市民，都可以到社区去登记申请廉租房。另外，家里有老人的乘客请注意了，最近离退休的老人正在免费体检，希望你们关注一下所在社区的通知。如果这次体检没能赶上，8 月份还有一次，请您务必关注……
>
> ——摘自学生日志（20110521）

随着中国城市管理体制改革，单位社会开始松动，但“单位制”并未发生根本动摇，社区作为正式制度与非正式制度交接的转换“场域”，仍处于拾遗补阙的从属地位，社区功能的单一性和资源的有限性使其难以吸引居民追随的目光。[①] 随着社会治理重心的下移，尽管社区承担了越来越多的公共服务功能，但制度的惯性依然会持续影响基层生活。居委会如何增强自身的吸引力，更好地发挥其连接国家和社会的中介与缓冲作用，确实是值得深思的问题。

> 现在都强调信息对称，加强宣传，社区工作确实要加大宣传力度。一是我们很忙但老百姓不知道我们在忙啥，要让别人知道；二是现在很多政府公共服务供给都是通过社区下达的，包括经济适用房申请，很多人都不知道，那我们就可以借助更多方便快捷的平台来宣传。
>
> ——（日志 20131021）

周主任希望借助城市公交这个每天进行频繁社会互动的流动空间来宣传社区居委会和社区工作。其中虽有理想主义者的希冀，有对无足轻重的社区地位的抗争，但更多还是对上级下达任务的执行和落实，尤其是文明城市创建这样的政府动员式治理的重点项目，草根精英自然知晓其中的利害，主动贡献智慧帮上级分忧解难。

> 上面天天喊管理创新，我理解的管理创新就是要想办法把工作干好。有人说我点子多，不是我点子多，我是为了实现一个目标，想方设法把它完成。这个完成的事情，对上（政府）要交代得过去，对下

① 孙璐:《缺失与重建:中国城市社区社会资本探析》,《云南社会科学》2007 年第 3 期。

（老百姓）也要说得过去，对我自己也要良心上过得去。

——与居委会周主任访谈（日志 20131021）

A 市成功创建全国文明城市后，市交通局以及下属的公交公司为了表示对荷花街居委会及周主任的感谢，主动要求和居委会结成共建对象并给予社区定向资助。正是因为居委会数十年如一日地配合基层政府及相关部门尽力完成“规定动作”，主动创新“自选动作”，将“被动依赖”和“主动依附”的组合拳打得漂亮，才能适时抓住机会为社区发展争取到各类支持，荷花街社区便民服务中心和邻里中心得以落成便是最好的佐证。

由于社区邻里中心整体空间较小，随着服务人群的不断扩展，加之上级政府各类工作考核都有居民参与的要求，居委会考虑得首先改善相关空间条件才行，遂产生改善办公条件、拓展居民活动场所的想法。2013 年 4 月，社区居委会向街道办提出把邻里中心前的小广场改造成阳光房，拟作为社区便民服务中心的申请；同时，利用荷花池小区内相邻楼栋的山墙建成两层的邻里活动中心，作为居民文体活动和邻里议事的公益用房。但这两个设想遇到了较大困难：首先是经费问题，经专业人士测算，仅建成便民服务中心就需 30 多万元，上级财政拨款无法解决，而一年前在筹建社区老年快乐驿站时居委会已向社会各界筹集 17 万元，相关共建单位的资源几乎全部被挖尽；其次是建筑规划问题，拟建的邻里活动中心涉及消防通道改道问题，而居委会刚协助相关部门拆除了辖区内三户居民的违章建房，为了更好地示范说服群众，肯定是不能在消防通道上建房的；最后是出租房回收问题，因两处规划涉及租期未满的社区集体公共用房，临时收回有一定难度。

如此棘手的问题让社区和街道办负责人一筹莫展，但也期盼事情能出现转机，基层工作历练使他们谙熟地方权力的运作规律，社区便民中心和邻里活动中心这两件事能不能解决关键在于能否争取到上级政府的支持。2013 年 10 月，A 市市长带领市、区四套班子调研荷花街老小区改造情况，街居负责人决定抓住时机直接向市长汇报此事以得到支持。

我们当时是赌一把了，市长既然下来了总归要为老百姓解决一些难题吧，何况老小区改造是他主抓的，扩大办公和居民活动场所也算是改造的后续工作吧。所以，我们就准备向市长汇报这事争取得到上面支持，这主意其实也是街道办领导帮我们出的，大家工作要互相支持。

——与居委会周主任访谈（日志 20150817）

抓住最佳时机向市长提议果然得到领导当场“拍板”，为社区便民中心和邻里活动中心的建成揭开了决定性的序幕。在中国政治社会情境中，得到上级领导的认可相当于得到了一把“尚方宝剑”，符合规定的事自然是如虎添翼，所有后续工作变得顺理成章。2014 年 3 月，荷花街社区服务中心和邻里活动中心正式动工，4 个月后顺利完工。

四、居委会“弱者的武器”

居委会完成上级政府下派任务的过程，也是和各级政府之间利益冲突、博弈、调和的过程，这种互动和博弈在实际运作中最终形成某种协调机制，保证了政府工作的完成和居委会的生存发展。除了上文分析的居委会被动依赖式地完成各项“规定动作”和主动依附式地积极谋划“自选动作”外，居委会还广泛援用“弱者的武器”来应对各种有难度的工作。正如斯科特针对马来西亚农村的调查发现，这些“弱者的武器”几乎不需要事先的计划和协调，所用的是非正式的网络和不明确的表达，避免与权威正面对抗，常常表现为一种自助形式。① 荷花街居委会在日常运行中一般不会和各级政府公开叫板，尽管有的工作难度较大，但通常都会服从大局承接下来，而在完成的过程中“弱者的武器”被充分运用，“弱者的武器”运用的最终目的是完成困难任务，常常是只问结果不问过程和方法。

居委会无足轻重的弱者位置决定了其无力抗争索性就不抗争的逻辑，导致的结果是，在工作实践中居委会将大量精力放在如何找到更多“弱者的武器”来“应对”上级，将台前的事情尽可能地做得妥帖出彩。

（一）哭穷与示弱

随着网络信息的发展，电子阅读方式逐渐替代纸质阅读方式，纸质媒介的发行量与日俱减，不仅报刊发行单位有市场生存的压力，而且机关党报还有意识形态宣传的职能和任务，地方纸媒更是如此，最后不得已以组织的名义摊派给基层各部门，在各级条块部门的摊派下兜底的居委会的报刊订阅任务骤然加重。

> 上面分摊给我们的订报任务吓死人，去政府机关开个会，就把一个信封发给你，里面全是各种报刊的征订任务，就是硬摊派。我们整个居委会上面一年给的办公经费 2 万不到，现在订报就要花一大笔，政府和宣传部门摊派下来的。往年也有，总量三四千（元）吧。过去

① James C. Scott, 1985: *Weapons of the Weak: Everyday Forms of Peasant Resistance*, New Haven, Yale University Press.

我们还能承受，也就算了。现在什么概念啊，仅地方日报就派了 17 份给我们！

——与居委会周主任访谈（日志 20131030）

笔者在居委会粗略地统计了一下，2013 年上级政府及职能部门摊派给社区的报纸杂志及数量如下：《老年周报》20 份、地方日报 17 份、《新华日报》13 份、《莫愁》1 份、《人民日报》1 份、《求是》杂志 1 份、《新华社每月电讯》1 份、《工人日报》3 份、《关心下一代周报》5 份、《中国妇运》1 份，各类摊派的报纸杂志总计需要 2 万多元。

像我们社区里没有大单位，只有地方海事局和荷花池公园两个小单位。公园是免费开放式的全靠财政拨款，人家自己日子都不好过。海事局的顶头上司是交通局，本身也有征订任务摊派给它，人家自顾不暇而且都是“报账制”。我们怎么开口？上面把报刊征订作为一项任务摊派，给我们造成的压力太大了！

——与居委会马副主任访谈（日志 20131030）

居委会最终还是去辖区内两个单位“哭穷”，在求助无果、居委会又实在拿不出这笔钱的无奈之下，周主任又跑到 S 医院去“哭穷”。

每次都“卖”个老脸，怎么办呢，他们年轻人不好意思，我不出去不行，豁不出脸就弄不到钱，弄不到钱就完成不了摊派。我想想，反正不是为我自己，我去“卖”老脸也是为社区，为工作也没啥好难为情的。我就去叹苦经说苦情，还好人家还是给面子的。这和我们平时对住在社区的医院老专家老同志的关心也分不开。

——与居委会周主任访谈（日志 20131030）

S 医院紧邻荷花街社区，该医院职工宿舍是 20 世纪 80 年代建成的单位小区，早在 20 世纪 90 年代中期就和单位后勤脱钩实现社会化并入荷花街社区。因地理位置便捷，医院不少离退休老领导、老专家至今仍在单位分房中居住，这些老人的子女大多在异地工作生活，平时老人常得到居委会生活上的各种关照，所以不时会卖个人情和面子请 S 医院现任领导帮社区解决一些难题或提供一些资源。

> 大家都是几十年的老同事老邻居，论条件都是退休老专家，子女也都在大城市或国外发展，经济都不错，这么多年没搬走主要是邻居熟悉、人文环境好，年纪大了还是离市中心、离医院近点好，有个小毛病很快就到（S医院）了，都是熟人熟事的，也方便。所以就像过去想把单位建好一样，内心想把小区搞好，老几个能有好的居住环境，只要居委会开口我们能帮则帮。
>
> ——与S医院宿舍区居民于先生访谈（日志20131026）

单位制背景下的“单位熟人社会”，其核心是一种高度依赖基础上的集体意识和社区认同。虽然在社会转型期“单位意识”常被视为和计划经济相匹配的保守意识或落后观念而遭到批判，但实际上“单位意识”构成复杂，其中的一致性动员、协作互助、集体认同等有价值的组织文化仍具有继承与转换的可能性，特别是单位制社区老年居民继承下来的各类单位文化传统对当前社区治理的潜在价值仍值得思考，也是现代社区治理中值得挖掘的潜力和社区社会资本，毕竟后单位制时代中国还存续一定数量的单位社区。

作为苏中苏北地区最大的三甲医院，S医院承担的各类各级研究课题较多，常需要居民配合采集研究样本。比如，关于城市老年居民的营养研究、老年病研究等，医院会通过荷花街居委会获得居民配合采集研究样本。有趣的是，居委会则通常把这些配合工作转换解读为提供免费体检并作为福利发放给社区积极分子或弱势群体。基于以上长期稳定的合作关系，居委会就报刊征订费求助于S医院，获得了4000元赞助。但2013年的报刊征订总费用为两万多元，纵然居委会动用各种资源，经过最大努力还是和目标数字有不小差距。

（二）质疑与应付

2013年初，A市G区引入“社区网格化”管理模式。A市的网格化管理首先是对每个社区居委会所辖范围进行了切分，把一个社区划分为若干网格，每个网格约300户居民，居委会工作人员化整为零，每人被指定负责某一个网格。荷花街居委会以小区自然地理状况为分格线，7个自然小区共分为9个网格，其中荷花池小区和嘉荷苑小区居民较多，分别划成2个网格，其余5个自然小区各成1个网格，分别由1名居委会成员对应各网格并担任网格长。按照上级的部署和要求，为了更好发挥“网格管理”的服务效果，每个网格还从本网格选出热心社区工作、群众信任、身体健康的居民作为网格长的主要助手，另外网格内的党员干部担任党员义工参与协助网格管理服务工作。基层政府和居委会对网格化管理的认识、评价存在较大差异，其中基层政府及部门普遍认为这一模式能推进城市社区管理体制创新，看法较乐观。

网格化管理的初衷是从被动管理转向主动服务。在G区一个居委会平均不足10名工作人员，要承担近50项常规事务性工作，服务七八千居民。社区干部按条线分工，遇到临时性、阶段性任务，也会突击入户走访，但这次是张三，下次是李四，居民记不住工作人员模样，工作人员也摸不清居民家庭情况。社区工作者吃了辛苦，居民仍觉得“欠火候”，甚至不满意。网格化管理就是要破除这一尴尬，让社区服务真正进家庭。网格化管理作用有多大？翻翻社区人员的“民情日志”就知道了。

——与G区民政局杨局长的访谈（日志20130902）

杨局长向笔者展示了民政局收集的社区网格长的“民情日志”，荷花街居委会刘霞的日志恰巧也在其中，刘霞是社区第四网格——安墩新寓的网格长，她在“民情日志”中记录：

今天走访安墩新寓7幢谈启家。小谈大学毕业后，一直没有找到心仪的工作，他告诉我，自己想创办教育培训中心，但缺少资金，又没有场地。我鼓励他从社区家教做起，积累经验、逐步发展。

——摘自刘霞的“民情日志”(20130703)

我一直在关注小谈创办的社区家教培训中心的进展情况，陪他一起去工商所办理登记，帮助他在社区宣传招生。今天去看他，他的培训中心已有10多个孩子，他向创业梦迈了一大步，我也开心。

——摘自刘霞的“民情日志”(20130821)

G区共有54个社区，被细分成了518个网格。按照上级要求，每个社区都在各网格的显著位置和居民活动空间公布了网格区域示意图和联系人，同时要求网格长将联系卡发到居民家中；要求社区干部确保每天“身”入网格两小时，每周不少于两次，每月登门“家访”不少于30户，每年走访所有居民和单位不少于1次。在突发事件、邻里纠纷、居民求助等5种情况下，网格长必须到场；对于辖区内的困难家庭、空巢老人、残疾对象、失业人员、帮扶对象等，网格长必须到访。社区在每个网格均组建了以居委会成员即网格长、居民小组长即“楼栋长”为核心，以党员志愿者为辅助，以辖区内保安辅警、城管队员等为补充的服务团队。每个网格长需在区民政局开发的“网格民情一点通”软件系统上建立“民情日记”“工作博客”等，详细记录联系走访、解决问题等方面的情况，并通过“网格”QQ群、网格长微博等载体进行公开，主动接受社会监督。在网格化管理中，基层政府和部门尤其强调走动式服务、上门式服务及工作流程（见图3-1）的规范化。

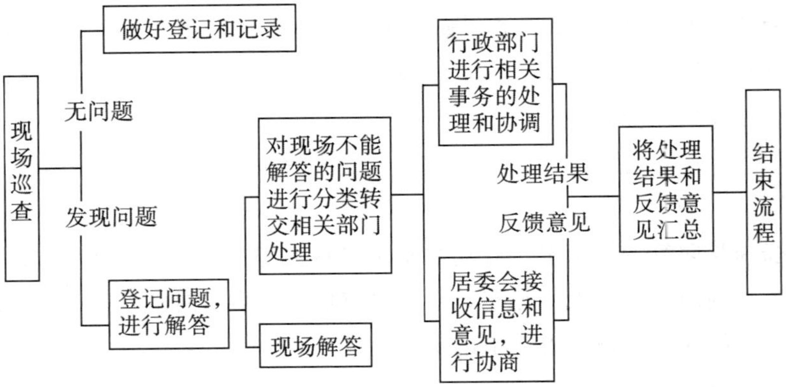

图3-1　A市网格化管理工作流程

> 网格加上网络，虚拟和现实对接，不仅将社情民意“一网打尽”，而且通过资源整合可以更好地为民服务，可以将90%以上的矛盾纠纷化解在基层，做到“一‘网’情深”。
>
> ——与G区民政局杨局长访谈（日志20130902）

网格化管理实际增加了居委会的工作量，居委会成员多少有些怨言，但更多的是和上级布置的其他任务一样，最终会“圆满”完成。实施网格化管理后，每位网格长的工作变成了“条块结合”，不仅要负责居委会日常分工中的某几项任务（负责“几条线”），还要负责自己网格内信息的收集处理（负责“一大片”），包括把收集的信息录入系统，对信息进行分类并反映给对口负责这项业务的同事。上级要求网格长必须定期到自己包干的网格内实地走访，了解最新情况和动态，及时进行民情日志记录。一旦发现新情况，如本网格出现安全隐患、有居民迁出或迁入等，必须建立台账并及时登录相应的系统进行信息录入，有时同一条信息可能涉及多个部门，这就需要录入多个系统。虽然整个工作流程较烦琐，但居委会成员自有“圆满”完成任务的方法。

> 一个网格有 300 户人家，每家每户都要跑到，怎么可能呢？哪有时间跑啊，还要写民情日志。不过，民情日志我们都有的，也写得很漂亮。我现在不是每家每户都去跑，我变成“随访”，就是说哪个居民来找我，我就在日志上写下来，不过要把被动服务换成主动服务的口吻。
>
> ——与居委会马副主任访谈（日志 20131024）

2013 年 5 月，G 区民政局组织部分社区居委会主任到邻市学习网格化管理的经验，笔者通过熟人关系跟随参观学习。在参观学习后的现场互动环节，由当地网格化管理示范社区现场解答来访同行的问题，周主任现场连续发问。

> 你们每家每户都去吗？每家每户都去，居委会那些常规工作有没有时间做啊？人家居民白天上班，那只能趁他们休息的时间去，那你晚上几点回家，早晨几点上班？人家居民下班要吃饭睡觉，你去了会不会打扰人家，侵犯人家的隐私？
>
> ——摘自笔者观察日志（20130506）

虽然现场发问让带队的区民政局领导和邻市的同行觉得挺尴尬，但确实提出了网格化管理值得思考的地方：实行网格化管理后，居委会每位成员不仅要负责多项常规任务，而且要负责数百户居民的一切事务，还需要登陆相应信息系统对收集的信息进行处理，需要定期访视自己负责的网格……如果不掺假，真正达到上级对网格化管理的预期效果，是需要大量加班才能完成的。

网格化管理模式是数字城市技术与社区管理方法创新的结合，始于北京。网格化管理凭借敏锐的发现机制、快捷的上报渠道、灵活的处置网络，在行政资源整合特别是在政治中心社会稳定维护方面具有显著的制度优势。全国其他城市包括 A 市在网格化管理实施之初明显表现出管理取向大于服务取向的价值理念，管理取向带来的是“对人的关注”不够，不仅增加了网格长的工作量，而且信息平台作为上情下达和下情上达的通道，居民几乎完全缺席，鲜有利用信息平台反映诉求的，某种程度上网格化管理仅成了上级部门监管下级的工具。“人进户”“户进房”“房进网”“网格进图”的精细化管理所覆盖的不仅是所有的事，还包括全部的人。公共管理的核心理念要求，网格以及信息技术的运用必须服从和服务于人的全面而自由的发展。由此看来，网格化管理创新必须面对的问题是在社会秩序得到保障的同时，如何保证居民生活的自在自为和多样性。

（三）升级与反思

2013 年党的十八届三中全会通过的《中共中央关于全面深化改革若干重大问题的决议》首次提出“网格化管理”①，折射出国家重建基层治理秩序、夯实基层治理基础的意志。2013 年后 A 市进一步推广网格化管理，直至 2015 年全面铺开，并学习浙江“舟山模式”——“网格化管理，组团式服务”，强调“从被动管理转向主动服务”的工作理念，通过建立网格服务团队实现政府组织结构的“纵向到底”。A 市民政局倡导“网格长”要善于整合社会资源，动员社区党员、志愿者、社团参与社区服务，实现社区工作全覆盖、社区管理无死角、社区服务零距离。但在实际运作中还是遇到较多难题，诸如服务团队变成了像居委会一样的虽不属于行政编制，但实际充当了政府更低一级的组织角色，基层自主性和活力受损，即政府管控与居民自治之间的制度性断裂问题依然是基层治理的挑战；网格员团队由志愿者组成，团队运作的激励问题——如何保持该治理模式的可持续更加凸显，是像居委会工作人员一样有津贴，还是仅凭志愿者的热情奉献？如果在物质上对团队成员给予津贴补助，则会大大增加财政支出和治理成本；如果没有津贴，则可能又会像社区其他工作一样，服务团队的工作积极性和责任感无法长期保持。

> 如果网格化管理只是增加居委会工作者的负担，或者只是上面工作创新的名词或口号，那这项工作就可能流于形式和虚化，毕竟应对上面的各种创新我们也有实战经验了。现在，大家已经能很熟练地在相关材料中用一些上级想要的说辞来编写入户信息了，在利用平台“记录留痕”方面我们还是很注意的。也没办法，总归要想出法子回应量化指标考核的。
>
> ——与荷花街居委会干事兼网格长王蓓访谈（日志 20150820）

---

① 中共中央文献研究室编：《十八大以来重要文献选编》（上），北京，中央文献出版社，2014，第 539 页。

网格化管理使用的信息技术应该以保护人的权利作为基本出发点，应该是一种充满人性关怀的服务。通过网格化管理快速进行基层信息采集和问题分类，其中的信息可能涉及多个职能部门的流转与整合，需要强有力的组织协调机制与流程再造，进行统一指挥下的联动与责任划分，唯有如此才能快速回应居民需求，提高解决问题的效率。令人始料未及的是，在地方实践中，网格化更多表现出技术理性主义，甚至被泛化为顺应时代潮流的最新治理手段。"民情日志"等工作信息、总结、档案材料经常是通过文本功夫与案牍工作实现的，在这套"文牍技术"所构成的话语体系中，有很多数字不实的统计妨碍了总体工作的实效，但在名义上完成或超额完成了上级所需要的比率数字，建构出了一种并不存在至少并不是文牍技术所呈现的那么乐观和完美的状态。毕竟基层治理现代化不是比拼谁的"民情日志"编得更翔实，而是要真正解决基层的问题，提升居民的生活质量，增强居民的获得感。

> 上面一直在推进网格化管理，几年下来还是有变化的，和人一样也有个成长的过程，有些创新我们也在思考，也跟着调整脚步。但所有工作的"最后一公里"都要我们居委会来做，我们确实力不从心。像原本由消防部门管理的驻区单位消防资质检查，现在都交由网格员承接了。社区网格员一是缺乏专业知识，二是没有执法权，只能督办不能进行惩处，最后就变成了靠相关单位自觉改正，收效甚微。
>
> ——与居委会主任于梅访谈（日志 20191214）

事实上，如果网格化管理仅有网格员的生硬介入，而执法部门和专业队伍却抽离出网格，那么是很难实现网格化治理现代化的。正如在新冠肺炎疫情防控中，社区网格员承接了繁重的入户检查工作，却因缺乏公共卫生专业知识难以做出科学的判断与处置，结果不仅对网格员自身健康也对社区总体疫情防控造成了消极影响。因此，对社区网格化治理创新的反思与评估仍需深入，以防有关部门仅把网格化管理作为形式上的即时应对机制，仍把它当作下沉转移任务到社区的"挡箭牌"。

> 现在上面的提法又升级了，提全要素网格了，以"1＋N"模式配置网格工作人员。"1"是网格长，"N"就多了，根据工作需要配备民政、公安、城管、安监、环保等若干专业网格员，还有志愿者等网格辅助人员。我们希望上面能真正落实工作责任清单，不能事情越

改越多，责任越改越大。

——与居委会马副主任访谈（日志 20191214）

社区网格对上级来说是有帮助的，可以提高效率、精准识别，形成联防联控的基础。上级和我们一再强调数据采集的重要性，通过数据采集可以对网格区域内的问题全面摸排，为后续的大数据分析提供有力的数据支持。

——与居委会于主任访谈（日志 20200929）

数据采集是满足“大数据＋网格化”数据分析、共享、利用等各项需求的基础，换言之，对网格内数据进行采集是保证后续公共数据质量的最原始阶段。被采集的数据只有满足了精确性、完整性、一致性的要求，才可以称得上是高质量的数据，才完成了个体碎片式数据向公共数据的转化。居委会工作人员对上级部门的创新管理常持质疑甚至否定态度，觉得所谓“创新”最终不过是增加居委会的负担，增加基层人员的工作量罢了。值得深思的是为什么每遇创新之举，基层就有抵触情绪，是创新政策出台前的民意征询不够，是新政策新举措宣传不够，还是基层开展工作有路径依赖不愿创新？

在近年来的突发公共卫生事件防控实践中，基层采集的数据，或存在缺漏或被重复采集，导致基础数据难以转化为高质量的公共数据，难以与突发公共卫生事件防控需求匹配。基础数据的精准统计为何都难以实现？在建设“智慧城市”“数字社区”政策话语的推动下，社区网格化治理等依托于大数据、“互联网＋”数字化技术的“微治理”成为方兴未艾的地方政府技术治理的实践样本。在压力型体制下，治理风险与弱激励使得“技术治理”的实践逻辑不仅成为科层体系内符合工具理性的最优选择，而且日趋成为一种具有普遍性的城市基层社会治理主导逻辑。[①] 然而，突如其来的公共卫生事件足以折射出 A 市这样的三、四线城市实现基层治理体系和治理能力现代化实属任重而道远。在网格化治理中居委会的职能被全能化，在居委会看来他们已超负荷运转但实际治理效能并不理想，居委会“一头沉”现象进一步挤压了社区内部自治空间，网格化治理中居委会重要性的凸显也进一步阻碍社区内部其他主体的发育和成长，在某种程度上恰恰违背了社区治理模式改革的初衷与目的。

---

① 张福磊、于现强：《城市基层社会“技术治理”的运作逻辑及其限度》，《当代世界社会主义问题》2019 年第 3 期。

第二节 和媒体、共建企业间的运行逻辑：扩大影响—汲取资源

居委会经费以基层政府拨款为主，但在大量社区事务需要经费支持时，财政拨款可能滞后或严重不足，这既影响了居委会职责的顺利履行又降低了服务质量，由此造成居委会社会合法性的下降并有可能影响居委会后续工作的顺利开展。作为居委会主任不得不另想办法，谋求更多的经济支持。

> 我是“高级化缘者”，我不能说自己是纯粹讨饭的，因为毕竟政府一年还给我们一些钱。为什么高级？一是因为我身份特殊，二是我注意“化缘”的手法。
>
> ——与居委会周主任访谈（日志 20111114）

“化缘”的对象除了地方政府及其职能部门外，更多的是社区外的各类组织，包括当地企业和地方媒体等。而要成为“高级化缘者”自然离不开相关策略和技巧的运用，即周主任所言的“注意化缘的方法”，也是本节所探析的居委会与社区外媒体和企业间的运行逻辑。

一、打好政治身份牌

作为 A 市人大代表、机关作风监督员、纪委信息员，周主任用这些政治身份为社区寻找资源。

> 每次开人代会，我哪是去开会，我就是去“乞讨”的。社会工作者，不要整天顾及自己的脸面，要敞亮你的脸。你也不要学着雷锋那样做好事不留名，我们做了好事就要广泛宣传，因为宣传的不是我们个人，宣传的是整个社区甚至整个社会，宣传的是党和政府，只不过我们打造了一个品牌，借这个品牌来宣传罢了，所以不要不好意思。
>
> ——与居委会周主任访谈（日志 20111114）

周主任喜欢主动出击式地工作，外出办事随身携带两个证件：一个是社区工作证，另一个是市人大代表证。笔者多次见证她用这两个身份证明“撬开”了相关单位的大门，避免了很多麻烦。

有时政府部门带我们社区人员出去活动，那些企事业单位一听我的身份介绍，人家就主动表示要为我们社区做点事。我的这些身份使我比别人要的钱多，要的物多。

——与居委会周主任访谈（日志 20111114）

因为地处老城区，土地资源有限，相较于城市新区街道办，H 街道办既有地域优势也有劣势，土地资源有限极大地约束了街道办经济的发展。街道办经济资源有限，分给社区的“羹”自然就不会丰厚，特别是缺少像周主任这样活动能力强的当家人的社区，仅靠政府的拨款运转确实困难。

他们别的社区有困难跟我说：“周主任，你到某某地方帮我也打个招呼啊！”“好，尽量去帮。”我能帮其他社区解决就帮一把。一个是我知道社区工作常常要求人确实不容易，另一个我这样做等于是在帮街道办的忙吧，减轻街道办的负担，那以后我们有困难时大家也会出面帮忙，对吧。

——与居委会周主任访谈（日志 20111114）

周主任“讨”回来的资源并不是荷花街社区独家享用，有时还和街道办其他社区分享以分担街道办的压力。作为 20 世纪 50 年代出生的人，周主任有很多传统观念，比如在工作中她始终强调“报”的观念，相信自己帮别的社区或街道办解决了难题，荷花街社区有困难时别的社区也会出手相助的，2013 年社区筹建邻里中心时就证实了这点。正是街道党工委韩书记带领她一起到区委书记处汇报邻里中心建设情况，才推动了具体事项。如前文所述，建邻里中心固然有了市长决定性的拍板，但在中国科层式的行政体系中，领导拍板只是为工作定下基调，事务处理的具体流程仍然是复杂多变而且必须是按部就班的。一个居委会主任要越级和市长对上话只能抓住市长视察社区的机会，同样她要和区委书记对上话必须借助街道办的力量和自己的政治身份。周主任利用自己的政治身份谋得资源解街道办之难，为她在社区工作中获得街道办领导的支持打下了良好基础，况且她的性别、年龄、基层身份使她比街道办领导外出谋取资源要方便得多。

二、借力媒体效应

A 市众多市民认识周主任主要是源于她经常现身当地媒体，不少人认为这个老太太爱出风头。荷花街社区举办的各式活动每年被各级媒体报道平均50次以上，中央电视台《新闻联播》还曾在头条新闻播放了荷花街居民筹资参与砌车库的民主自治事迹。周主任表示自己在媒体上频频“露脸”是为了获取资源。单靠个人政治身份为社区筹资，所得总是有限，有时也不太方便，而大众传媒是现代社会最好的传播载体，借助媒体力量提高自己和社区的知名度往往能收到事半功倍的效果。

有人说我喜欢上电视，好出风头，我不上电视不抛头露面，谁会认识我？那些招商引资都要出去求爷爷拜奶奶，没有点社会资源根本完成不了。更重要的是，我通过媒体出名了，人家赞助的人也放心了——你不是骗子、不是坏人，相当于通过媒体对我的人品进行了验证。从居委会的角度出发，我们用人家的赞助做了哪些事也要阳光透明，让赞助人知晓他给的东西我们是怎么处理的，不能寒了人家的心。我通过媒体来反馈既快又好，人家就不会怀疑了，看我们做得不丑，说不定还能吸引到新的资助。

——与居委会周主任访谈（日志20130920）

社区居委会工作的一个重点是搞创新、搞特色，最好能吸引到地方政府甚至是更高级别的领导同志，如果他们能亲自来社区参观则无异于获得了丰厚的政治资本，它可以为社区创造赢得公众注意力的机会并进而获得上级财政资源和物质资源的倾斜。社区居委会提高媒体报道率既是利用媒体为社区活动造势，宣传社区吸引上级的关注以实现激励，实际也是增加和上级政府议价的筹码。

上面眼睛盯着你呢，各个社区间还要瞄着攀着，竞争厉害着呢，要经常在电视上露露脸、曝曝光，要不然你这个社区无声无息的，肯定不行。社区上了电视有名气了，也提升了街道的知名度，提起来是某某街道办的，领导（脸上）也有光也高兴。再说，社区名声大了也好“化缘”，人家晓得你这个社区，这个反过来也逼着你必须把工作做得有声有色。你做不好，一是弄不到资源，二是上面领导不高兴；你做得有声有色的，领导也愿意多关注支持。

——与居委会于副主任访谈（日志20130913）

（一）和媒体搞好关系

周主任一直和居委会成员强调社区工作者首先要懂媒体，要和媒体搞好关系。笔者发现只要是媒体请求工作协助，她一定会全力以赴、积极参与，包括牺牲业余时间频频参与地方各类电视节目录制。她常年担任当地媒体相亲节目、家庭调解节目的嘉宾，这些节目需要居委会主任这样有生活积淀、善于表达、亲和力强的“草根”来拉近和观众的距离。而对于周主任而言，在媒体上频频曝光带来的直接便利是知名度的提高，遇到问题要协调，不管是个人还是单位，都要给这个当地名人一点面子。在中国这个复杂的人情社会、面子社会，对基层管理者来说，借力媒体出名实际上是增大了自己的面子、增加了自己的资源；而对于他人而言，和这样有面子的人打交道既显得自己有面子，也要给足对方面子。于是，基层管理者便可以借用面子资源换取其他所需资源。

虽然社区每天发生大情小事，但并不是所有事情都有报道价值。在这个信息泛滥的时代要想成功吸引媒体的注意力并非易事。面临上级政府关于新闻报道率的要求和街道办鼓励社区“要出去抢荣誉”的压力，在这方面荷花街居委会也是颇费心思的。他们善于把社区日常小事和主流意识形态嫁接在一起，赋予日常事件政治意义和新闻价值。

> 这个媒体报道率，虽没有具体的数字要求，必须达到多少次，但肯定是越高越好。
>
> ——与居委会马副主任访谈（日志 20130919）

居委会活动能否持续产生社会影响，关键在于其策划活动的“媒介化”，即制造符合媒体报道规律、具有新闻价值的事实。当然，荷花街居委会成员未必懂得“媒介化”的含义，但他们知道要想引起媒体关注，必须“制造”出不同。

> 社会工作者要懂媒体，要同媒体搞好关系，搞好关系就需要发展观和创新了。报纸也好、电视台也好，要经常和他们联系，不然他们会忘了你这个社区的。社区搞的活动要有新闻价值，不然你就要花钱去弄报道，你说社区哪有这个闲钱啊。我说件事给你听听，从 2008 年开始，我们居委会每年都到市老年公寓慰问老人。作为第一个去老年公寓探视的居委会，电视台做了宣传报道，很轰动。第二年又去，照理电视台不会报道了，没有新闻价值了嘛，那我们就把社区老年驿站的老人带去——这叫有家庭的老人和养老院的老人共聚，有新闻价值了吧，电视台报道了。第三年再去，我们请 Y 大学那些外教的小孩一

起去——这叫中外联欢，也是新闻吧，又被报道了。同一件事每年都能成为新闻上电视，并不容易，所以工作中要动脑筋，要替媒体想想，它们想要什么。发展观用到工作中，创新不能光喊口号，要做事。

——与居委会周主任访谈（日志 20131020）

在媒介日益发展的当下，谁都有做演员的可能，但静态的资格考察已不重要，更需要从动态的视角来看表演本身——“势”是如何造起来的，即怎样的表演才能引起媒体的关注，进而才能引起相关部门对居委会工作的重视和认可，以达到预期工作效果。现实中很多基层管理者为了表明自己紧跟形势，言必称“创新”或套用时髦热词，但却未必能真正理解精髓要义，更缺乏落实和践行。基层社区工作者以亲身经历用朴素的语言诠释什么是创新思维，没有套用新词新概念，也没有照搬啥模式，但却是笔者在荷花街研究过程中能感同身受并促使笔者深入探究的动因。

（二）与媒体一起传播社会正能量

懂得和满足媒体需要，只是荷花街居委会和媒体互动策略之一。作为党和政府的喉舌，媒体需要传播弘扬社会正能量的报道素材，工作生活在基层的居委会主任们可以第一时间提供鲜活的素材，并以基层视角帮媒体进行裁剪和取舍。同时，当地媒体常把年轻的媒体人送到社区和居委会老党员开展“结对子”“传帮带”等共建活动，每一次类似的共建活动本身就能起到传播弘扬社会正能量的效果。当然，人情法则、互利互惠也是周主任能频频借力媒体的重要因素。

电视台有我几个“徒弟”呢，我有（具有报道价值的）事就打电话请他们来一下，这总比他们整天守株待兔抓新闻效率高吧。现在媒体也能想到社区，他们也经常需要居民配合做个观众什么的，像电视台的“新片抢先看”活动，为即将播放的电视剧造声势、预热市场或者提前获得观众反馈，还需要观众配合他们拍些看片花絮、接受采访，如果不是我们居委会配合，帮忙安排些积极分子参与，电视台到哪儿去找观众啊！还有很多媒体室内的互动栏目需要现场观众，都是我们组织人去参加，说实话，这也没啥报酬，最多领个盒饭或者小礼品。如果我们不动员的话你说哪个居民高兴去啊，所以，也是相互的。

——与居委会周主任访谈（日志 20130920）

媒体为了吸引更多的受众参与活动以达到良好的社会效应，一般会利用双休日或节假日居民居家休息时到社区搞活动。组织活动时媒体会面临场地、人员等一系列协调管理问题，荷花街居委会成员通常会放弃周末休息时间到现场组织协调配合媒体活动。

> 去年大冬天，真是天寒地冻，电视台生活栏目记者打电话给我们说要来搞活动，放在周六或周日，我们说："行啊，你过来啊。"他一副不敢相信的样子："啊，你们这么爽快就答应啦，人家别的居委会都说周六周日要休息，你们社区真的可以啊?"我们说："加一下班算什么，你有这么好的服务给我们，只要给居民带来实惠就行。"他们当时是助农活动，免费送大白菜。
>
> ——与居委会马副主任访谈（日志20130920）

作为党和政府的喉舌，媒体经常需要到荷花街社区这样的基层来倾听民声，传播社会正能量，扩大社会效应，居委会都会无条件地站在媒体立场考虑问题，任何时候都持配合态度，有时居委会甚至会主动争取一些媒体活动，一方面为了提升社区知名度，另一方面也为社区居民争取到实惠。

三、用好社会网络资源

不但每个人要参与多个领域的社会生活，而且在每一领域都会形成多种角色关系，通常可以把以某一社会成员或某些相互联系的社会成员为基础形成的纵横交叉的关系称为"社会网络"，它是一些支持性的社会关系的结合，对网络的拥有者发挥着重要的支持作用。① 长期的基层工作使周主任不仅与很多政府部门负责人建立了良好关系，而且与当地不少企业家也建立了密切联系，她尽可能利用这些社会网络资源满足社区居委会日常运作和发展需求。众所周知，很多企业虽拥有较强的经济实力，但缺乏做慈善的意识和契机。周主任曾在街道办财务部门工作过，和辖区企业打过交道，深知要给企业家创造做事契机以激发其慈善意识。同样，做慈善如果能给企业带来社会威望，企业通常会积极参与。确实不少企业最初对荷花街社区的支持大多是冲着她的面子，但她在利用社会网络资源与企业接触过程中牢牢把握此心理，居委会通常会邀请媒体来见证企业的爱心善举

① 王思斌:《社会学教程》,北京,北京大学出版社,2010,第3版,第90页。

并给企业发放“功德牌”，这样既为企业做了免费宣传，又在无形中给企业施加了一定舆论压力，倒逼企业家们更加主动参与。从 2009 年开始，居委会尝试把这种个人间的人情关系转变为具有约束力的合同关系。

荷花街居委会在 A 市率先把企业捐赠用合同的形式固定了下来，通过和企业签订协议设法把企业的捐赠行为长期化、制度化，改变了传统的企业捐赠“打一枪换一个地方”缺少持续性的做法，包括社区内的慈善超市也用此法获得了很多企业的长期支持，运营情况良好。在其他社区因为资金和资源缺乏而无法开展相关社区服务时，荷花街居委会不仅不愁资金和资源，甚至还可以惠及其他兄弟社区，无形中也提升了荷花街居委会在街道办的地位和社会影响力。

四、建立良性工作关系

随着社区共建活动的推进，居委会借力媒体筹集资源的策略也逐渐成了各街居公开的秘密，各社区频繁使用无疑是对这一机制的透支甚至损伤。

> 现在外出争取资金的社区多了，说实话被争取的单位负担也重，我们也理解。不像过去争取会相对容易些，一是出去争取的（居委会）少，二是人家单位觉得我们社区搞得不错，支持一下属于锦上添花。但现在他们也很难，这么多社区都来争取，给了你不给他，这样不好，给你多给他少也不行。所以说现在相对也难多了，都是想方设法在工作中不断建立和加深感情，再反过来方便工作。有时候还不能直接在媒体上说人家给了什么帮助，你公开说了，别的社区看到了会有意见——“哎哟，你给荷花街就不给我啊”，他也要去争取的。
>
> ——与居委会周主任访谈（日志 20131025）

据笔者观察，随着各单位财务制度的规范化，近年来荷花街越来越多的共建物资都是通过社区给其他单位提供一些服务或便利而获得。比如辖区内的 S 医院通过居委会获得一些研究样本并给居委会提供一些帮助，遇到像前文所述的报刊征订任务过重无力应对时，居委会会到 S 医院寻求临时帮助，另外 S 医院每年会赠送一部分电脑设备给荷花街居委会改善办公条件。

2013 年 12 月，通过熟人引荐周主任将江苏油田党校研习班成功邀至荷花街社区来举办。为了更好地落实创新管理目标，该单位一直在寻觅合适的合作机构给二级党支部的书记们开展党课教育，特别是介绍基层社会管理的经验。周主任偶然间得知这一信息便催促熟人帮忙引荐，合作意向谈妥后又给她“结对子”的媒体“徒弟”打电话，邀请他届时来现场进行报道。

党校研习班开班当天，当地几家媒体如约而至，声势效果远超党校负责人的预期。周主任凭着她良好的演讲口才、丰富的肢体语言、鲜活的管理案例给党校研习班 50 多名学员上了一堂精彩的党课，促成了江苏油田党校的这一创新之举。

> 在我们基层工作者的眼里，江苏油田是个省部级单位，高不可攀，没有想到你们的党校研习班居然办到我们“草窝”里来了，办到基层社区来了，这就是科学发展观。社会管理从何开始，就是从基层开始，这就是创新……今天我也想通过媒体呼吁所有的党校要向江苏油田党校学习，要把我们干部的培训弄到“草窝”里来，弄到群众当中来，让干部们接地气有担当……
>
> ——摘自笔者观察（日志 20131216）

追随并体现主流意识形态的要求正是党校培训班所要达到的目的，所有与会者反响热烈，周主任却一反常态地对自己的授课做了“低调”的总结。

> 我文化有限，大道理讲不出来，逻辑性我也不太注重，所以我只能把我们做过的事情一件一件说给你们听，你们可以来分析我们社区工作中这样处理事情是否妥当。前些时候有位大学老师到我们居委会来专门要听我讲这些故事，她说：“周主任你这叫‘案例教学法’，是大学里现在最火的教学方法，你这些案例是亲身经历的不是编出来的，比一些教科书里写的要生动得多，效果是最好的!”呵呵，我也不懂什么讲课方法，就这样随便跟大家说说。
>
> ——摘自笔者观察（日志 20131216）

周主任用四两拨千斤的手法不卑不亢地指出了自己所讲内容的含金量，言外之意是这次油田党校研习班办到荷花街社区来也是十分有意义的。前后四期的党校培训班结束后，江苏油田党校与荷花街社区的共建活动拉开了帷幕，除了一次性送给荷花街社区一批物资作为年底对弱势群体的慰问外，还签下了长期“结对共建”的协议书。

第三节　和专业社会组织间的运行逻辑：从脱嵌到嵌入

2013 年前 A 市专业社会组织的数量较少，2013 年后随着社会治理创新、社会力量参与社区治理的理念不断被强化并向下推送和布置，地方政府开始向为数不多的专业社工机构购买服务，特别是在“三社联动”“四社联动”治理机制的推动下，越来越多的专业社会组织通过政府购买服务的方式得以进入社区场域参与社区治理。A 市的基层治理实践表明，从 2013 年开始推“三社联动”治理机制到 2017 年年底推进“四社联动”机制，专业社会组织参与社区治理的角色定位和功能发挥有了较大的变化。居委会和专业社会组织的运行逻辑从“三社联动”阶段的“脱嵌”迈向了“四社联动”阶段的双向“嵌入”。

一、“三社联动”中脱嵌的社会组织

2013 年，A 市民政局开始推动“三社联动”治理机制，作为基层社会治理创新的制度供给，“三社联动”意在充分发挥社区的基础平台作用、社会组织的服务载体作用、社会工作的专业支撑作用，通过汇集分散在政府、社会组织、专业社工手中的服务资源，打造共建共治共享的社会治理格局。仅 2014 年，荷花街居委会就接洽过大大小小的专业社工机构五六家，在社区开展的项目也有十来项。这些专业社工机构，有的依托于当地高校专业资源，有的依托于民政系统的资源，都由民政部门指派来为社区提供专业服务。笔者在 A 市发现，专业社工机构虽然在社区场域开展了服务工作，但因对社区和居民的情况不熟悉，常常是“有服务却无改变”，服务的效率和效果不免受到居委会组织和居民的质疑，对社区治理结构和治理机制产生的影响甚微。

> 如果这些组织到我们社区来，不仅不能帮我们分担工作，还可能给我们增加负担和麻烦，提供的服务也都是我们自己就能做的一些常规的文体活动，机构驻点人员还经常变动，搞得我们和居民都眼花缭乱的，那为什么要花这么多钱请他们来呢？这个钱给我们居委会是可以做很多事的。
>
> ——与居委会周主任访谈（日志 20150826）

最初专业社工机构提供给居民的服务以常规性服务为主，在居委会人员看来这些服务并没有什么专业性，居委会就能提供，政府花这些钱购买服务并不值得。同时，很多服务的方式方法居委会也难以认同，特别是不能真正分担居委会的相关工作负担。

> 一家机构在我们这服务了一段时间，他们是只管把标书上规定的任务和活动干完就走人。我们平时工作压力大、任务多，就提出来能不能让社区居委会的活动和他们的活动一起搞，大家的活动方案可以共享，再说一个活动也可以有不同的宣传角度嘛，又不会影响他们，但人家就是不肯合作，说工时不好计算。我看也是机械得很，合作不就是为了共赢嘛，我们社区出志愿者、出人手，大家一起完成任务，这样居然也不合适。
>
> ——与居委会马副主任访谈（日志 20150826）

显然，居委会对服务项目的认知与需求同专业社工机构的服务供给存在较大的差异。自 A 市民政部门倡导创新“三社联动”治理机制以来，虽然一些社区服务社会化项目得以启动，但不少基层政府与居委会人员对社会组织及其提供的服务仍处于认知较模糊的状态，对专业社工机构的功能定位与服务方式既不清晰也不认可，导致居委会对承接项目的社工机构有许多从自身利益和工作思路出发提出的服务需求与操作方法。

> 为什么不想（和居委会）合作，肯定是有原因的。有时我们开展的活动，他们居委会领导说不能挂我们机构的横幅，只能挂他们社区党支部或居委会的，有时在社区微信公众号的活动推送里干脆直接把我们机构的名字都删掉了，这样我们做台账就很麻烦了，所以合在一起搞还不如单独弄，谁也不要借力谁，免得说不清是哪个的成绩。
>
> ——与荷花街社区项目驻点社工小秦访谈（日志 20150912）

而承接了项目的专业社工机构因驻点人员经验不足、专业性不强、机构人员流动性高等，进一步增加了合作和嵌入的难度。专业社工无法长期深度“扎根”于社区场域，活动开展大多只能局限于中老年群体，无法吸引拓展到更广泛的居民群体，项目的社区动员能力不足，最终出现专业社工机构的服务供给和政府职能部门及社区居委会的高预期极度不符的情况。

> 我们花钱引进社工机构服务的目的是什么？是要让专业组织承担居委会的一些职能，给居委会减负，当然也是想把专业的事情交给专业的人来做。社会组织对居委会的一套工作流程总归要熟悉吧，如果光组织一下活动，唱唱歌、跳跳舞，那政府购买服务的意义真不大。
>
> ——与 G 区民政局工作人员访谈（日志 20150923）

> 当然这个也不能怪那些年轻人（指驻点社工），上面光是提“三社联动”，但怎么“联”怎么“动”好像也没有具体招数，其实现在既“联”不起来也“动”不起来。上面只是让社会组织进社区，也不牵头让我们对接一下，我们也忙，哪有时间去关心他们具体做啥呢，反正进了社区我们提供场地，至于说后面怎么开展服务，我们一是不好多问，好像审查人家似的；二是政府出钱购买，自有政府去评估考核。只要居民不到我们这儿来告状，一般他们（社工）想怎么搞就怎么搞。
>
> ——与居委会周主任访谈（日志 20150826）

“嵌入”的概念最早是探究经济之于社会的嵌含关系，后有了延伸义，指某一事物镶嵌进另一事物的过程和结果。国家治理的宏观制度设计难以充分体察民众的微观行为和个性化需求，国家与民众直接沟通对话、协商互动的高成本、低效率、复杂性，是专业社会组织进入社区互动场域的重要条件，专业性则是社工机构嵌入性发展的基础和优势。然而，现实情况不容乐观，居委会与社会组织、社会组织与社区场域均呈现“脱嵌”状态，居委会不认同社区机构的工作方法，机构社工不了解社区具体情况，不能准确把握居委会和居民的需求，双方按照各自的组织理念做事、互不认同。

> 实际也不是我们不和居委会沟通，每次搞活动我们都会把活动方案、演示文稿发给她，但很多时候主任没空理我们。等到活动做完上面来要材料了，他们又反过来说我们怎么没知会他们。后来我就不管她在不在，都把相关材料打印出来送过去，并且拍照留痕，也算留个证据自证。而且我发现不仅居委会不太欢迎我们，业委会、物业公司也不怎么待见我们，有时开展活动需要他们配合，他们好像也不积极。
>
> ——与荷花街社区项目驻点社工小秦访谈（日志 20150912）

我们也挺矛盾的，既想也不想和居委会拉关系。想拉，主要还是想工作上取得配合和支持；不想拉，是因为一拉上关系他们就会把额外的事情交给我们做，做几次，然后就习惯性地把各种杂活塞给我们。我们本来人手就少，要是把他们的事都接了，恐怕我们自身任务都完成不了。

——与荷花街社区项目驻点社工小方访谈（日志 20150912）

值得关注的是，按照 A 市对社区服务社会化项目评估体系的要求，比较注重活动开展的场次、具体参与人数和频次、开展个案和小组工作的数量等项目合同书或招标文件上所规定的指标细节及完成度，即项目评估对具体工作量和对应工时的考核指标要求很高，导致社会组织经常会不得已地关注服务数量而忽略服务质量。

我们也想对社区的居民、资源状况、文化特质等个性化情况全面深入了解，从专业视角出发，这样才能开展精准化和精细化的服务。但是各种模式化的考核在那儿，完成不了量化规定，评估考核就不达标。我们也是经常为了达到数量而忽视提供“增能”的“增值”服务，这一点我们也苦恼，经常反问自己专业性在哪儿？我们相当于是“空降”到社区，没有任何工作基础，社区组织不信任，居民也不信任，我们工作很难开展。

——与荷花街社区项目驻点社工小方访谈（日志 20150912）

社工机构对标合同规定更关注能否顺利通过项目评估，而忽略了项目服务的实际成效，居委会和专业社会组织之间在职能定位上存在“错位”“越位”等突出问题。居委会想把自己分内的事务交由社会组织去做，或者干脆把社会组织当作“万金油”在社区事务中随意补位，或者直接“越俎代庖”干了本该由专业社会组织完成的工作，造成两者的“错位”或“越位”。以上做法直接导致了居委会和社会组织的相互抱怨、居民参与项目的积极性不高，项目运营陷入“悬浮化”困境。

专业社会组织加入社区治理的初衷就是想弱化社区行政化色彩，解决社区缺少活力、自治能力弱的问题，主要还是推动居民参与社区治理。但“三社联动”出现了偏差，目标方向没定准，社工机构扎根社区的深度不够，陷于“就服务做服务”的思路，没能实现“以服务推动社区发展”的超越，导致服务效果不好，居委会意见大，居民评价也不高，几方面关系都没搞好。

——与G区民政局工作人员访谈（日志20161215）

在A市“三社联动”实施过程中，大多数社工机构都因“脱嵌”而陷入增能充权乏力的状态，项目承接机构为完成合同量化指标考核甚至放弃专业“初心”和坚守，出现社会组织面对项目评估时疲于应付各类考核“台账”任务的窘境。

二、“四社联动”中的“双向嵌入”

“三社联动”机制效能未能充分发挥，A市政府及职能部门在不断总结经验教训并向其他城市学习先进做法的基础上，于2017年底在“三社联动”基础上推进实施“四社联动”治理机制，在原有“三社”的基础上强调社区志愿组织的补充作用，意在通过社会组织的专业能力激活社区服务中的本土力量，提升社区的自组织能力。

上面开始放权给我们了，不像过去也不管我们需不需要这些服务，直接“拉郎配”，把社会组织硬塞到我们社区完成任务。现在我们有发言权了，根据居民需求来对接相应的社会组织。比如，我这个老小区老年人多，那么老年服务需求可能就比其他社区强烈。这些专业组织主要是给我们社区志愿者队伍做孵化，给予专业指导，同时也依托社区志愿组织开展服务。我说他们的服务过去是盲人摸象，现在开始有的放矢了。

——与居委会于主任访谈（日志20191128）

专业社会组织通过“双向嵌入”在国家与社会的互动中发挥着上下交互、双向传递的社会治理共同体建构的枢纽功能，实现合作共赢。如果仅有服务群众、助人自助的价值坚守而缺乏合适、可行的社区动员技术，社工机构为社区增能增效的嵌入性发展目标也难以实现。如不能协助基层政府和居委会实现社区治理增能增效的目标，社会组织在社区的处境也会变得很微妙甚至岌岌可危。“四社联动”从字面看只是多了一个联动主体——社区志愿组织，但社区志愿组织的加入却使得“政社互动”“社（区）社（会组织）联动”有了精准的抓手和服务切入点。

> 2016 年我刚毕业那会儿在荷花街社区做过项目，当时机构也是刚起步缺钱缺人，为了节约成本，虽然项目合同规定要有三名驻点社工，但实际上就我一人常驻这里，从活动策划到完成台账，每个环节都是一个人张罗，真是心力交瘁，我记得当时都想离开这行不干了，太难了。今年机构再次承接到一个项目，恰巧也是在荷花街，头儿说我熟悉这里的情况，又派我来了，感觉各方面变化还是蛮大的，这次开展服务有帮手有抓手，帮手是“七色花”义工队这些社区志愿组织，抓手就是深化社区志愿组织提供的服务使其更专业化、精准化。
>
> ——与 A 社会组织的驻点社工小黎访谈（日志 20191104）

维持好社会组织的专业诉求、政府的政绩需求、社区的增能需求、居民的美好生活需求间的平衡，既是社工实务发展的目标追求，也是社会组织服务落地，反思专业服务的目的究竟是“让组织活下去”还是“让社区活起来”的过程，同时也是居委会等社区力量和社会组织相互嵌入，缩短统合于国家体制和落地于居民需求之间的距离的过程。

2018 年后，A 市有了更多的专业社会组织嵌入社区，对社区志愿组织进行专业指导和孵化。在荷花街社区，嵌入时间最长、程度最深，在居民中反响较大的有“一米微光”与“慈行”两家专业社工机构。“一米微光”是 Y 大学两名社会工作专业的教授和两名媒体人发起的，目前已有一定规模，组织负责人利用自己的专业知识和社会影响力完成了多个公益项目，有较高的专业性和良好的组织资源。“慈行”是有着官方背景的社工组织，是 A 市民政部门退休的几位老同志发起注册的，链接资源尤其是官方资源的能力较强，在当地民政系统有一定的知名度和影响力。

荷花街“七色花”义工队[①]于 2011 年文明城市创建时应政府要求成立，下设文明宣传、平安巡防、帮贫济困等七个小分队。无论是物质资源还是人力资源全面受控于居委会，在街、居两级行政力量的管控下义工队经历了短暂繁荣后即陷入了发展困境。由于组织管理缺乏规范、随意性较大，组织内部在经费使用、组织活动和人员安排上常出现分歧；提供的服务也缺乏规范，要么是志愿者随性操作，要么是一味迎合居民要求，而一旦志愿服务不能达到居民的预期，必然会引起居民的不满，进而影响组织的良性发展。

专业社会组织嵌入社区后，首先对“七色花”义工队成员特别是负责

① 其发展历程在第四章第三节居委会“和社区志愿组织间的运行逻辑”中有详述。

人进行了专业培训，把专业社工理念传达给组织及其成员，随后社工机构联合居委会、志愿者、居民共同商议制订了义工队志愿服务的程序和制度，包括服务内容、服务频次、质量评估等；其次结合社区实际情况完善了志愿者激励制度，如在义工队完善了志愿服务积分兑换制度、时间银行储蓄制度等；最后根据“七色花”不同小分队的具体情况又细化了相关细则，比如“七色花”平安巡逻分队有了荣誉退休制度和新老成员结对制度，制定了义工队成员学习制度，定期接受社工的专业指导和业务分享。

> 居民才是社区志愿活动长久的参与者，对感兴趣的事他自然会积极参与。像平安巡防分队，过去我们（居委会）也给他们排班分工，但没有考虑到一个班次的志愿者是否脾气相投、兴趣对路、愿意一起干。后来，确实有人积极性不高，出来巡逻都靠我们催促，但我们实在没有精力考虑这么细致。人家专业的（社工机构）到底还是不一样，给志愿者开会一遍遍梳理情况，六个人一班，都是平时就能说到一起玩到一块的老朋友，现在根本不要催促，不到规定时间就提前出来了，顺便聊天散步，他愿意了，就不会觉得累。
>
> ——与居委会于主任访谈（日志 20191128）

“七色花”义工队的服务一度被居民视为形式主义，不愿配合参与，很大原因是居民的实际需求被忽略；相反，平安巡逻分队在七个分队中坚持时间最长，居民评价也较好，恰恰是因为该分队提供了居民需要的公共安全服务。如果社工机构在嵌入社区时能够精准识别居民的需求，那么专业社工机构和社区志愿组织就都能获得发展空间。

> 之前义工队的服务活动多在政府督促下开展，大多是涉及老年人的项目，参与者也是老年人。但实际上，社区治理和每个居民都息息相关，如何吸引年轻人参与、满足年轻人需求，对大家来说都是难题和挑战，居委会也面临这个问题。群体细分是行之有效的办法，最大限度地找到细分群体的共同点，吸引居民自主发起感兴趣、愿意参与的活动，这样才能达到参与效能的最大化。
>
> ——与“慈行”组织的社工访谈（日志 20191209）

嵌入社区的专业社工组织要想在社区和居民中立足，必须依托良好的服务能力，只有真正做到“思为社区，行为居民”，才能被居委会和居民所接受。而了解政府、居委会和居民的需求，并努力在几种并不一致的需求中找到平衡点是社会组织和街居组织合作的前提条件。

> “一米微光”和“慈行”进入社区后，都是首先和我们居委会一起走访居民组长、在居民中发放问卷等，充分了解居民的需求。以前我们确实是结果导向，但有一点可以确定，社工机构帮助居委会解决问题了，我肯定会配合你一起开展工作，现在社工机构也成熟多了，有事都和我们协商。以前有些年轻人（社工）嫌我们工作方法老土，觉得我们不专业，实际上没有我们配合他们根本没法开展工作，比如搞上门调查，居民恐怕连门都不会给他们开，这么多年居民还是认我们居委会的，我们方法虽“土”但管用。你看我们给电视台打电话，（电视台）马上就来对我们社区的“四社联动”进行了跟踪报道，不也是给他社会组织做宣传嘛，相互借力。
>
> ——与居委会于主任访谈（日志 20191128）

“一米微光”和“慈行”嵌入荷花街社区后，帮助“七色花”义工队对收集到的街居组织需求和居民需求进行了认真梳理，找到了两者间的交集：一方面，紧跟政府规划导向，探索“四社联动”机制；另一方面，透过居民多元化、复杂化的需求筛选出居民最关注、最迫切需要而单靠街居组织特别是行政力量又无法提供的公共服务。正如“一米微光”负责人所言，他们正是从街道开展“四社联动”的难处中看到了工作的机会和未来社会组织发展的增长点。基于对相关利益主体各类需求的敏锐洞察，“一米微光”组织与地方政府建立起了有效的合作关系，H 街道办向“一米微光”组织购买服务，合作开展了“折翼关爱”社工项目。“一米微光”通过理发、医疗咨询、应急自救知识培训等免费服务，让残疾人及其家属走出了家门，积极参与社区活动，同时收获了社区居委会的信任。

专业社会组织虽然拥有专业技能方面的优势，但由于是“外来者”，在“本土化”方面稍逊一筹。无论是社区居委会、物业服务公司、业委会还是居民，对外来社会组织的认可度、信任度和配合度都较低，专业社工机构通过政府购买服务“嵌入”社区，只是“物理空间”意义上的“落地”，只有通过把握街居组织的需求、精准识别居民需求，以社区志愿组织的专业化孵化为抓手，和社区居委会等力量“双向嵌入”，才能落实“社会空间”意义上的“落地”。未来，只有居委会和专业社会组织在服务理念、服务形式、服务内容等方面进一步“互嵌”，才能实现共建共治共享的治理愿景。

第四章　居委会和社区内部组织间的运行逻辑

党的十八届三中全会提出“推进国家治理体系和治理能力现代化”，基层社会所面临的最大转变是由管理向治理的转变，在治理理念和发展路径下，基层治理不再是单靠行政力量直线下沉即可完成，而是以党委领导、政府负责为前提，强调公众参与和社会协同，即，将“共”的逻辑带入基层治理的总设计中，最大限度调动社区各主体的主动参与，协调多元利益关系，实现共建共治共享。本章分析居委会和社区内部主要组织间的动态关系和运行逻辑。“社区内部组织”是指笔者在社区地域范围内清晰可见的参与治理的组织，包括社区党支部、业主委员会、物业管理公司和社区志愿组织。重点关注在中国基层社区治理语境中，党组织的领导核心作用是如何体现的，基层党建引领社区治理又是如何随着国家话语而发生变化的，居委会在各类社区组织不断发展变化的形势下如何与业主委员会、物业管理公司共同参与社区治理。无论是出于国家话语推动下的基层民主发展还是出于居民自身社区参与的需要，社区志愿组织的发展壮大是客观趋势，那么有着官民二重性的居委会如何适应这一趋势？在治理过程中如何因势利导发挥这些组织的作用以提升治理效能？这些都是值得探讨的。

第一节　和社区党组织间的运行逻辑：从“党政合一”到“党建引领”

长期以来，在中国基层的政治话语和权力运行实践中，街道党工委书记主要负责方向引领、对外交流，掌握政治、经济的最终决定权；街道办主任则坐镇管理好日常事务，处理好辖区内的大情小事。这种职权划分模式也折射出上级对街道办层面党政分工的要求和期待，并不断在运行实践中调整街道党工委书记、街道办主任对各自角色的认知和边界把握，以确保实际权力行使中能各司其职、配合协作，实现基层政府的工作目标。

一、社区层面的"党政合一"

在社区层面党政关系重合作轻分工。如前文所述，包括荷花街社区在内的H街道办所属社区，基本上是党政交叉任职，即社区党支部书记同时兼任居委会主任。"党政分工合作"在最基层变成了"党政合一"，这固然和居委会是法律上的自治组织、组织体系较为简单有关，但关键是借助"党政合一"体制，社区党组织能够通过居委会的行政链条将党的意志贯彻下去，为党组织直接介入社区治理提供制度化基础，具有其他分权体制所不具有的优势：党组织可以通过强大的组织资源和动员机制，在一定程度上弥补社区居民自治中参与不足而导致的自治功能不足，维持社区正常有效地运行。①

与街道行政权力干预社区公共事务管理导致基层居民自治萎缩所不同的是，党组织对社区工作的介入并没有造成居民逆反心理，相反每次荷花街社区党支部有活动，党员居民都会积极参加，普通群众也很乐意接受党支部和党员积极分子提供的各种服务。

2013年，中共A市委提出"创新党建工作，打造世界名城建设强引擎"的工作目标。从H街道办的党建工作来看，因为地处A市城区中心，街道党工委提出了"服务商户，打造'红色商圈'"的口号，并以"金色商圈、红色名片"为目标，从围绕商圈发展抓党建、围绕创新社会治理抓党建、围绕民生幸福抓党建等三个方面，深入推进基层党建持续创新提质。

> 上面搞党建，我们下面也要行动起来，这是态度问题，我们党支部还是做了一些实实在在的工作的。
>
> ——与居委会周主任访谈（日志20130902）

社区党支部到底是如何落实行动的？荷花街社区2013年的党支部工作总结台账里记录道：

> 社区是社会构成的最小细胞，社区是党在基层的形象代表。荷花街社区首先实现了区域化党建全覆盖，让每一位党员都行动起来。党支部改变原来单纯地按照楼栋设置党组织的做法，结合党员从业特点、个人特长等，建立了志缘型、趣缘型、情缘型党组织，将189名

① 夏建中:《中国城市社区治理结构研究》,北京,中国人民大学出版社,2012,第150～152页。

党员划分为 1 个党总支和创业者、商业街、夕阳红、义工服务、老年公寓 5 个特色党支部。开展组团式服务，在借助社区服务中心开展综合服务的基础上，充分利用支部特色开展专业服务，激发党员热情开展常态服务，挖掘社会资源开展外延服务，形成服务的“组合拳”。通过党员的创先争优，影响和带动居民在自我教育中弘扬新风，在自我服务中增强责任，在自我管理中化解矛盾，在自我监督中消除陋习。

——摘自荷花街党总支 2013 年工作台账

据笔者观察，这些写在台账里的党支部活动比现实开展的要丰富精彩得多。荷花街社区党支部活动确实有开展，但缺乏持续性，基本是上级来检查、三月学雷锋或者是党日活动时才开展。事实上，社区党支部书记仅领导着为数不多的自管党员，包括企业退休党员、大学毕业后未能及时就业的党员和辖区内民营企业的党员。社区内在职党员由每个单位党委及部门总支管理，并参加单位党组织的活动，某种程度上“单位党建”制度消解了在职党员参与社区治理的积极性。

在职党员的利益和资源主要集中在单位，社区缺乏激励和约束在职党员参与社区治理的机制。同时，由于居委会承担的下派行政事务庞杂而具体，“一肩挑”的党支部书记在工作压力面前会以居委会工作为主，将社区党建工作置于台后或次要位置。

居委会的工作比较具体，党支部的工作比较抽象，居委会哪一点做得不到位，漏洞就比较明显，而党支部做得好不好，短期内很难看得出来。虽然我和于梅都是“一身兼二职”，但我们的主要精力还是放在居委会事务这边的。

——与居委会周主任访谈（日志 20130902）

由于社区居委会承担的事务通常多、实、急，而社区党务则相对少、虚、缓，因此在实际工作中，社区党务工作往往让位于居委会工作。现行的社区领导体制不仅是主要负责人一肩双挑，支部支委和居委会干事也是交叉任职，从支部书记到支部委员更多是按照居委会的工作来定位自身角色和职能，社区党务工作者的精力和视线被转移到怎样应对上级部门布置的任务和检查上，本就悬浮化的社区党务被搁置，导致进一步虚化和边缘化。随着基层党组织建设的弱化，其组织动员能力必将受损，可能直接导致党组织在社区治理中的功能弱化。

A市社区普遍执行“双肩挑”制度，虽然从机制上保证了党组织对社区的领导，但实际上并没有实现党的工作与社区工作的有机结合。居委会承担的行政事务冲淡了党支部工作的重要性甚至替代了党务工作，党支部的领导核心作用没有实际的抓手与落脚点，党组织对社区事务的管理要通过居委会组织身份来彰显，以居委会的名义行事获得认同，社区党支部书记也更多是以居委会主任而非党支部书记的身份出现在居民中。这种身份认同的错位，使得居委会不仅介入了党组织的权威形塑，而且在某种程度上消解了党组织的权威。

党的十八大以前，在与居民的访谈中发现，大多数居民在与党支部、居委会交往时并没有对两者进行区分，对于兼任党支部书记的周主任，居民也称呼其为“主任”而非“书记”，甚至很多居民并不知道她兼任“党支部书记”一职。在A市少数未实行书记主任“双肩挑”的社区，笔者发现党支部书记对社区事务的全面参与仅使他个人权威得到积累和扩大，但个人权威的形成和巩固并未能直接上升为居民对基层党组织权威的认同。在访谈中，居民中知道社区党支部书记而不知道党组织何在的人员众多，居民将对党支部书记的个人认同与对党组织的组织认同完全割裂开来。这在某种程度上形成了这样一种局面：党组织的权威被居委会的权威所置换，党组织作为一个组织的权威被党支部书记的个人权威所遮蔽。

诚然，社区层面的“党政合一”避免了“党政分权”可能带来的权力竞争，这种减少矛盾、节约成本的机制在制度设计上试图把社区党组织的领导和社区民主自治统一起来。但需要强调的是，这样的制度安排要有约束机制来保证，以避免在推进民主自治的过程中形成个人专制，同时也要防止党的权威在基层被虚置和忽略，党务工作在基层被文字化、形式化。

二、新时代基层党建引领作用凸显

党的十八大以来，随着全面从严治党的深入推进，在中央与上级党组织的压力传导下，基层党组织在观念上逐渐意识到党建的重要性。党的十九大报告提出要把基层党组织建设成为宣传党的主张、贯彻党的决定、领导基层治理、团结动员群众、推动改革发展的坚强战斗堡垒。在基层社区生活中国家话语中党组织的领导核心作用是如何被呈现的？随着顶层设计对党建的重视，基层是如何回应的？H街道党工委在上级党组织的压力传导下开始思考如何将党建真正融入街道办经济与社会发展的过程中，以融合党建激发内生活力，解决党建和业务“两张皮”的问题。

不可否认，基层党建确实存在“说起来重要，干起来次要，忙起来不要”的现象。我们街道层面也在思考如何发挥基层党组织在业务工作中的领导、协调与沟通等作用。现在是从党建标准化做起，从街道到社区先改变党建弱化甚至组织生活都不健全的情况，先把标准拿出来。

——与 H 街道党工委潘书记[①]访谈（日志 20191101）

上面出台了很多标准化制度，包括党建经费保障、党代表工作室、党员结对共建、党员志愿者服务等。上面有标准了我们下面就跟着做，是好事。现在基层党组织凝聚力确实不够，需要擦亮党建底色。制度建设是第一步，制度怎么来落实还要好好动些脑筋。

——与荷花街居委会主任兼党支部书记于梅访谈（日志 20191217）

荷花街社区首先创新了党支部组织设置，建立联合党支部，把部队转业党员、退休党员、大学毕业生党员、失地农民党员，以趣缘、地缘、业缘为划分依据创建各个党支部小组；同时，依托社会治理网格建立网格支部，每月 20 日固定开展党员活动，开展“我是党课主讲人”等微党课活动，每次由 1～3 名党员宣讲身边的正能量，具体内容不限，可以分享学习心得、道德讲堂、家风家训、身边好人好事等。

社区党建还是要紧紧依靠党支部平台、发挥党员的力量来真正做事，服务群众，解决老百姓需求，这些在基层是最重要的。老百姓不关心你党建台账，他关心的是他的难题有没有得到解决，基层党建更要务实。还有一个很关键的是党建引领风气，一个社区的风气如何，是不是有正能量，还是要靠党建、党员来引领。

——与荷花街居委会主任兼党支部书记于梅访谈（日志 20191217）

社区通过党员带动家庭、带动邻居、带动整个楼栋的“三带”活动，形成“基层党组织牵头、党员示范、群众看齐”的治理新模式，党员、网格员、楼栋长发挥模范表率作用。同时，充分整合调动各方社会资源及多方力量，建立红色议事机制，成立由党员代表、居民代表、老干部代表、党支部成员、居委会成员、业委会成员、楼栋长组成的民主协商队伍，结

① 潘书记于 2019 年 5 月到 H 街道党工委任职。

合网格化管理、民情走访联系等工作，随时收集居民意见和建议，及时提出议题，制定方案，为协商做好准备。仅 2019 年，社区党支部就收集居民建议和意见 60 多条，就党建工作、社区治理等方面开展议事活动 13 次。

在荷花街社区有个特色“小哥党支部”，是由快递小哥组成的。因邻近大学城，人气较旺，荷花街社区很多沿街饭馆近几年都做起了外卖生意，因此沿街店铺周边慢慢聚集了不少外卖员，他们等单时经常外放手机音乐、视频，相互聊天逗趣，非饭点时间甚至聚集在此打牌消磨时间，非常喧闹，周围居民对此意见很大，经常发生口角。有次临街楼栋的楼组长老党员冯师傅出面制止，无意中说了一句“我是老党员，我代表本楼栋的居民和你们交涉。”结果遭到外卖小哥的群嘲：“党员有啥了不起，我们这儿也有党员，还好几位呢!”冯师傅把这一信息及时向社区党支部做了汇报。

> 我们当时就在思考怎么利用外卖人员中的党员力量把（临街楼栋居民和快递员）关系搞好，大家商量了之后决定从党员入手，看看能不能在我们社区党总支下成立一个小哥党支部。然后，我们就出面和外卖小哥沟通，一沟通还真是吓一跳，他们中一共有 8 位党员。我们也向街道党工委汇报了想法，能不能成立一个外卖小哥党支部。街道很快表态把这项工作作为街道“区域化党建”工作的品牌党建来做。
>
> ——与荷花街居委会主任兼党支部书记于梅访谈（日志 20191217）

有了街道党工委的支持，H 街道“小哥党支部”成立暨揭牌仪式于 2019 年 6 月 12 日在荷花街社区隆重举行。G 区委“两新”工委副书记、组织部组织科科长、街道党工委书记、组织委员等出席，美团外卖“先锋骑手”服务站负责人老方携服务站全体党员及部分入党积极分子共同参加。街道领导共同为党支部揭牌，社区党总支向“小哥党支部”授旗并赠送党建书籍，发放党建指导员、居民监督员、商户联络员聘书及扫黑除恶义务宣传员聘书，社区党总支表示将以党建引领、党员示范、骨干带头为着力点，加强对“小哥党支部”的教育管理，更好规范引导骑手党员发挥先锋模范作用，并拿出一间公用房作为“小哥驿站”，为外卖骑手休息、电动车充电、开展支部活动提供场地。老方做出了“遵守交通规则，提升服务质量，参与社区建设，发挥模范作用”的公开承诺，力争打造“行为文明有礼，服务整齐划一”的骑手队伍。

荷花街“小哥党支部”作为全省首个美团外卖骑手党支部，在 2020 年新冠肺炎疫情防控中表现出色。在社区党总支的带领下，采用“党建＋社区网格＋温暖”模式，在社区采用网格化实名健康卡管理，利用快递小哥送货优势，开展上门免费“温暖行”活动，确保“基层防控最后一公里”防控救治无死角。疫情防控期间，“小哥党支部”党员在送外卖之余大力开展防疫知识宣传，主动免费为社区出行不方便的居民及孤寡独居老人送去物资，为社区个别居家隔离户提供代办跑腿服务，购买蔬菜、日用品，送餐上门。仅 2020 年 2～3 月，“小哥党支部”全体人员就免费上门为 869 户群众提供服务，共发放宣传单 4290 张。

> 疫情发生后，只要客户有需要，我们“小哥党支部”的“先锋骑手”就完全放弃休息时间，加班加点，确保第一时间将订餐送到居民手中。大家能帮多少就帮多少，同时我们还监督商家不允许开展堂食，确保打赢疫情防控阻击战。当然，居民也给了我们极大的认可。我印象最深的是苏农一村的刘阿姨，两口子都是大学退休教师，刘阿姨还是剪纸大师，身体不好腿脚行动不便，唯一的女儿在国外，疫情期间回不来，保姆春节回家休假无法返回。我记得是元宵节当天，居委会主任打电话给我让送一份元宵给刘阿姨两口子，当我把元宵送去时，两口子激动得流眼泪，说有点过节的意思了。
>
> ——与“小哥党支部”老方访谈（日志 20200829）

2020 年以来，在街道党工委和社区党委的精心谋划下，原本简陋的外卖骑手充电站升级成了“外卖小哥初心驿站”，驿站被打造成了不仅能满足外卖员休憩、车辆充电还能满足小哥们党史学习教育、知识充电的需求的地方。“小哥党支部”制作了党史知识便携手册，小哥们人手一本，送外卖之余来到初心驿站大家可以拿出来学习，还经常相互考查询问，气氛活跃；送餐过程中，碰到“党员示范户”“光荣之家”，“小哥”们也会主动奉送一本便携册子。党支部打破以往学习党史的传统“读本”方式，将“小哥”初心驿站打造成了“码上阅读”知识补给站，驿站外侧设有电瓶车电池和充电器储存柜，可以扫描柜体上的有声图书馆 APP，一次扫描后 APP 小程序会自动留存在手机里，工作之余小哥们随时随地可以打开聆听学习，打破时间和空间的限制。另外，针对外卖小哥不定时穿梭在城市角落，没有固定休息时间的实际情况，党支部还采用了音频小广播，插有 TF 卡[①]的音频小广播，可以循环下载收听，党支部以“随身”学党

① TF 卡，Trans Flash 卡，是极细小的快闪储器卡。

史的方式，确保所有党员“不缺课”“不掉队”。

> 这是我们党支部的几大法宝，也是切合我们行业特色的创新方式，还是蛮新鲜的，确实做到了“人在哪里，党史阅读就在哪里，阅读阵地就在哪里”。我们有的小哥没多高的文化，对这种学习真的格外珍惜，经常聚在一起讨论分享。
>
> ——与“小哥党支部”老方访谈（日志 20200829）

社区不仅是物理形态的地域空间，更凸显着社会性，内嵌着生产关系和社会关系的脉络。要真正实现党的组织体系、各类资源和主体对基层社区的充分渗透，就必须重视社区内党建引领空间的建设。例如，通过建立集党建展示、党建业务、党群服务、学习生活等于一体的空间形态激发党员的政治觉悟和公共身份意识，将党群服务中心、红色会客厅、红色网格等党建公共空间建设成社区治理多元主体间的协商沟通平台、社区治理信息集散地、居民参与的有效载体，将物理空间转化为蕴含权力关系、多重治理秩序的实践场域，激发社区运转的内生动力。

> 现在“小哥党支部”有 12 名党员、26 名积极分子以及积极向党组织靠拢的 100 多名外卖、快递小哥，下一步我们还要把饿了么小哥、京东小哥、EMS 小哥中的党员吸纳到“小哥党支部”来。现在城市运转离不开外卖、快递小哥，通过功能性党支部的建设，小哥们走街串巷，“亮身份，树旗帜，扛责任”，带动外卖行业服务质态提档升级，努力为我们古城创造更多的价值和更优的服务，同时也是“红色骑兵”，及时帮助我们社区治理收集各类信息，是基层社会治理的“流动旗帜”。
>
> ——与荷花街居委会主任兼党支部书记于梅访谈（日志 20200926）

当然，在党建引领社区治理的实践中，也要防止基层党建仅停留在“组织覆盖”和“仪式化参与”的政治话语层面，要提升党组织参与和引领社区治理的专业能力，用专业能力促进基层党组织的引领工作落地生根，实现政治话语和专业话语的有效对接和转化，在化解社区疑难险重问题中发挥实质作用，促进社区治理主客体关系的重塑与社区秩序的再调整。

第二节　和业委会、物业公司间的运行逻辑：不谋而合—压力转移

城市社区日常管理多由居委会、物业管理公司、业主委员会来承担，即人们通常所说的“三驾马车”，并视它们为基层社区生活的“管理中心”。随着城市社区组织的发展，在合作治理的模式方面社区管理经历了从“单一主体管理”到“三位一体管理”再到“全要素网格管理”的变化。在中国城市社区发展之初，多数城市实行的都是“一体化”居委会管理或“一体化”物业管理模式，前者主要是由居委会实施综合管理，包括代管基本物业；后者是以物业管理公司为主角，由专业化的公司按照市场化要求，接受全体业主的选聘，对特定物业区域实行统一管理，对业主提供以保安、保洁、维修等为基础的常规性综合服务。“单一主体管理模式”缺乏社区管理其他主体及居民的参与，很难发挥主体积极性。基于此，“三位一体”管理模式应运而生。

“三位一体”管理模式是指社区居委会、业主委员会、物业管理公司三者各司其职、彼此依托、互相支持的管理模式。从形式上看，居委会与国家基层政权联系紧密，实际已是科层结构的类行政组织；业委会与房产所有权相关，是网状结构的社会组织；物业管理公司与市场经济的自治权相联系，是线形结构的经济组织，三者之间没有隶属关系。在管理活动中，居委会、业委会、物业公司分别遵循的是等级科层制原则、认同原则和等价交换原则，彼此关系是横向平等的，并不存在谁是当然的指挥者。在社区日常管理中，这种横向关系在运作中经常会碰到如何协调等问题①，这也是荷花街社区治理中面临的现实问题。

党的十八大以来，社区治理的多元参与逐渐被地方政府所重视。除了居委会、业委会和物业公司这样的“常规军”外，一些“非常规军”也逐步被吸纳进“三位一体”机制，如各种协保员、志愿者队伍、社区民警等，这些力量的加入客观上对完善“三位一体”机制起到了一定的补充作用，使“三位一体”变成“四位一体”，甚至“五位一体”。在业委会和物业公司不能充分合作或角色功能缺失的情况下，这些非常态的主体参与社区治理配合街居工作，保证了社区居民所需的安全、卫生等基本公共服务

---

①　李友梅：《城市基层社会的深层权力秩序》，《江苏社会科学》2003 年第 6 期。

供给。党的十八届三中全会强调打造共建共治共享的社会治理格局，社会治理重心进一步向基层下移，“全要素网格”模式渐成趋势，但社区内部“三位一体”治理仍然是保障基本公共服务供给和保证社区运行的基础。

荷花街社区作为一个建成时间较长的混合型社区，辖区内共有 7 个自然小区，其中后建的商品房小区安墩公寓、嘉荷苑有物业管理公司进驻，这两个小区的业主委员会是居民自发成立的；而荷花池小区、苏农一村、湖滨公寓、S 医院宿舍等自然小区或者是拆迁安置老小区或者是改制后的单位小区，一直没有物业管理公司进驻。2011 年 A 市政府对荷花池小区等老小区实施了改造工程，政府规定老小区改造后必须实施封闭式管理和基本物业服务，荷花池小区由居委会牵头成立了非营利型的保安保洁基本物业管理，随后又成立了业委会。其业委会的成立带有较强的被动性，更多是为了执行政府对改造后老小区封闭管理的强制要求，所以在荷花街社区“三驾马车”间的关系因小区类型不同而呈现差异性。

一、新小区的有限协商与共谋

随着中国社会发展，民间的自主空间得到释放，作为公民集体行动代表的公民社会不断成长，特别是民间组织的发展进一步激发了居民自我组织并参与社区公共事务的热情，通过协商解决共同问题、实现共同愿望成为可能。

（一）协商

具有现代公民意识的社区居民可以为小区业主委员会的产生创造条件，也是日后促进业主委员会发展的重要因素。随着房产私有化及房价持续攀升，小区业主对自己的公民权利不断再审视，对小区发展也更加关心，对各类服务供给有了更高的要求，遇到权益受损，特别是开发商和物业公司等市场主体损害自己权益时开始形成联盟反击维权，荷花街社区居委会也不例外。荷花街社区的安墩公寓、嘉荷苑是 2008 年后建成的商品房小区，这两个小区都是因物业管理有不规范现象，居民自发成立业委会，借以和开发商、物业管理公司抗争，故居委会在业主委员会与物业管理公司间经常需要斡旋、调停。

> 居委会、业委会、物业公司应该是相互协调配合、相互监督，“三驾马车”共同维持小区发展，少一个都不行。少了业委会，没有业主的配合，肯定搞不好；没有业委会监督，物业公司不认真工作，管理一塌糊涂也不行；要是没有社区居委会就更不行，像我们安墩公寓、嘉荷苑，如果没有居委会在里面做工作，物业公司是搞不到现在

的。它的物业费开始只能收取20%，后来经过居委会做工作，我们要求楼组长、积极分子带头交，有问题大家可以提出来协商解决，但不能以拒交物业费的方式来对抗。一开始楼组长中也有很多人不配合的，我们出面做工作，只有交了费才好要求物业公司继续服务并监督服务质量。后来，楼栋组长又带动楼上楼下邻居缴纳。

——与居委会周主任访谈（20131029）

业委会和物业公司有不同的组织理念与运作逻辑，加之不同业主对物业服务需求的差异性，在实践中导致业委会和物业公司的协同配合障碍重重。全国范围内业委会与物业公司的冲突纠纷高居各种物业冲突的第一位，业委会对物业公司的不满和小区内经济资源的占有与分配成为两者冲突的多发地带。从法律上讲，业委会是代表业主合法权益实施自治管理的组织，是业主参与和实现民主管理的组织形式。对组织化的房产开发公司和物业企业而言，业主处在弱势位置，尽管法律赋予了个体利益诉求的权利，但对于弱势的个体而言，倘若不能提升博弈能力，这种法律权利则是不可信任的权利；而弱势个体提升博弈能力的可持续路径，就是通过合法有效的形式将个体的利益诉求整合为群体的利益诉求，或者通过合法组织来代表个体申诉利益。① 理论上，业主委员会的成立增强了业主个体的博弈能力。

当业主与物业企业发生冲突时，专业知识的匮乏、社会资源占有方面的劣势使业主更愿意依托业委会这个平台与物业公司博弈。有时业主抗拒交费，其实并不是钱的问题，而是要争口气论个理，但客观上造成的后果是整个小区环境的恶化。若自身利益得不到保证，则物业公司的服务质量会下降，这又会激起已交费用业主的不满，继而导致来年拒交费用，如此造成恶性循环。从减少工作量的角度来看，居委会其实是希望小区能成立业委会的。因为缺少了业委会的监督，不仅物业公司的行为易遭业主质疑引起内耗性纠纷，而且物业公司所需的服务资金也会因居民不配合导致交纳不足或因难以取得业主同意而不能提取使用（如维修基金）等。一旦社区日常维护陷入停顿状态，上级政府就会委派居委会出面斡旋，这势必给居委会繁重的管理工作平添压力。

安墩公寓、嘉荷苑这两个小区的物业费现在收取率已达到80%。有的小区管理得好，有的小区管理得不好，这其实跟物业费能否到位

① 蔡禾：《从利益诉求的视角看社会管理创新》，《社会学研究》2012年第4期。

有很大关系。如果物业费能收上来就是良性循环，如果收不到就是恶性循环——收不到钱服务不好，服务不好反过来又影响业主交费积极性，最后（物业公司）甚至被迫撤离。业委会可以对物业公司起到监督作用，但监督归监督，还是要掌握好分寸的。我们居委会尽量协调好他们的关系，他们如果真“杠”（意指有矛盾）起来了，我们还是要从大局出发做好调解，因为若物业公司“跑”掉了，居委会还要帮着去找（新的）物业公司，找不到新的，居委会还要代管代问，烦死了。他毕竟是专门的物业公司，整个绿化啊什么的都能过问起来，要好得多呢。

——与居委会周主任访谈（日志 20131029）

《物业管理条例》规定："在物业管理区域内，业主大会、业主委员会应当积极配合相关居民委员会依法履行自治管理职责，支持居民委员会开展工作，并接受其指导和监督。""三驾马车"在治理实践中的关系盘根错节，相对而言，业委会和物业公司间的矛盾更易激化，一旦产生矛盾，居委会就得从中斡旋、协调。在目前行政减负未果的情况下，居委会的工作量势必大增，甚至因担心物业公司撤离导致其代管物业等，而纵容物业公司的不良行为，使居民利益受损。笔者在荷花街和其他社区的观察调研中发现一个共性的特征，即居委会对物业管理公司监督的有限性，原因主要在于：一是为避免代管物业的麻烦，居委会并不希望物业公司被业主炒鱿鱼；二是物业服务行业属微利行业，行业吸引力弱，特别是较难吸引到有竞争力的品牌公司加盟，即使更换公司服务效果也相差无几；三是因缺少行业监督，撤离的物业服务公司很快能在其他小区东山再起，并没有多少撤离成本。以上因素导致居委会在监督时常持"多一事不如少一事"的态度，只要居民意见不是太大也就"睁只眼闭只眼"了。

业委会逼狠了，物业公司就要跑掉不干，半路撂挑子更难找，我们（居委会）就着急死了。说实话，现在物业公司又赚不到什么钱，尤其是入驻小区的头几年，投入还是蛮大的。业委会对他监督太严又赚不到多少钱，他真巴不得走呢。再说，这边干不好他再换一个小区照样生存，留下"烂摊子"我们就难了。所以有什么问题，居委会赶紧牵头开协调会、听证会，大家坐下来沟通协商，尽量把工作往"好"做。

——与居委会周主任访谈（日志 20131029）

2011年，荷花街社区嘉荷苑一度出现业主要求自治的局面。起因是嘉荷苑有一些在租的公建房，业主认为物业公司并未将所得租金服务于业主，要求物业公司公开相关账目；物业公司委屈地声称当初进驻时开发商并没有给他这部分收入，租金落入开发商手中了，并没有可以公开的账目。业主方面表示如果账目不公开就取消物业的合作搞自治，嘉荷苑业委会向社区居委会转达了居民的想法。

> 我们居委会不好给业委会决定什么，但我们给业主说了两点：第一，业主的意见就是最终的意见，我们充分尊重；第二，作为居委会要给业主提个醒，现在上级部门都要求规范小区有物业公司来规范管理。搞自治管理的，一般是一些规模小的甚至只有二三栋楼的小区，物业公司没有办法进入，属于不得已而为之的那种，当然最后决定权在业主，居委会只是提议。
>
> ——与居委会周主任访谈（日志20131029）

嘉荷苑物业公司负责人找到居委会表示愿意继续服务下去，也想请居委会出面帮助协调，居委会顺势给物业提了相关要求倒逼物业公司做出承诺，如能信守承诺居委会就出面召集几方协商，帮忙调解。

> 第一，要求物业公司把所有资产和年度运作费用向业主公开；第二，公布物业服务标准，按照此标准明确物业公司提供哪些服务；第三，给个整改期限，如果业主满意了物业公司就继续做，如果业主不满意，那就直接退出。物业公司对这几个要求全部答应了，我们后面的协调工作就好做了。
>
> ——与居委会成员谈仲秋访谈（日志20131029）

社区居委会虽不便代替业委会或物业公司决定什么，但在“三驾马车”中的协调和指导作用还是非常明显的。“协商与其说是一种对话或辩论的形式，不如说是一种共同的合作性活动。”① 居民和社区治理组织间若想协调行动、解决问题，而不想诉诸暴力或忍受妥协，那么就需要协商。在居委会的牵头下，嘉荷苑小区召开了三次物业公司、业委会及居民代表参加的协调会。协调会给各方提供了沟通意见的平台，保证了居民和

---

① 〔美〕詹姆斯·博曼：《公共协商：多元主义、复杂性与民主》，黄相怀译，北京，中央编译出版社，2006，第225页。

其他主体的知情权、参与权和决策权，及时化解了不同利益主体间的隔阂和矛盾，促成了问题的有效解决，最终物业公司按照业主的意见把服务标准公布上墙并遵照执行，业委会同意继续留用物业公司。可见，居委会在社区物业管理出现问题时扮演着联络者、协调者及组织者的角色，虽然居委会出面协调业主和物业间的矛盾多少带有组织的自利性，业委会和物业公司间的协商也是有条件有限度的协商，但毕竟为解决社区公共问题搭建了多主体参与的议事平台和规则。

（二）不谋而合

在管理较成熟的商品房小区，除了物业公司和业主间会产生矛盾外，居委会、物业、业委会也会面临一些共同的难题，比如近年来很突出的小区“停车难”问题。在这一问题上，“三驾马车”却能不太费力地达成共识，甚至有不谋而合的默契：只要彼此的做法不是太出格，能缓解小区停车难问题，大家都会“睁只眼闭只眼”。荷花街社区的安墩公寓和隔壁另一社区的运城公馆都毗邻运河，随着运河被开发及风光带的打造，两个小区间原本荒废的空地也被打造成了观景点。白天观景点供游人参观，晚上便临时开辟为停车场缓解小区停车难问题。这是一块荒废了五六年无人问津的空地，随着小区内私家车的增多，居民意外发现了这块空地的晚间停车价值，由此开始了两个小区为竞争空地归属权的“拉锯战”。各小区的居委会、物业公司、业主委员会空前团结一致，都参与其中抢夺空地归属权，最后在相关部门的协调下，两个小区各占一半停车位才勉强平息了争地风波。

其实，为了缓解停车难问题，安墩公寓的物业对小区停车位的划分已做过改动，由原来的纵向划位改为横向划位，增加了车位数的同时也缩小了小区公共空间，有的车辆甚至爬过路牙侵占小区公共绿地。

> 物业（公司）这样改是创收，一年一辆车的停车费是960元，车位竖改横可以多划不少车位，但也是解决实际问题。现在车位缺位很大，为了抢占车位居民打架的都有，为这个事我们也多次开过座谈会，大家也承认“这是幸福的烦恼”，十年前哪有这些矛盾啊！现在荷花街几乎每个小区都是靠改绿化增加停车位。但即使物业公司把小区绿化改光了恐怕也不够停，更何况没汽车的居民、买房时买了汽车库的居民不愿意改造绿化、缩小道路，这样纠纷就来了。
>
> ——与居委会于副主任访谈（日志20150809）

据笔者观察，在缓解停车难问题上“三驾马车”实际上达成了默契——联手防范有意见的居民。居民维权意识不断增强，维权方式也发生了变化，只要物业一动工改造绿化带，立刻就有居民给媒体打电话。把事件“问题化”是居民对付该类事件的常用策略，所谓“问题化”是指居民反映的问题尽管客观存在，却不意味着这些问题进入了解决日程，为了尽快和尽可能地解决问题，他们便尽其所能地强调问题的重要性和情况的紧迫性；如果相关部门知道问题却不重视，他们则会通过“搞大”来倒逼相关部门介入解决。“问题化”本质上是民众利用迅捷高效的大众媒体对相关部门采取的强制性议程设置，一般不会和业委会通气，也不向居委会申诉，而是越过两者直接打电话请媒体曝光，这便是居民常用的“问题化”策略。

> 我们居委会也劝物业，你们不能动就别动，一改车位居委会就跟着劳神。其实我们也管不了，物业公司是业委会聘用的，但物业公司经理又不是我们居委会任命的，按道理我们和他只能是合作关系，他又不是我们的下属，你把他惹火了、不干了，居委会又拽不回头，还真没得办法呢，我们只能平衡、协调。
>
> ——与居委会于副主任访谈（日志 20150809）

所谓“平衡、协调”是有诸多技巧的，哪些可以出面协调哪些不便出面，居委会是站在无车居民的立场维护公共空间和绿化，还是站在物业的立场支持扩车位给有车居民提供方便同时增加收入？两利相权取其重，居委会对物业公司有时甚至有点纵容。

> 前些时候物业趁居民不注意又改绿化带了，大白天人来人往的是不能动的，居民来来回回亲眼看到（挖树挪草）总觉得不舒服。物业就偷偷地夜里搞，早上（居民）起来少了几棵小树，大部分人不会注意到，即便有细心的人发现了最多说两句也就算了，毕竟大家赶着上班忙着家务，我们也说几句劝劝居民：“这个停车问题总要解决，总不能天天为停车干架，大家要面对现实。”
>
> ——与居委会于副主任访谈（日志 20150809）

尽管 A 市政府提出创建森林城市、生态城市的目标，对小区的绿化率有相应要求和标准，小区内的草坪树木不能随意改动，但这个要求是有缝隙可钻的，地方政府所指的绿化率是从空中航拍来计算的，也就是只要树冠树荫达到了指标，在树冠之下就有可操作空间。对于居委会来讲只要所谓的绿化率达到标准，不影响考核，不用自己去代管物业，就可以对物业公司改草坪扩车位的事保持沉默；对于业委会来讲，在居民停车难问题上他们也想积极作为解决问题，而不是眼见业主动辄为停车发生纷争却无能为力；而对于物业公司而言，不仅解决了停车难题，而且增加了收入。“三驾马车”在此问题上达成高度默契。

二、老旧小区的居委会主导

目前我国有大量建成于20世纪八九十年代的老旧小区，这些老旧小区要么规模小要么分散，不便于统一管理。因建成年代久远，基础设施配套不齐或老化严重，物业公司一般不愿接手，有的即使有物业公司接管，大多因效益低、管理效果不好等，一段时间后物业公司也多是撤离，这些老旧小区的居民生活质量因此受到较大影响。2008年以来，中共A市委、市政府把老旧小区环境综合整治列为为民办实事重点工程，陆续对全市老旧小区进行综合整治，并公开发文明确相关整治内容和标准。近年来，更是加大改造力度，每年基本完成约30个老旧小区的综合整治，年整治面积达100万平方米。老旧小区改造改善了居民的居住环境，但若老旧小区的治理水平跟不上小区硬件，基础设施提升带来的幸福感则会因为治理能力和治理水平落后而消退。因此，如何提升老旧小区的治理水平也是从中央到地方迫切关注的。

目前A市老旧小区有三种管理模式：物业管理模式、业主自治模式和社区代管模式。物业管理模式是由业主选聘物业服务企业并签订合同，进驻的物业服务企业根据合同约定，提供保安、保洁、绿化养护等服务并收取服务费。尽管A市各区采取了一些优惠措施，如属地街道和各区住建局对进驻的物业企业提供一年的补助资金，但因老旧小区基础设施配套不够或老化严重，加上小区业主花钱买服务的意识相对淡薄，所以物业公司一般不愿接手入驻。目前，A市只有少数老小区成功引入了物业公司进行服务。业主自治模式是由业主通过业委会组织进行自我治理的模式。虽然该模式相比物业管理模式更能按照小区居民的需求实施管理活动，能够提供针对性强的服务，但业主自治模式对业主尤其是业委会成员的专业知识水平、责任心、工作时间等要求较高。现实情况是，无论是属地街道办还是相关职能部门，对业委会的指导、培训都不够，目前的业委会还很难担起重任。A市老旧小区实行业委会自治的仅有四五个规模很小的小区。社区代管模式是由社区居委会作为管理主体，收取适当费用，用以小区内的基本保洁、安保和公共设施设备的维保。由于收费不高且在社区日常中居委会被居民视为政府部门，权威性远高于物业公司，小区居民对居委会代管的认同远高于引入专业化物业。目前，A市老旧小区物业服务主要以该模式为主，荷花街社区的荷花池小区、苏农一村就是两个实行社区代管模式的老小区。

（一）孱弱的业委会

荷花池小区是20世纪80年代的拆迁安置和商品房混合小区，苏农一村是Y大学的家属区，建成时间都较早，单位房改产权逐步私有化后并没有物业公司进驻管理。2011年，A市政府对两个老小区分别投入100万元、60万元进行了改造，按照相关规定政府实施改造的前提是小区内组织架构健全，改造前要实行包括居委会、基本物业、业委会在内的“三位一体”式管理，改造后小区必须实行封闭式管理。为了搭上老小区改造的“班车”，荷花池和苏农一村两个小区应上级要求先后成立了业委会。由此可见，这两个小区的业委会从开始成立就带有“被要求”的被动色彩。

> 业委会成立是要讲程序的，我们居委会先贴公告出去号召自愿报名，当然啦，自愿积极报名一般是不可能的，还需要居委会去做工作。也有极个别自愿的，比如苏农一村的张建秋（后来当选为小区业委会主任），他发自内心地想把小区弄好，是主动请缨的，但在筹备过程中，他发现工作不是那么好做的，很多居民不愿意配合，有点打退堂鼓，我们又做他的工作。
>
> ——与居委会于副主任访谈（日志20131009）

两个小区业委会成员的选择都有一条重要标准，即有党员的政治身份。对于民主推荐的对象，居委会通过查阅户籍登记信息了解其政治身份，符合这一首选标准后再进行动员，在荷花街及A市各小区95%的业委会成员都是党员。

> 我们荷花池小区的业委会副主任是谈主任（居委会自聘的协管员谈仲秋），她虽然已退休了，但目前还在我们社区（留用）。为什么荷花池小区业委会能成立？就因为有我们（居委会）的人在里面领导，再者业委会成员都是党员，党员身份在关键时候也是我们强调的，党员带头上，再说业委会从成立到运行大量具体的事情是要有人做的，要讲奉献。
>
> ——与居委会于副主任访谈（日志20131009）

像荷花街社区谈主任这样的居委会聘用人员兼管基本物业同时还兼着业委会的副主任，如此交叉复杂的关系并不多见，但荷花街居委会这么做也实属无奈，因为找不到合适的人选来担任。相比于对居委会的接受与认同态度，居民对业委会这一民间组织更多持犹疑和冷漠的态度，如果没有实实在在的维权事件发生，很多业主甚至都不知道有这样的组织存在。当然也有个别热心社区公共事务的业主想凭一腔热情加入业委会奉献，但在不拿薪水、全凭奉献，有时还有可能被误会被伤害的情况下，也会在家人或朋友的劝阻下作罢。苏农一村的业委会张主任，一开始也满怀为社区干事的美好愿望，但在实际工作中不断遇到各种超乎预料的困难，干事的激情明显减弱甚至萌生退意，其前后态度的变化其实是若干"草根领袖"的缩影。在遇到一些棘手的物业纠纷时，如公共绿化环境、小区停车位等，很多是一些旷日持久的拉锯战式矛盾，业委会成员常常有所谓的"两边（指业主和物业公司）都吃力不讨好"之感，最终疲于应对不堪其扰索性以辞职收场。在一定程度上，业委会成员的责任心弱化、协调沟通能力不强、管理经验缺乏等加剧了本就组织不严密的业委会进一步结构松散、力量孱弱的状况。

（二）居委会主导的基本物业

物业公司进驻小区必须有一定的资金投入才能运作起来，老小区在这方面无任何积累，如荷花池小区先期联系过的物业公司都要求有 30 万的启动资金才肯进驻，同时老小区居民多是拆迁安置或单位房改房，花钱买服务的市场化意识普遍缺乏，即便有公司进驻，日后物业费的收取也非常困难。

> 很多居民还有这种观念——小区是政府办的、政府包的，比如他认为下水道是政府包的，堵了你就要为我服务，而且是免费的服务，这是计划经济时代全能政府大包大揽的后遗症。市场经济后大家要逐步扭转这个观念，如果小区有物业公司，你交了物业费可以为你疏通，可老小区没有物业公司，居委会出面给你找人来疏通。我说嘴、我跑腿、我倒水、我提供服务，这是免费的也是应该的，但是疏通所需的耗材、工钱，居民必须认吧，我们做工作后同意给了，但不会主动给，有的人还有怨言。
>
> ——与居委会周主任访谈（日志 20131009）

2010 年 9 月，荷花池小区业委会成立。社区居委会和荷花池小区业委会商量后，决定从居民私家车停车费中提取一部分作为小区的基本物业管理费。2011 年 2 月，居委会就未雨绸缪，在小区内划停车位，但划位后并没有立即收费，私家车主又免费使用了约半年时间；6 月，小区四个进出口装上了道闸，请来 A 市最有名的安保公司代为培训安保人员；7 月 18 日，小区正式实行全封闭管理。

> 业委会成员都是小区的积极分子，包括有名望有影响力的人，花钱买服务还要靠他们业委会的人来宣传做工作。我们收停车费之前先造舆论，让居民也有个心理接受的过程。
>
> ——与居委会于副主任访谈（日志 20111209）

荷花池小区对业主公布的停车费是 80 元/月，但实际收取过程中收费标准会因为车主和居委会的熟悉程度、车主的配合程度等而呈现较大弹性，出现 10 元/月、20 元/月、40 元/月的情况。用周主任的话说，“能收几个是几个，总比一文收不到的好，（收费）能灵活机动就要灵活机动”。收取的停车费支付了 7 名保安和 2 名保洁人员的工资。当然，社区居委会还要再出去募集一部分资金，多渠道合力保障小区基本物业运行。基本物业的账目平时由业委会监督，年终时向业主大会公布收支情况，常设的监督机制是街道办的财务监督。

老小区基础设施相对薄弱，如果管理不到位极易聚集成新的“贫民窟”，地方政府也开始意识到这一点，把开展基本物业作为老小区改造的必备条件，且基本物业搞好可获得政府每平方米 0.15 元的补贴，但此项补贴一是数量有限，二是在发放过程中经常遭房管部门的截留或拖欠，所以荷花池小区更多还是把注意力放在收取业主物业费上。

> 哪怕每平方米收一毛钱物业费，也可以一定程度缓解基本物业运营的压力，这个需要居委会和业委会做更多的宣传动员和解释工作。有难度，但硬着头皮也要做，这个是稳定的经费保证。
>
> ——与居委会谈仲秋访谈（日志 20111209）

在荷花街基本物业运转过程中，居委会起到了绝对的主导作用。业委会因为成立的时间较短且主要成员都是业余兼职，在时间和精力的投入上大大受限。

> 如果只是成立一个（业委会）组织并不难，关键是这个组织能否发挥作用，帮我们分担压力，这就要靠居委会来凝聚和调动了。有一定社会名望的业委会成员，我们都鼓动他们帮我们找资源，不一定要他做具体事，主要是用他的人脉。业委会和居委会的工作不是单独的，不好界定那么清，是共同协调。
>
> ——与居委会于副主任访谈（日志 20111209）

在老小区“三位一体”管理模式中真正起作用的还是居委会，居委会是基本物业的管理者和执行者，它不仅是个常设机构，更关键的是每天面对业主的需求，居委会发挥了不可替代的作用。比如，荷花池小区划定车位后，交过停车费的车主凭社区发放的出入证进出停车，一些未交费无出入证的业主也想免费停车，因此经常和保安发生冲突，甚至把车停在小区门口堵塞交通，最终都需要居委会出面处理协调此类纠纷，频频出面处理邻里琐事让居民觉得居委会始终“在场”。

> 在物业费收取过程中，我们发现了一个普遍现象也是我们不能理解的现象，一些知识层次和收入水平较高的体制内居民缴纳物业费不够积极，相反，一些普通业主更配合，难缠的都是教师、医生甚至公务员。当然，我们也采取了措施，逢到这些难说话的，你也别奢望他能为社区做点啥，更不要说拉点资源过来了。我们几个老街区的做法是，业委会先上门收取，给物业费就走人，如果多次收不到我们直接打电话或者去函告知欠费业主所在单位，一般情况下效果还是不错的，毕竟这些人也是有头有脸的，都要个脸面呢。但我们也百思不得其解，论经济条件吧，这些人也不差这几个钱，论知识层次吧，也挺高的，为什么觉悟不高呢？
>
> ——与居委会周主任访谈（日志 20131009）

按照人们的认知常识，公职人员、知识分子等受教育程度高的中产阶层，应该更知书达理、关心公共事务，理应积极配合物业费缴纳工作，然而在全国多个小区出现相反的情况。[①] 究其原因，可能和部分居民公共精神与维权意识并未同步增长有关，质言之，社会法制的健全和个人受教育程度的提升并未带来个体维权意识与公共精神的同步增长。这也间接说明

① 王栋：《从有效到长效：居民物业自主治理发展的逻辑转换》，《兰州学刊》2019 年第 3 期。

社区治理与服务对象的复杂性。全国各地的实践表明，“三驾马车”之间尤其是物业公司和业委会之间出现冲突纠纷，很大程度上是居民对民主和自治的不习惯或不适应所致。当物业公司和业委会出现矛盾时，居民在缺乏参与热情和时间的情况下，偏好把自己的信任和权利一并出让给已有的权威，把难题丢给持有政府权威光环的居委会。从这一逻辑起点出发，小区的自我管理精神初始就发育不良，业主自治从一开始就留下了“他治”的印记，居委会也因此有承担更多工作任务的可能和“不谋而合”“睁只眼闭只眼”直至“转移压力”的动机。

第三节 和社区志愿组织间的运行逻辑：从“吸纳—嵌入”到“互赖—竞争”

党的十七大、十八大、十九大报告多次提出，要完善社会志愿服务体系，发挥基层各类组织的协同作用，实现政府管理和基层民主有机结合。发展社区志愿组织是下移城市社会治理重心、不断优化社区治理结构的重要手段，也是培育和实现基层民主的必然选择。鉴于居委会在社区治理体系中“行政化”的事实，本节关注居委会和社区志愿组织的互动情况：互动过程中居委会是以自治组织，还是以行政组织的身份出现？其内在的运行逻辑是什么？随着社会的发展和顶层设计关于社会组织的政策供给力度加大，两者间的运行逻辑是否发生了变化？

一、居委会对社区志愿组织的行政吸纳

社区居民通常将筹建社区志愿组织的工作看作居委会的任务，而非居民个体的自愿行为，居民对居委会的这种依赖，很大程度上是单位制下职工对单位依赖的社区延续。[①] 有学者认为，单位制到社区制转变的一个重要表现就是从原来的“有事找单位”变成了现在的“有事找社区”。[②] 在这个意义上，社区居委会和单位都是作为政府权威的代表在基层社会与个体产生联系。所不同的是，单位体制下由于国家和单位控制了绝大部分的稀缺资源与结构性空间，个体没有资源也没有建立社会志愿组织的需求；在社区体制下原有的组织纽带逐渐消失，社会有了自由流动资源与自由活

---

① 郑琦：《论公民共同体：共同体生成与政府培育作用研究》，北京，中国社会出版社，2010，第 65 页。

② 王小章：《何谓社区与社区何为》，《浙江学刊》2002 年第 2 期。

动空间，人们有了自由结社的可能性；① 同时，单位共同体解体后，新的共同体迟迟没有出现，加上基层社会管理不到位所产生的不良效应，不仅带来了社会破坏性还挑战了政府的权威，构建新的社会共同体对于基层社会与社会治理来说较为迫切。

路径依赖理论强调制度都具有自我强化机制，一旦出现便会产生一条特定的路径。中国社会从国家共同体到单位共同体，一直缺乏结社的传统，随着政府体制改革和单位制逐步解体，个体对政府、单位的依赖心理并未完全消除，自下而上结社的意愿并不强烈。社会主导模式在中国城市社区的困境以及政府主导下社区建设的大范围快速推进，表明城市社区共同体对政府主导路径的依赖。换言之，中国社区共同体的生成很难复制西方自下而上的社会主导路径，对政府和单位的依赖虽然是历史问题，但却影响着当下及以后社区共同体生成路径的选择，导致在个体权利日渐增长、社会资源快速流动、社会空间日益开放的城市社区，共同体的生成仍然遵循政府主导的路径。②

2010 年，A 市在市文明办增设了志愿者工作处，一些支持性文件逐步出台，包括《A 市注册志愿者管理办法》《A 市志愿服务组织管理办法》《关于在全市基层党组织和党员中实行“统一活动日”制度的意见》，中共 A 市委办、市府办联合出台《A 市志愿者礼遇嘉许管理办法》等，在国家志愿服务法规不健全时期这些地方指导性文件的颁布一定程度上弥补了政策领域的空白，为地方志愿服务和志愿组织提供了政策支撑。2010 年，A 市文明办、团市委、市民政局联合下发《关于推进 A 市社区志愿服务制度化的实施意见》，2012 年，中共 A 市委组织部颁发《关于组织机关在职党员到社区报到为群众服务的实施意见》等针对性的地方政策，鼓励各社区根据自身需求，成立各类群众性、互助性、公益性的社区社会组织，并加大政策扶持力度。

（一）行政参与，花香四溢

在地方政策的支持下 H 街道涌现出大批志愿服务团队，其中“好嫂嫂调解队”、“365”志愿服务队、“社区居民观察团”等成为全市叫得响的社区志愿服务品牌。2011 年 A 市创建全国文明城市，在迎检目标任务的推动下，维持城市秩序的志愿服务量大增，志愿者队伍建设随即作为一项自上而下的政治任务在全市启动。各街道办根据市文明办的意见设立志愿

① 孙立平：《转型与断裂——改革以来中国社会结构的变迁》，北京，清华大学出版社，2004，第 115 页。

② 郑琦、乔昆：《论社区共同体生成的政府培育主导路径》，《北京社会科学》2010 年第 6 期。

服务指导中心，辐射辖区内的社区及相关单位志愿服务点。H 街道党工委积极响应号召并将该活动作为党建工作的载体，在下辖的 11 个社区推动“党员志愿者责任岗”活动，以社区为单位设置了政策宣传岗、科普岗、平安巡防岗、绿化养护岗、民事调解岗、敬老助残岗、维权服务岗等 16 个岗位，要求各社区党支部和居委会坚持公开、平等、竞争、择优的原则，采取党员群众自愿申报与民主推荐相结合的方式组织志愿者上岗。

1.“七色花”初育花蕾

2011 年前荷花街社区虽然也有志愿者，但基本都是为了完成上级的考核任务由居委会动员造册的，志愿者队伍缺乏实质性的活动开展。城市创建活动带来全市志愿活动的大比拼大发展，仅 H 街道办注册志愿服务队就达 100 余支，注册志愿者 1 万多人，这给荷花街居委会带来较大压力，居委会欲借创建之势打造一支能“叫得响拿得出”的品牌队伍。

“七色花”源自苏联著名作家卡达耶夫的童话故事，故事中的主人公珍妮意外得到了一朵神奇的“七色花”，它有七片不同颜色的花瓣，扯下一片花瓣就能实现一个愿望，珍妮用其中的六片满足了自己的愿望却并没有觉得快乐，于是她用仅剩的最后一片花瓣帮别人实现了愿望，从中收获了真正的快乐。“帮助别人，快乐自己”是“七色花”的意蕴所在，也是荷花街社区“七色花”义工队取此名的寓意。居委会请专业人士为其量身定制了标识——七片不同色彩形如爱心汇聚的花瓣组成“七色花”，七种色彩的花瓣分别对应七个小分队，红色代表亲情关爱分队，橙色代表便民服务分队，金色代表帮贫助困分队，绿色代表环保宣传分队，青色代表医疗问询分队，蓝色代表平安巡防分队，紫色代表文明宣传分队。

经过广泛动员，荷花街社区“七色花”义工队选在“学雷锋纪念日”前一天成立，首批成员主要是社区党员、离退休人员、驻区单位的党员，居委会考察推荐了身体健康、善于沟通的社区积极分子作为各志愿分队队长，以确保各分队能配合居委会完成创建任务。成立仪式由社区党总支书记主持，社区共建单位、街道办及驻区单位相关领导均应邀出席，街道办领导在仪式上一再强调街、居两级组织在义工队发展中的领导和管理责任。

我们国家的自治组织需要政府的引导，老百姓参与意识有待激发，居委会工作的重要内容就是要把上面的意思巧妙地转变为老百姓的意思。计划经济时代政府全部包揽，现在形势发生变化了，很多事情政府也包不了了，需要群众自己来组织，但群众又缺少自组织的意识，所以只能靠政府去引导。要成立一个组织离不开政府，毕竟和外国不一样，组织生成土壤不同。政府能够提供政策、资金各种扶持，各种组织靠上政府才能发展、才好发展，你说哪个组织不希望有政府的支持呢？

——与居委会周主任访谈（日志20130923）

2.“七色花”蓄势待放

“七色花”义工队很自然地接受了街道办和居委会的管理、监督，H街道党工委制定了《志愿服务管理办法》对社区志愿活动进行规范和激励，街道办还通过组织志愿者认岗动员大会，开展“共创美好家园”“党团员奉献日”等活动。荷花街居委会在此氛围下进一步在社区广泛动员，鼓励居民参与“七色花”开展的社区服务工作，并安排了社区马副主任具体负责“七色花”的日常工作。“七色花”自诞生之日就拥有官方认证的合法身份，在居委会“有什么需要就向居委会求助，居委会帮助协调”的承诺下，虽然社区办公用房紧张，但为了鼓励“七色花”开展活动，居委会出面整合资源建立了“志愿者之家”，并腾出一间专门的活动室供其使用；在经费方面，虽没为其设立专项活动经费，但居委会一般会通过社区活动经费、惠民资金和社区党建经费等渠道给“七色花”解决所需的各类费用。

3.“七色花”一枝独秀

各小区因为有“七色花”开展服务而增添了不少人气和生机。一段时间后，居委会开始考虑义工队要开展一些持续的特色活动，经过和义工队成员商议，决定在扶贫帮困和小区治安服务方面打造特色。

居委会把我们召集去，说七支小分队不能平均发力。一是，上级给的活动经费不允许全面开花，资源分散做不出名堂；二是，像文明宣传、环保宣传，现在各个社区都在做，还有专业的社会组织也在做，医疗问询也只能是简单地给居民测测血压，老百姓有病都去正规的医院，他不会信任义工队医疗服务能给他提供实质性的帮助。所以，这么一议，大家觉得要集中精力和资源来做事。当时有队员提议小区里困难户不少，要给予帮扶，还有一个现实情况是我们小区靠近大超市，每天人流量特别大，治安方面要加强。所以，最后达成一致：在平安巡防和帮贫济困上做文章。

——与“七色花”义工队丁队长访谈（日志20131016）

2012年12月中旬，居委会联合义工队启动“爱心储蓄罐发放暨春风基金”仪式，倡议居民每天节约一元钱积极参与爱心募捐，居委会出面邀请了区文明办、街道办领导，爱心居民代表以及相关媒体参加了活动，准备的60个爱心储蓄罐被现场居民认领一空。

> 我们义工队成立也好、搞活动也好，为什么喊街道办和文明办的领导来（参加）？一是让上面知道我们在积极响应做事，二是通过官方认证，希望上面能给些支持。
>
> ——与社区居委会周主任访谈（日志20130923）

“爱心储蓄罐”的发放和“春风基金”的启动为驻区单位和居民搭建了奉献爱心的平台，仅居民捐献每年可募得约3万元，加上驻区单位的捐款，基本实现了对特困居民的持续性帮助，在社区营造了助弱帮困的良好氛围。除此之外，居委会在“七色花”平安巡防志愿服务方面也做了协调工作，每天派出4人分两组分时段巡逻小区，每组每次半小时，确保日间平安巡逻无时间盲点，居民普遍觉得和以前相比社区环境发生了较大变化。

> 我们这些队员尽管年龄有点大，但有时间和丰富的经验，老人们去做志愿服务更容易得到大家认可。我们没有执法权，只能用劝导的方式，大家对老年人的劝导行为还是比较尊重的。
>
> ——与平安巡防小分队志愿者吴先生访谈（日志20131016）

> 巡逻的人看到不文明行为，像乱倒垃圾、乱停车都会上前制止，效果还蛮明显的，大家都自觉多了。人家不拿一分钱为大家服务，哪好意思再有不文明行为呢。有时他们巡防时看到形迹可疑的陌生人就会紧盯人家，负责得很，这个就是我们传统的“人防”。
>
> ——与社区居民周女士访谈（日志20131016）

> 有一次我停下电动车忘记上锁了，他们巡逻时发现了，挨家挨户按门铃去问，找到我时两位老同志跑得大汗直淌，真蛮感动的。
>
> ——与社区居民卜先生访谈（日志20131016）

政府从社会领域退出会促进社会力量自我联合，面对现实，当居民没有结社的意愿而宁愿将这一权力交由政府及其派出机构，并且政府掌控了大部分社会资源时，一味地寄希望于社会的自我发展，强调“政社分开”，让政府从社区中走开，也许并不符合中国社会组织发育的实际，政府培育和社区自治可以在同一个空间里共生共长。初始阶段，政府的培育、推进对社区自治组织的形成具有重要作用，基于既有社区中的行政体系和党组织系统的推动，街道将相应的权力让渡给社区自治组织，在资源上保障志愿组织的生存和发展，这也是荷花街“七色花”义工队初期获得发展的关键。

（二）过度依赖，芳华渐去

随着街道办和社区涌现的志愿队伍越来越多，在最初的好奇与热情减弱后，官方统计的志愿者人数虽有增多，但有效参与志愿服务的居民人数却在减少。而且，与志愿服务相配套的地方法规并不完善，多为倡导性、原则性、鼓励性的规定，缺少明细化、指导性强的保护扶持政策。比如，在经费方面，每年A市政府拨款给市志愿者协会大约100万元，而全市有3000多个志愿者组织，这笔经费只能勉强维持协会自身运作和大型志愿项目的开展。

> 刚开始组建这些（志愿者）队伍的时候，效果其实是很不错的，可是慢慢地发现，在我们这登记注册的志愿者有几千人，但当需要志愿者参加服务活动时，发现大多数队伍根本不能使用，协会又没有办法对其进行约束，出现了平时会员多急需用时又找不到人的尴尬。
>
> ——与H街道志愿者协会负责人访谈（日志20131027）

经费的紧缺和志愿者热情的减退导致许多由行政力量推动建立的志愿组织缺乏持续发展的动力，社区志愿组织开展的活动半数以上都是专业性不强、技术门槛不高的服务，如环境清洁、文明交通劝导等，“七色花”义工队也不例外。

1. 行政主导“七色花”活动

志愿组织在社区服务的角色扮演具有仪式化特征，志愿组织的多数社区行动都是由街道办和居委会安排，通过各类“宣传月”“服务周”“学习日”以及重阳节等特定时期，组织志愿队伍开展服务、爱心帮扶等“惯例”活动，这些活动通常具有仪式化表演的色彩。阶段性的文明城市创建活动告一段落后，“七色花”义工队的服务活动逐渐稀疏，基本一个月甚至一个季度在社区广场搞次活动刷刷存在感，参加服务的成员不断减少。参与者对此类服务的认识也只是停留在“学雷锋，做好事”层面，甚至有人认为是在为政府和领导义务加班、攒政绩。

> 书记、主任群众基础扎实，那愿意配合的人就多，有什么事吆喝一声大家就当是帮忙。你说居民平时自发搞个环境打扫，这个是可能的，一次两次也是可以的，但时间久了肯定没动力了，居民平时也都忙。不说别的，你看一到重阳节都去给老人服务了，平时怎么就没积极性呢？还是居委会在调动和推动！不搞又不行，不然社区活动、社区服务怎么体现呢？不瞒你说，最怕上面搞什么“宣传月”“服务周”“学习日”的，都要我们弄志愿者活动，一般我们就先去叫党员，党员不够就找平时熟悉的来凑数。叫来叫去，居民发现老是那群人。我们也没办法。
>
> ——与居委会周主任访谈（日志 20130923）

笔者在很多社区发现，越是社会地位高或经济状况好的居民，参与志愿活动越少。有多位接受笔者访谈的居民表示，自己本身是党员，但当居委会工作人员来询问时，有时会隐藏自己的党员身份，因为居委会常会抓住党员身份要求参与志愿活动，而他们对通过参与志愿活动获得的一些物质或精神奖励兴趣不浓，甚至因对居委会工作人员的服务水平、组织能力和活动效果持有更高预期而对社区各类低质态的志愿活动不屑一顾。

> 义工队开展活动主要围绕两方面：一是街道办布置突击性任务给我们，这也是我们志愿活动的主要方面，如为了迎接文明城市创建等检查开展活动；二是上面布置的常规性志愿服务，部分也是按照街道办的要求开展的，像每年中小学开学时我们在辖区学校门口开展文明劝导和护绿活动。按照自己的情况组织志愿服务，除了每年发放“福罐”和小区平安巡防，大概也没什么了。这两个坚持下来的也都靠居委会在推动，要是他们不推动不想办法，估计早就“黄”了。义工队开会啊，弄个活动啊，居委会人都会来参加，时间长了大家也不想操这个心，索性他们（居委会）想怎么弄我们就配合吧，活动确实没什么自主性，不过那也没办法，我们的经费是从社区来的。
>
> ——与“七色花”义工队丁队长访谈（日志 20131016）

从对街道志愿者协会负责人、居委会负责人、义工队负责人的访谈中可以看出，社区志愿组织的行政化非某一主体所致，而是多个相关利益主体共同推动的结果。

2.“七色花”渐失给养

志愿服务活动渐疏的原因，无外乎经费和场地的困难。随着地方政府对志愿组织管理规范化文件的出台，一方面，申请拨款条件更严苛、手续更繁杂，义工队每次申请都会涉及多个部门，流程多、时间久、拨款下达周期长，当下需求无法及时满足；另一方面，对于社区志愿组织来说，存在身份合法化的问题，经过注册备案的组织在各类资源申请方面容易获得支持和通过，而资质不健全特别是具有公益性质的组织，在经费方面只能靠政府的公益购买或通过自身创投来解决。经费不足直接影响社区志愿组织的活力和服务质量，甚至因此出现生存困难、组织难以为继的情形。

> 志愿组织的资金主要是上面拨给社区的惠民资金，这个资金的数额不多但申请的程序却很麻烦，有时活动都举办过了，资金才申请到。现在社区各类组织也多起来了，僧多粥少，单靠上面（政府）和社区支持，不可能每个队伍都能一直照顾到。没有钱，活动就难搞了，上面要求搞又不给钱，下面拿什么搞呢？
>
> ——与居委会马副主任访谈（日志20161108）

> 一是缺场地，二是缺经费。“志愿者之家”那一点大的地方，有点规模的活动都没法搞，现在（志愿者）队伍多了，很多活动都要等居委会协调好场地才能开展，有的（活动）就在等待中等没了，居民对义工队的信任也没了，不要说居民不愿参加，我们自己也不想搞了。看到小区里行动不便的居民外出理发很不方便，我们有两个会理发的队员就搞上门服务，人家一家子都感动得不得了。但是理发是个技术活，工具都是志愿者自己的，一套好多钱，坏了怎么办？就算不坏用久了也有损耗吧，消毒也是个问题，这些都要钱。所以，服务了几次，也没能力搞下去了。
>
> ——与“七色花”义工队丁队长访谈（日志20161213）

3.组织松散，缺乏动力

“七色花”初建立时只是按照街道党工委制订的《志愿服务管理办法》在运转，组织自身缺乏明确的制度约束，尤其在成员管理方面，常常是居委会布置任务便将成员召集起来，没活动时基本处于失联状态，即便是平安巡逻队，也是凭居委会人员和几个骨干分子的私交在维持日常运转。

一开始大家参加活动是响应居委会的号召，说上面有要求要建（义工）队伍。多数退休人员参加是给居委会面子，反正退休了在家也没事，就当出来散散心、透透气的；也有的是单位动员党员要带头配合创建工作；少数人是想发挥余热，为社区做点事。开始时大家参加活动也挺积极的，慢慢地不是张三家有事，就是李四单位有事走不开，后来缺席活动索性连理由也懒得编了。志愿活动本来就是自愿参加，也不能强迫，再说义工队也起不到约束作用，就觉得（成员）都是在奉献，哪能再提什么要求呢？

——与“七色花”义工队丁队长访谈（日志 20161213）

义工队早期是有考虑过立章建制的，但有人认为这就是个形式，实际上可能也不管用，后面就没下文了。加入进来也没啥归属感，有活动就参加，没活动就不闻不问。而且居委会注重的就几个“老脸色”，感觉我们参不参与也无所谓，资金使用、人员安排我们也不清楚，感觉大家来参加活动就行，管那么多别人反而不高兴，慢慢也就不关心这些了。

——与“七色花”义工队队员老邓访谈（日志 20161213）

4. 活动流于形式，花颜折损

社区志愿组织的活动若是缺乏特色和创新，在居民中的影响力必然下降，很难吸引居民追随的目光，也难以保证组织内部成员的稳定性。志愿组织影响力的扩大不仅需要街居组织的动员、媒体的宣传，更需要有丰富的服务内容能满足居民需求，而不是流于形式仅满足街居管理者“规定动作”的完成。荷花街很多居民认为，“七色花”义工队的服务越来越有“作秀”成分，甚至认为它的存在就是为了给相关部门“贴金”。

义工队搞的活动就那几种，也没啥吸引力，其他（志愿）组织也是一样，无非就是平时唱唱歌跳跳舞，上面有人来（检查）捡捡垃圾搞个卫生，各种节日应个景，活动没多大新意，有时他们搞得挺形式主义的，感觉都有点妨碍大家生活。上半年不知道什么领导来检查，说不让乱停自行车，楼道里都不让停了，要停在指定的地方，还要横平竖直，这不是妨碍大家的正常生活嘛。

——与居民谈先生访谈（日志 20161213）

> 有些事不好说，看起来是为大家服务，但居民没得到实惠，那它就叫“自说自话”“自娱自乐”，还浪费资源。
>
> ——与居民范先生访谈（日志 20161213）

2015 年 10 月，中央宣传部、中央文明办、民政部、环保部、全国妇联、中国残联、《人民日报》等部门和单位，联合在全国组织开展推选 100 个最美志愿者、100 个最佳志愿服务项目、100 个最佳志愿服务组织、100 个最美志愿服务社区等志愿服务“四个 100”先进典型活动，活动先由各地组织推荐。为配合此次活动 A 市文明办和民政局联合下发通知，在全市开展推选 10 个最美志愿者、10 个最佳志愿服务项目、10 个最佳志愿服务组织、10 个最美志愿服务社区的“四个 10”先进典型活动，活动通过集中展示、群众投票、专家评审、网上公示等环节产生候选名单，H 街道办指定“七色花”义工队报名参选最佳志愿服务组织。

> 上面要求了，只好“打肿脸充胖子”，不具备条件创造条件也要参加。其实我们做材料时就很痛苦，因为“七色花”虽然成立了，但确实并没有多少自己的特色动作，都是配合创建活动的规定动作。
>
> ——与居委会马副主任访谈（日志 20161108）

在居委会的材料包装和街道办的保驾护航下，“七色花”进入答辩和专家评审环节，义工队丁队长代表“七色花”和街道党工委韩书记参加了市里组织的答辩。

> 这个评审环节是从入围的 15 支队伍里选拔 10 支队伍，专家可真不好糊弄，人家见多识广，看了我们的材料后就提了很多尖锐的问题。我当时浑身是汗，有些东西不是你编就能编出来的，真有越编越弄巧成拙的感觉，后来一个专家总结陈词，我觉得就是在不点名地批评我们仅有花架子，没做多少实事。
>
> ——与“七色花”义工队丁队长访谈（日志 20161213）

“七色花”在参选的 15 个志愿服务组织中以倒数第一的成绩被淘汰出局，无缘全市最佳志愿服务组织。此次 H 街道办在四个赛道都没有收获，而不少兄弟街道办斩获了两个甚至三个项目。“四个 10”先进典型活动结束后，街道办召集各居委会和志愿组织负责人开了紧急会议，韩书记在会上检讨了街道办相关组织工作的失责，同时给各社区加压，要把失去的荣誉夺回来。

> 没拿到任何先进项目，说不介意肯定是不可能的，但这次评比也给我们很大触动，出去一看才知道其他街道在这方面的投入很大，不光是投钱，还有引智和外面社会组织、高校的各种专业化合作。当时坐在现场，看兄弟街道斩获几个项目，确实有点挂不住面子，后面我们也要想办法把缺课尽快补起来。
>
> ——与街道党工委韩书记访谈（日志 20161022）

> 私下里街道办领导还是批评了我们的，上面花了这么多钱支持社区建志愿者（队伍），不出活不出亮点不行啊！我们压力也大，但说实话居委会层面的各种资源都有限，出去引才引智，人家也不太信任我们，居委会是个啥名分呢，还是要政府出面。
>
> ——与居委会马副主任访谈（日志 20161108）

一般说来，从创建方式方面可以把社区志愿组织划分为“政府组织建立”“政府倡导、社区居民创建”“社区居民独立创建”三种类型，即行政主导型、混合型和自治型。“七色花”义工队属于政府倡导、社区居民创建的混合型志愿组织，其发展是街道办和居委会策略性介入的结果，体现了政府对社会组织全方位的培育与支持，同时它的萎缩与凋零也表明行政力量对社会力量的过度吸纳会妨碍社会力量的发展壮大。

二、居委会对社区志愿组织的选择性嵌入

除了“七色花”义工队这类行政化较强的志愿组织，荷花街社区还有不少自发松散型的草根群体，居委会也会将他们作为文明城市创建、社区文化发展等的重要载体。这类组织的参与者们可能因退休无事或兴趣爱好，自发发起某项文体运动并成为该运动的骨干和招募人，一些旁观的邻居渐次加入后逐步成了稳定的参与者。这类草根群体的结构相对简单，没有正式组织且成员的流动性较强，当然也有一些组织的发展逐步达到一定规模和影响力。[①] 荷花街社区空竹队就属于该类居民自行创建的草根组织，在其后的发展中虽以自治形式管理组织，但积极参与居委会组织的活

① 汤艳文、刘春荣：《找回草根：上海居委会自治家园研究》，上海，上海人民出版社，2019，第 140 页。

动，高度配合居委会日常管理，特别是在组织发展面临困境时还借力居委会化解了矛盾。组织慢慢有了明确分工，与居委会有经常性的财务往来，甚至出现了固定的章程，最后在政府部门获得注册认可。

（一）居委会出面组局

荷花街嘉荷苑小区居民李文珊在外省的女儿家帮忙带孩子，参加了当地的空竹队，练习后觉得获益颇多，和她一起锻炼的邻居甚至治好了多年的颈椎腰椎病。

> 从女儿家回来后，首先是我自己想继续锻炼，最好能有个锻炼氛围，另外也是想让大家从中受益。平时与邻居闲聊时好几个人都说过颈椎腰椎不太好，这些慢性病（折）磨人，生活质量受影响呢。这个事情要组织好必须居委会出面，时间啊场地啊，后来我就和周主任说了，凭良心说，周主任对这个事真蛮支持的，热心得不得了。
>
> ——与荷花街居民李文珊访谈（日志 20130916）

A 市当时还没有社区组建空竹队，这个想法对于喜欢创新的周主任来说很有吸引力，她很快在小区里协调好了运动场地并草拟了倡议书，以居委会的名义号召居民参加。在居委会的协调下，荷花街空竹队成立并推举李文珊为副队长，另一位积极分子为队长，起初的参与者仅是为数不多的社区文体积极分子，为了提高居民参与率，居委会挨家挨户上门宣传动员。

> 还是居委会干部会做思想工作，看到退休的就宣传，“我们社区有空竹队了，你来参加玩玩吧”，“多好的锻炼机会啊，大家在一起还能聊聊天，省得整天打麻将，打得不好还输钱怄气”，“某某人玩空竹颈椎腰椎病都好了，反正又不收钱，来玩玩吧”……你看他们多会说话啊！
>
> ——与荷花街居民李文珊访谈（日志 20130916）

在社区的几次大型活动中，居委会均为空竹队提供了展示机会，队伍很快壮大起来，居委会又出面请了 Y 大学体育学院的一位教练定期来进行业务指导。一年后，空竹队成了荷花街社区的品牌之一，经常作为种子选手参加各种表演和比赛，为社区和街道办赢得了荣誉，居委会对空竹队给予外出演出时的车旅费、伙食费和演出服装费等资金支持。

空竹队成立几年了只有一套衣服，又经常代表社区出去演出、比赛，他们向居委会提出添置服装的想法，但居委会也没有这笔资金，我们向街道申请了几次也没下文。说实话，向街道“伸手”的队伍太多了，街道也应付不了。最后，还是周主任利用她的关系带着李队长她们去辖区的单位“化缘”了一套。

——与居委会马副主任访谈（日志 20131024）

在居委会的支持与帮助下，空竹队从最初的十来个人发展到五十多人。成立两年后空竹队的人数忽然大幅减少，居民参与积极性似乎不高了，小区里还一度出现两支空竹队对峙的局面，原来是部分老队员自立门户组织了新队伍，因为场地问题两支队伍经常发生不愉快。由于缺少足够的利益约束，在社区志愿组织发展过程中出现意见不合时，成员一般选择用脚投票，而不是在组织框架内寻求解决问题的办法。

（二）居委会介入协调

居委会得知后召集两支队伍了解“分裂”原因并介入协调，起因是空竹队队长个性较强，有时甚至固执己见，不太尊重几名骨干分子；再者，空竹队请来的教练性格有些内向，传授技艺时不能清楚地表达意思，有队员认为没必要请教练。上述两个原因直接导致了空竹队成员龃龉不合，凝聚力减弱。

“分裂事件”使居委会和队员们意识到队伍内部能力建设的重要性，内部建设搞不好会直接导致这项健身运动的萎缩，也会影响大家的心情。在居委会的协调下重新推举 S 医院人事科退休的王长林为队长，并和队员达成以下约定：一是重新找教练，二是建立会费制度，三是营造良好的团队氛围。

王长林因长期在单位做人事工作擅于人际沟通，在队里一直人缘很好，当了队长后更注意与队员的交流联系，锻炼之余拉拉家常、关心关心大家的身体情况。碰到队员及家人身体有恙，他会利用在 S 医院的人脉帮忙找专家，有时还主动陪同队员去看病、联络其他队友去探视，生病的队友家里人手不够时，还会主动搭把手帮忙照料。他的热心感染、凝聚了队友，空竹队很快成了队友们沟通交流、相互关心的组织。

我家孩子都在外地，我们是空巢老人，参加空竹队不单是锻炼身体，更重要的是有个说说笑笑的地方，大家可以拉拉家常，有啥事也能帮着出出主意，就像家里人一样。

——与居民张师傅访谈（日志 20131012）

随着其他社区空竹队渐次成立，技能交流活动也日渐增多。原来外出交流主要是依赖居委会赞助，但社区并没有专项资金，一般赞助很少且不固定；请教练指导虽是免费，但也透支了居委会成员的熟人资源。为解决空竹队的资金困难，也是为了队伍的可持续发展，王长林与队友商量决定实行会费制度，建立一个长效固定的资金来源。

> 说实话一开始让大家交钱都不习惯，觉得参加活动是对社区工作的支持，哪有自掏腰包的道理。后来，居委会和我们骨干分子就研究讨论，向大家解释设会费制度的必要性。比如，人家教练指导我们也挺辛苦的，答谢一下也是人之常情，如果有钱就可以给教练买点小礼物表达我们的心意；大家交点会费，以后出去交流什么的，也可以支付些交通费、买个盒饭，还是大家享用。大家觉得也有道理，出来锻炼不就图个乐嘛，就同意交了。但考虑到大部分队员退休收入也有限，我们商量后就提出每个月交20块钱，意思意思。这年头20块钱能干啥呢，也就男同志一包烟，女同志两包小零食，所以大家都很积极地交了。
>
> ——与空竹队队长王长林访谈（日志20131012）

会费制的建立改变了空竹队在队员心目中的位置，大家觉得每个月交20元，虽不多但毕竟是自己交的，有了彼此平等的主人翁意识，原来的空竹队更多被视为“社区的空竹队”“骨干分子的空竹队”，现在慢慢变成了“我们自己的空竹队”。同时，大家觉得应该合理使用经费，要把钱用好就得有专人来管钱，空竹队的财务制度由此诞生，大家民主推举了两个人管账，定期向队员公开收支情况，至于如何使用会费则大家民主商议决定。空竹队逐渐形成了队员的共同利益，队员也慢慢适应了民主参与、自我管理。

荷花街社区“七色花”义工队和空竹队的成长表现出共同的特征：在我国公民社会发育不完全的情况下，志愿者组织的形成和发展需要依靠行政力量来推动。基层行政系统的资源供给、人力支持和组织网络，这些带有中国特色的运作方式，必然造就“七色花”等社区志愿组织是亲近居委会并辅助居委会进行管理的组织而非单纯的居民利益“代言人”。有着自发性质的空竹队只有被纳入国家的秩序建构过程，通过参与居委会组织的各种活动，配合居委会的日常工作，才能够获得居委会甚至基层政府的认可，并在居民中获得行政权威性资源的支持。[①] 所以，空竹队首先是在社

① 罗峰:《志愿组织与社区公共治理的形成》,《探索与争鸣》2005年第5期。

区取得了居委会的支持，获得了象征国家权威的地方性权威资源的支持后，在成员招募、活动开展等方面才进行得顺畅又快捷，才能在极短的时间内正常运转。即居民自发型的社区志愿组织一旦获得了居委会的承认与支持，也就预示着其具有了承担公共生活的合法性和主体资格。

（三）与部分志愿组织渐行渐远

在荷花街除了“七色花”义工队和空竹队外，较活跃的社区志愿组织还有“绿杨”剧社，这是由几位老年票友于2013年发起的组织，如果说居委会和“七色花”义工队更多表现为代理依附型关系，和空竹队体现为自主合作型关系，那么和“绿杨”剧社则表现出各行其是的形态。“绿杨”剧社虽然挂在社区居委会的名下，但与居委会基本没有沟通与合作，居委会在开展活动时也不会主动联系剧社，彼此基本“互不相干”。

> 组织活动主要靠票友中的一些企业家赞助，开展活动我们邀请社区参加，他们都没参加过，有时候嘴上答应了，但到了活动当天突然来电话说有事来不了了，感觉不太重视我们。剧社都是年纪比较大的，70岁以上居多，也不想受他们（居委会）的约束，配合这个活动那个活动的也不自由，就自己玩自己的了。倒是经常被其他地方的票友邀请去拉拉唱唱的，这可能就是墙内开花墙外香吧，我们觉得也挺好的。
>
> ——与“绿杨”剧社负责人老陆访谈（日志20161023）

“绿杨”剧社主要是受票友私人邀请开展活动，日常的活动场所一般是在小区附近开放公园的凉亭里，遇到雨雪天气就在附近一家票友私人茶楼里活动，由于和居委会联系较少，所以几乎很少主动在荷花街社区开展活动和服务居民。长此以往，剧社在需要居委会帮助的时候，居委会较少施以援手，而居委会开展活动需要剧社支持时，剧社一般也推脱居多，双方由此渐行渐远。

> 现在组织较多，我们日常工作又多又杂，真的没有时间参加所有组织的活动，我们也知道他们有抱怨，但真的是人手精力有限，说实话只能优先考虑“七色花”、空竹队这些一路跟随的。居委会和志愿组织也是相互的，你不积极参加我的活动，又怎么能要求我们重视你呢，对吧，咱们也要换位思考一下。
>
> ——与居委会马副主任访谈（日志20161028）

当然，不仅是和剧社成员的熟悉信任程度不够，“绿杨”剧社成员年龄较大，开展活动可能存在潜在风险，也是居委会顾虑的因素。剧社老人身体健康的潜在风险妨碍了居委会和剧社的互动互惠，在熟悉、责任、风险等要素的交织下，居委会对不同社区志愿组织存在的态度差异可见一斑。这种态度的差异性主要源于交换关系是否成立，与老年剧社的渐行渐远究其实质还是居委会规避风险的理性选择。

> 那些老爷子年纪都比较大了，开展活动也得考虑他们的身体，一般不要求他们参加，万一出个事情不得了。还有些老太爷脾气也大，一个不对付还得捧着、哄着，我们也没这个精力，就让他们自娱自乐吧。
>
> ——与居委会于主任访谈（日志 20161028）

应该看到的是，社区志愿组织发展过程中政府对社会的介入相比单位制下的介入，在介入方式上已然发生了变化。其原因在于公民主体性的增强是一个不可逆的过程。当下社会，通过政府控制的方式已不能将居民有效地整合起来，“七色花”的凋零充分显示了行政力量过分干预的弊端。街居行政力量在具体介入过程中能否重视和体现公民的实际需要与发展意愿，直接影响社区志愿组织能否发展壮大。“七色花”义工队和空竹队便是两个极好的正反例证，先有居民锻炼身体的需求，然后由居委会动员培育形成空竹队，在空竹队内部建设中慢慢形成成员会费制度等组织机制。空竹队的实践证明，居委会代表的国家已然在以“社会的方式”或者是“社会可接受的方式”悄然嵌入社会，这个嵌入社会的“国家”已不同于高高在上的威权国家，而是拥有了“社会的身份”“社会的理念”“社会的工作方式”“社会的资源”，而“社会的方式”又深深地打上了“国家的烙印”。凭借这种方式，国家充分动员了体制内外资源，实现了自身利益最大化，体现出从“行政吸纳社会”到“行政嵌入社会”的运行逻辑。

三、居委会和社区志愿组织的新动向：相互依赖和竞争

社区治理中居委会和社区志愿组织的互动表现出越来越多的不确定性，这种不确定性和动态性源于社会治理大环境的变化和基层国家力量与社会力量的发展变迁，“国家与社会的关系是不确定的，也存在分野，我们需要研究的是它们的政治过程，这种过程不能被看成是两种实体的区分，而是一种制度机制的网络的类型，正是这种网络和过程维持了某种社

会政治秩序”①。居委会和社区志愿组织的关系由“行政吸纳”到“以社会接纳的方式嵌入”，再到在资源竞争中“相互依赖”，正是如此复杂的变化和相互形塑影响着社区权力关系的再生产。

（一）相互依赖

1. 抓住机遇共谋发展

2017年，国务院印发《“十三五”推进基本公共服务均等化规划》，明确提出采取降低准入门槛、加强分类指导和业务指导等办法，大力培育发展社区社会组织，支持其承接基层基本公共服务和政府委托事项。民政部《关于大力培育发展社区社会组织的意见》提出到2020年实现城市社区平均拥有不少于10个社区社会组织。正是顶层设计促发了各地政府利好政策的出台，为社区社会组织的快速发展营造了良好环境。2017年底，A市民政局推动“四社联动”治理模式，作为基层社会治理创新的制度供给，“四社联动”意在充分发挥社区的基础平台作用、社会组织的服务载体作用、社会工作的专业支撑作用、社区志愿者的补充作用，通过汇集分散在政府、社会组织、专业社工、居民手中的服务资源，打造共建共治共享的社会治理格局。H街道办争取到了推进“四社联动”发展试点街道，同步开启了专业社会组织和社会工作者嵌入荷花街社区帮助“七色花”义工队向社会组织孵化。

> 自从我们丢了“四个10”项目后一直在向区里争取“四社联动”的试点，上面也是考虑到我们社区志愿服务这块基础还不错，这几年和兄弟街道比思想有点保守，和外面的交流少了，专业化的东西不够。服务品牌化其实是咱们搞基层治理创新的一个趋势，所以我们就想通过“四社联动”链接一些专业资源，把居民自助服务平台培育发展为社区社会组织，让社区真正活起来。
>
> ——与H街道党工委书记访谈（日志20191204）

与基层政府相似的是，居委会打造社区社会组织品牌的动力同样承受着上级安排和与其他社区竞争的双重压力。品牌化建设和地位赋予使得社区社会组织逐渐演化为基层政府和居委会在“四社联动”治理模式探索中的一种符号，客观上推动了专业社会组织和社工对“七色花”义工队的嵌入。

① Timothy Mitchell, 1991: “The Limits of the State: Beyond Statist Approaches and Their Critics”, *American Political Science Review*, Vol.85, No.1, pp.77-96.

其实我们“七色花”的工作刚开始在全市还算是领先的，后来虽然也在搞，但还是不够突出，直白点说就是没搞出大名堂，和别的社区比落后了，但我们有基础呀，上面相当于又给了我们一次机会，肯定要把它做成品牌，我们也和义工队说了，现在我们是一荣俱荣，一损俱损，共进共退，大家一定要互相配合。

——与居委会于主任访谈（日志 20191115）

从 2018 年开始，先后有多个专业社工组织嵌入荷花街社区，对社区志愿组织进行专业指导和孵化。常规服务几乎所有社区都能提供，应对社会发展中出现的新趋势解决新问题，并通过“四社联动”机制打造服务品牌则是所有“四社联动”主体都希望达到的目标。由 A 市民政部门几位退休同志发起注册、有着官方背景的“慈行”社工社进驻社区，一是对“七色花”原有的服务升级换代，二是针对社区居民的新需求，链接各种资源打造服务品牌。

“七色花”义工队在创立之初就有亲情关爱小分队，在后续的志愿服务中主要是针对社区老人提供一些诸如重阳节慰问等的例行服务，并没有可圈可点的特色服务。“慈行”社工组织进驻后发现社区低保户中有失独家庭，经排查了解到社区有多户失独家庭，这些家庭生活圈封闭，社会支持系统脆弱，有一位失独母亲甚至患上严重的抑郁症。“慈行”社工组织负责人利用自己在民政部门积累的各种资源，一方面帮忙解决失独家庭的经济问题、养老问题；另一方面依靠居委会协调的空间资源（诊疗吧）、义工队亲情关爱分队和寻医问药分队的心理医疗资源，在社区开设了心理工作室和线上关爱咨询服务团队。此外，在线上活动运作一段时间取得失独家庭的信任后，又把关爱活动延伸至线下，目前除了有心理工作室，还创办了手工室、“代理儿女”帮帮团等；每周有固定活动日组织失独群体参加社区活动减轻精神压力，生病时义工队会安排志愿者上门探望，全程陪同行动不便者就医；每位失独父母生日时都能收到义工队的蛋糕和祝福，生活上的其他事宜如助浴、助购、家庭琐事等也会有志愿者及时帮助。

失去孩子是个心理伤疤，不能碰的，一碰就出血。失独家庭需要社会关心帮助但也排斥别人关心，特别敏感。所以我们提供这些服务一开始也是挺难的，必须有专业知识和足够的真诚才能赢得这些家庭的信任。我们和“慈行”社工组织、居委会一起想了很多办法，也是整合所有资源来开展服务，提供支持。

——与“七色花”义工队丁队长访谈（日志 20191115）

在居委会的牵线搭桥和专业社工组织的指导下，“七色花”义工队充实了队伍，其中不乏各行业的社会精英，既有退休的党群干部、医院的主任专家，也有大学教授、企业家。吸纳社会精英成为组织成员有利于搭建起广泛的人际网络，也有助于组织公信力的提升。正是利用组织成员的社会关系网络资源，“七色花”争取到了代表街道接受省级领导视察参观社区志愿组织的机会，多家媒体做了宣传报道。2019 年底，“七色花”义工队完成孵化成功出壳，在区民政部门正式注册为民间非政府组织，开始了独当一面的社区服务供给活动。

2. 协同开展居务赢得民心

“七色花”民非组织成立后迎来了荷花街嘉荷苑小区适老化改造项目的实施，为了监督项目高质量完成，“七色花”充分听取居民的意见和建议，成立了社区居务监督委员会，下设论证建设内容、监督工程质量、民主理财、参与验收等四个分工小组，为了达成用专业力量监督专业事务的目标，每个小组都从居民中遴选行家里手，包括工程专家、财务人员、法律工作者等。

这件惠民实事要想办好办细，离不开全体居民的智慧，搞什么，怎么搞，如何保证把钱用在刀刃上，要发动每个居民参与，要像自己家里搞装修工程似的来监督。

——与“七色花”组织负责人访谈（日志 20200812）

在对社区中心广场修缮项目的论证过程中，最初的建设方案包括增加 200 平方米的绿化面积，但有居民指出，中心广场绿化密度已经足够，再见缝插“绿”没有多少实际意义，而几个凉亭年久失修，施工重点应放在美化凉亭上。此外，中心广场三个出入口的台阶较陡，不方便老人活动，应适当改造，还需要添加休息长椅。“七色花”及居务监督委员会和相关部门进行了多次沟通，经专家再次论证后对改造项目方案做了修改，充分尊重和满足了居民的需求。在项目施工过程中，工程质量监督小组丝毫不懈怠，严格监督工程的进展，包括选材和各个施工细节。工程验收时，区房管部门特别邀请“七色花”组织和居务监督委员会全程参与。

我们在很多社区搞适老化项目改造，这个社区居民的主人公意识是最足的，大家都把改造当成自己的家庭装修来关心和参与。施工现场天天都有居民来看，项目之所以取得圆满成功，他们至少有一半的功劳，这背后确实是“七色花”组织协调得好。

——与适老化改造项目施工队负责人访谈（日志 20200812）

对社区而言，监管100多万元的工程项目，实属巨大挑战。居务监督委员会的动议太及时了，我们趁势把适老化改造项目打造成为居民自治的结晶、民意导向的精品，这个对我们居委会也是一次宣传。2011年荷花池老小区改造，为了砌成车库，居委会做的工作、吃的苦，那真叫吓死人，这次嘉荷苑的适老工程，“七色花”真是帮了我们大忙。

——与居委会于主任访谈（日志 20200812）

中国社会基层群众自治制度所固有的策略上的模糊性，意味着以居委会为代表的国家力量可以通过各种灵活的、“非强制性”的方式与各种基层群体进行接触，从而以不同的方式产生社区公共性。“七色花”通过强化适老化改造项目的监督管理，推动了居务监督的实体化、规范化运行，使社区的居务更加公开、议事更加民主、工作更加规范，居民的获得感和满意度也随之提升，街居工作得到了居民的高度认可，大大降低了居委会的社区治理成本，治理效能得以提升。

（二）相互竞争

“七色花”历时多年从街道备案的社区义工队发展为注册的民非组织，经历了从最初业余被动地提供服务到主动谋求组织发展，从全面依赖政府资源到与政府合作共同解决街居发展问题的蜕变。获得发展后，“七色花”利用组织成员的社会资源主动邀请、聘任政府领导干部担任组织理事会成员及顾问。

过去“七色花”搞服务确实缺钱，社工组织来了之后给我们链接了一些资源，现在可以说，我们自己也建立了关系网络，积累了不少资源，关键是有能力服务好居民了。有时我们也会承担一些政府转介过来的工作。例如，这两年我们帮上面前前后后化解了几十起上访纠纷，有的是居民信任我们主动找来的，有的是街道领导感觉棘手转给我们来处理的。有些冲突我们通过协调解决了，有的无法解决，但最起码我们出面疏导，避免了政府和老百姓之间的直接冲突，为上面分担了压力。

——与“七色花”组织负责人访谈（日志20200812）

很显然，社区组织与政府部门之间因为信任关系的培育而达成合作，甚至可以在一段时期内形成某种如帕特南所言的互惠规范的合作关系，但同时也预示了街居权力结构中隐藏着的巨大张力。“七色花”义工队因为提供了高质量的服务获得了居民信任，因帮基层政府和居委会解决街居治理难题获得了街居组织的信任，却也带来了资源分配的竞争。

“七色花”现在做大做强了，外面很多资源直接流向他们了，相关经费也不需要我们居委会代管了，现在不都强调专业化嘛，这个对我们居委会的资源还是有影响的。明里大家没有公开地争抢，但暗地里还是有竞争的，他们现在不属于荷花街社区独有了，但很多活动还是要依托荷花街来开展，包括群众基础也有竞争啊，居委会不可能每个活动都交给它来搞，如果大家同时都开展活动，哪有这么多居民来参与活动呢，就要抢人了。

——与居委会于主任访谈（日志20200812）

如果说“志愿服务”之于居委会主要是一种“利益”，之于居民是一种“生活”，那么之于专业社会组织就是一种“理想”。当“七色花”义工队脱壳蜕变为专业社会组织后，由于专业价值观和方法的嵌入，在服务理念上发生了巨大变化，在认知和服务实践上更接近专业化。此时，和居委会虽不至分道扬镳却也呈现出一定的分歧。

各种资源（通过志愿服务）分享到社区这个平台上，可以实现整合。政府推动“四社联动”不也想达到这个目的嘛，如果某些资源多了，荷花街居民用不完，我们也可以向其他社区有需要的人群提供，甚至是社会上的老年公寓、儿童福利院，总之不能浪费，要合理使用。但有时候居委会不这样看，他们觉得就应该是荷花街社区独家使用。

——与“七色花”组织负责人访谈（日志20200812）

单个的志愿群体在纵横交错的交往中，不断地从其他行动者中看到自己。“七色花”志愿组织开始有了打破人为界定的社区空间、推动资源跨社区流动的意识，一种交叉性的、有机的社区团结随之应运而生。在共建共治共享原则的指导下，以纵向力量下沉管控和覆盖性为特征的社区管理开始呈现出平台化的发展态势。基层政府、社区自治组织、社会组织、驻区单位、物业公司、志愿者都被纳入平台中并扮演特定的角色，社区管理系统开始了对封闭单一的纵向管理和管控系统的突破，社区治理实践已“不是表现出单一的管制逻辑，而是在行政主导下的双重嵌入、在社会自治下的空间拓展中逐渐实现自上而下与自下而上的双向互动逻辑”[①]。在此框架下，如何将“共”的力量和“共”的逻辑内化到社区治理的整体进程中，将是未来基层社会治理体系和治理能力现代化升级的难题与关键。

① 田毅鹏:《网格化管理的形态转换与基层治理升级》,《学术月刊》2021 年第 3 期。

第五章　居委会和社区居民间的运行逻辑

居委会要完成政府下达的任务离不开居民的配合，社区工作要有特色创新更是离不开居民的支持，况且居委会扎根在基层，直接面对居民，几乎所有的工作都要在居民生活的场域中完成。国家意志能否顺利延伸并渗透至居民生活场域，关键在于国家和社会间的枢纽和中介——居委会能否被居民接纳认同。居委会无论是作为国家权力的末梢，还是作为实现社区利益的组织，都会面临治理合法性与居民认可的双重挑战。权威性资源的来源不单是法定角色的形式权威更多的是实质权威，即一方面通过互动和居民形成熟人关系并积累基于情感等的非正式资源，另一方面具备为民办事、满足居民需求的能力。因此，对居委会来说，首先要与居民构建起一种熟悉的关系网络，广泛的群众基础是居委会权力运作的保障，但并非制度的合法性就能使居委会天然获得居民的认可，在政府下派工作任务增多、居民民主和权利意识增强、服务需求多样化的多重压力下，居委会更要注重提升实质权威、注意调整治理方法和策略才能赢得居民配合并提升治理效能。

非正式制度是影响实质权威生成的关键因素。实质权威生成的关键在于地位功能建立后的集体接受程度，亦即更多的是在于非正式制度的作用。这种非正式制度的实质权威常产生于居委会在国家刚性的、形式化的要求和“社会的自我逻辑”——居民的传统观念、自利需要等之间找到的一个平衡点，它实实在在地表现为居委会和不同居民个体之间的中介调停，将国家层面的规范性和社会层面的多样性结合起来，做好服务、做好帮扶、做好调解等各种琐碎的日常事务，在主流话语与百姓喜好之间切换。

居民和社区居委会的互动，除了以社区志愿组织这样组织化的方式进行外，更多是在社区各种日常生活事件中零星而琐碎地发生着。根据和居委会互动频次的差异，可以将居民分为不同类别：互动最多的是社区积极分子，其次是社区弱势群体，最后是突发事件中维护权利的业主居民、因家庭或邻里纠纷需要居委会介入调解的居民。其中，参与社区活动最多的积极分子和弱势群体间会有一定的人员重叠，大多数居民除非发生特殊事件（公共维权事件、公共突发事件等）通常情况下对社区活动参与较少甚至从不参与，换言之，由普通市民构成的邻里网络在社区是松散的。在研究中笔者同样发现，并不是所有的居民都有和社区居委会互动的事实和需求，只有当普通居民作为业主在社区的权益受到影响时才会和居委会发生互动，通常这种互动多和社区突发事件有关；而遇到家庭矛盾或邻里纠纷需要居委会出面调解的，也多是和居委会关系较为紧密的居民，一般居民遇到此类矛盾会越过居委会直接诉诸法律或求助于公权力，但随着社会风险的弥散、基层社会治理的不断加强，居委会和居民间发生互动的可能性大大提升。

第一节　和居民积极分子间的运行逻辑：交换—事务分解

在我国城市社区的相关研究中，“社区积极分子”受到不同程度的关注，开展田野调查时笔者带着以下疑惑进入荷花街：社区里哪些人是积极分子？他们成为积极分子的动因是什么？从居委会的视角出发，积极分子是如何被挖掘出来的？居委会靠什么来维持和积极分子的关系，即如何在社区生活中保持积极分子的参与热情？

学界关于城市社区积极分子的研究，主要有三种解释路径：庇护说、精英说和关键群众说。[①] 关于庇护说，最早斯科特使用庇护关系模式解释了东南亚的政治变迁，并对庇护关系模式的特征作了界定；[②] 华尔德进一步将“庇护关系模式”与“积极分子”这两个概念联系在一起，他认为中国政治中存在着以上下级的互惠网络为基础的庇护关系。[③] 笔者发现，居民积极分子与居委会之间不存在上下级关系，社区与单位是两个完全不同的场域，社区的积极分子基本都是脱离了单位的退休人员、弱势群体或拆迁安置人员，虽然居委会也会以一些物质上的小奖励来答谢他们对工作的支持，但他们在社区中的积极表现并不是以物质好处为目的。关于精英

---

① 李辉：《社会报酬与中国城市社区积极分子——上海市社区楼组长群体的个案研究》，《社会》2008 年第 1 期。

② James C. Scott, 1972: “Patron-Client Politics and Political Change in Southeast Asia”, *The American Political Science Review*, Vol.66, No.1, pp.91-113.

③ 〔美〕华尔德：《共产党社会的新传统主义》，龚小夏译，香港，牛津大学出版社，1996，第 7 页。

说，在关注中国村庄权力结构时有学者提出“村庄精英”的概念。[①] 城市社区积极分子不同于村庄精英，他们只是比普通居民更热心于社区事务，并没有对社区资源形成垄断，相反因城市社区自身资源匮乏，居委会的诸多工作甚至还要借助积极分子的网络和资源落实到居民中。积极分子与居民的关系较为熟络甚至融洽，形成了“居委会—积极分子—普通居民”的传播机制，积极分子类似于社区信息流通中的“意见领袖”。关于关键群众说，在对城市社区选举的研究中有学者提出“关键群众”一词。[②] “关键群众”是指不计个人物质报酬在集体行动中提供公共物品的人。在城市社区中“关键群众”只是积极分子的一部分，居民积极分子是一个更为宽泛的概念，也是一个相对稳定存在的群体。他们活跃于社区的各项活动中，可能并不是社区中最有实力的精英，但尽力在社区各项事务中发挥作用，或者说居委会的运行离不开他们。笔者在荷花街社区看到的是居民积极分子围绕在居委会周围随时待命，包括以楼栋为单位的居民小组长、社区文体队伍的活跃分子、部分退休党员等。

驱动居民积极分子参与社区活动的原因是什么？有关社区积极分子动力机制的探讨研究并未达成一致，有学者认为普通居民的依赖与托付使积极分子产生了责任感与荣誉感，另一些学者则指出对积极分子而言，社区是单位的替代品，为其提供了单位的庇护与归属感，人情、面子的互惠交换与庇护—支持关系两者并存共同成为居民积极分子参与社区的动力。

笔者发现，居委会和积极分子之间形成了双向互动的复杂关系，这种互动是以交换为基本特征的，居委会成员尤其是主要负责人和居民之间彼此关照，互给面子，互惠互利。居委会对积极分子有考察、利用、奖励的过程，脱颖而出的积极分子通过配合居委会工作获得荣誉感、价值感或者一些小实惠，之所以能“脱颖而出”，可能是因为主动争取，也可能是因为被动遴选，通常是有文体方面的一技之长或性格开朗、为人热情等因素使积极分子从普通居民中脱颖而出。综上可知，居委会和居民积极分子的互动始终遵循“交换—事务分解”逻辑，这里的“交换”更侧重“社会交换”的概念，即不仅是物质方面的交换，还包括精神层面的交换等。居委会成员的劳动付出换来了积极分子的信任，居委会的诚意换来了积极分子的感动，居委会的物质恩惠换来了积极分子的社区参与，积极分子参与社区活动换来居委会的精神嘉奖和熟络的关系网络。当然，积极分子付出劳

① 贺雪峰:《村庄精英与社区记忆:理解村庄性质的二维框架》,《社会科学辑刊》2000 年第 4 期。

② 李辉:《社会报酬与中国城市社区积极分子——上海市社区楼组长群体的个案研究》,《社会》2008 年第 1 期。

动也收获了满足感、价值感等，而居委会则通过“交换”达到“事务分解”的目的。

一、组织动员

居委会成员和积极分子一旦建立了“人情”关系，大家就会彼此照顾、彼此帮忙，这种感情是需要投资的，一般要以长时期的“笼络”与感情培养为基础。社区成立初期，在陌生人社会开展这项工作很困难，荷花街居委会也经历了一个筹建积极分子队伍的艰难时期，关系取得突破既要有长期口碑的积累，又要擅于利用典型事件取得居民信任。

> 居委会成员的亲和力很重要，你要让居民觉得你是可以亲近的而不是拒他十万八千里的。我们主任经常跟我们说，居民的事无小事，哪怕你手头事再忙，居民来找你你都要停下来，工作你可以加班做，但你千万不能说“你等一下，我这边忙呢”。
>
> ——与居委会马副主任访谈（日志20111213）

要亲近居民，只有彼此熟悉后居民才愿意接纳居委会及其成员，也才能方便居委会物色积极分子，当然亲民的工作作风也可能带来居民对居委会的依赖。

> 住在高档小区的居民遇事首先想到找物业，但在荷花街即使是有物业服务公司的安墩公寓和嘉荷苑小区，居民有事第一个想到的还是找居委会。刚来荷花街时我给居民发了一张卡，卡上有我的电话号码，而给安墩公寓和嘉荷苑居民的卡上除了我的号码还有他们物业公司的电话。这两个小区的居民有物业方面的事情经常打电话找我，我就问他为什么不打给物业公司，他回我一句：“你能办事他们不能办事。”我说：“这个话不对，你打电话给我，我还是要喊他（物业公司）去办。”他说：“不一样，我打给你，马上就能办好，打给他不知道要多长时间才能办好。”这个既是信任又是依赖，这个信任一旦建立起来，我们居委会有事找居民，他们也乐意配合。
>
> ——与居委会周主任访谈（日志20131015）

早在政府推行“网格化”管理之前，2007年荷花街就逐步形成了“片长—组长—楼长”的金字塔型管理网络。社区按地域划分为若干片，每片划分为若干小组，每个小组由若干楼栋组成。现代人保护隐私的意识逐步增强，居委会不可能经常入户检查，更多的信息都依赖于邻里网络的人际交往获得，为了更快更准地获得信息及方便管理，每个楼栋物色推举楼长，由楼长再选出组长，而片长通常都是居委会成员兼任。居委会在构建“片长—组长—楼长”的金字塔型管理网络时，首先强调楼长最好是非在职人员，要保证有足够的时间来关注邻里生活，同时要热心公共事务，乐于为邻里服务。

笔者把荷花街的推举模式称为“分类指导”和“重点动员”相结合、“民主推举”和“组织简历动员”相结合。“分类指导”和“重点动员”相结合是居委会根据七个自然小区的不同情况分类别进行楼组长积极分子的挖掘。比如，苏农一村和S医院宿舍区作为单位制的家属院落，居委会重点动员发掘原单位的党群干部，如工会、党支部等成员，这类人有动员群众的经验和服务意识，在单位也具备良好的群众基础。对荷花池小区等拆迁安置小区，居委会重点动员以前的村组干部、财务管理人员等出来担任楼栋带头人。拆迁安置小区的原住农民几代人生活在一起，一般有共同的爱好和行为习惯，也养成了“做什么都看干部怎么做”的思维和生活定式，拆迁安置后虽然建制不在了，但这种生活和思维定式并没有多大改变。居委会通过对这些不同气质类型的社区领袖进行培育和价值影响，较好地影响和调动居民。“民主推举”和“组织简历动员”相结合，是指居委会通过梳理居民的个人简历，特别是有的楼栋无人愿意担任楼长时，周主任会以社区党支部书记的身份以组织的名义在该栋楼的党员中进行动员，经过以上遴选步骤最后被推举出的积极分子也是非常有说服力的，很多人都受到过原单位的多次表彰和嘉奖。

> 楼组长是居委会挖掘和居民推举相结合。在工作中得知哪些人比较有积极性、在邻里中说话人家听得进去，我们就会出面沟通，把这些人推出来。像荷花池小区砌车库前前后后开了很多会，这个过程中牵涉到了大家的利益，就会自然而然地产生“出头”做事的领军人物，不一定要大家来投票选举的。
>
> ——与居委会周主任访谈（日志 20150815）

楼栋长采用的这种两结合的推举方法，不是由居委会单纯依据居民简历来动员，更不是像一些学者所观察到的那样社区积极分子只是原单位的精英向社区的一种横向平移。事实上，单位与社区是两个完全不同的场域，甚至对成员的评价和认同标准都不一致，好员工未必是好居民，反之亦然。单位的精英在社区未必是精英，相反，笔者在荷花街居民积极分子中发现许多人在原单位并不十分突出，这些居民由于在社区中成为积极分子而提升了个人能力。这种两结合的方法推举出的积极分子，在其他小区的实践中也被证明是有能力胜任社区公共事务的。

我自己住的小区选业主委员会，名单出来全是大领导，某某局的副局长、哪个处的处长，有在职的，也有退休的，在职的就不用说了，他本身就是单位领导，自己工作还忙不过来呢，还顾得上社区？退休的干部也不是每个人都能干好这个的，领导要面子，在任时都是别人巴结他，他怎么可能放下身段来替大家服务？这些领导中没人来为业委会做事，业委会就成了摆设，最后业主都不满意。后来改选，换了个进城的农民老大哥（儿子给他买的养老房），他反而做得好呢。天天吃过饭含根烟站在小区门口望这个查那个，监督得好呢，认真得不得了！上次小区里的电梯坏掉了，他还请我给他到质监局去打招呼呢。你说那些退休干部怎么可能舍得下面子放得下身段哟！所以，不能光看简历，一定要考察出愿意干事的人。

——与居委会周主任访谈（日志 20150815）

尽管如此，对于在单位退休的精英骨干，荷花街居委会还是会主动关心联系，尽可能搞好关系并争取发展为积极分子。这些原单位精英骨干如能成为积极分子自然有利于居委会工作的开展，即便不能发展为积极分子也不能怠慢或得罪，因为在人情社会，有时动用一下他们的资源、请他们出面“卖个老面子”还是非常管用的。正如荷花街居委会能多次成功动用S医院退休老领导老专家为社区寻到帮助和资源，和居委会日常对这些老同志的友善、尊重是分不开的。

组织动员不仅限于退休的党员等，在荷花街还活跃着一支由弱势群体组成的积极分子队伍，他们协助居委会做些不复杂的工作或者为居民提供一些日常服务。笔者在荷花街社区看到几个低保户常年为居民提供修车、修鞋等服务。

积极分子队伍的打造不容易，全靠慢慢吸引。这支困难（低保户）队伍，五六个人，只要社区有活动或者有大的事情，他们都是不提任何要求积极参与，也属于在居委会关心下反哺社会吧。我们对低保户有个要求：你享受低保，只要身体许可就要为居民提供一些力所能及的公益性服务。现在这支队伍不仅搞公益服务，而且只要有空他们就会来社区服务中心，基本上天天在这儿，有时也会在社区里巡逻巡逻。过去没有这支队伍时，搞活动全是我们自己动手，桌子椅子都是自己搬，现在呢，这些事全是他们（低保户）弄。对他们来讲也是有一个展现的平台，整天闷在家里也不好。

——与居委会于副主任访谈（日志 20150815）

随着社会竞争、流动和分化的加剧，弱势群体与其他群体在社会地位、生活方式、知识技能诸方面的距离加大，较难获得其他群体的认同和支持，客观上造成弱势群体的失落感、自卑感及被排斥感。虽然政府对社会弱势群体的支持处于主导地位，但单一的政府支持是无法解决所有问题的，由于失业、退休、社会流动等原因，城市弱势群体大都回归社区成了社区人，社区客观上成为他们获取社会资源、参与社会生活的主要社会场域。[①] 通过居委会的动员和引领，很多弱势群体成为社区积极分子，一方面对弱势群体的社会融入有极大帮助，另一方面也是增强他们的效能感。

有研究指出“社区参与”时常与“形式主义”同时出现，即居民的参与行为和居民对所参与活动的认同间存在张力，即居民参与社区活动不是认为社区活动本身有价值，而是由于街居组织的强制要求，形成了所谓“表演性参与”，这就使得“居民的利益”与“街居组织的利益”间产生了张力。理论上，我们无法直接断定“表演性参与”是否有价值，因为这牵涉“价值对谁而言”的问题。也许居民从“表演性参与”中收益甚微，但对于街居基层组织而言“表演性参与”仍是一项有收益的工作，因为其产生的素材最起码可以帮助街居组织应对基层政府的行政考核任务，亦即达到考核任务分解的目的。

二、互给面子

积极分子圈层是逐步扩大起来的，先是由居委会成员通过和退休人员及弱势群体的工作接触慢慢物色出最核心圈层的楼栋长们，然后通过“二次动员”由楼栋长们发现并举荐每栋的积极居民，最后由居委会根据楼栋长提议有目的地与被提议者接触进行综合考察。一旦留意到合适人选，居委会负责人会反复上门做工作，直到被物色对象答应，笔者在荷花街的观

① 孙璐：《论城市弱势群体社会资本的提升：社会资本从社区支持的角度》，《湖南社会科学》2007 年第 4 期。

察印证了这一点。据积极分子提供的信息，荷花街有些居民很有才艺，但就是不愿意参加社区的文体活动，一些退休的老同志甚至宁愿舍近求远地去原单位参加活动。居委会分析可能是社区文体活动的吸引力不够。彼时有积极分子向居委会提议成立社区文体协会，通过协会开展活动把居民尤其是老年居民吸引到社区活动中来，再依托协会力量把松散的居民聚合并管理起来。居委会成员一致认为物色一位合适的协会会长对社区活动的开展至关重要，遂采纳了提议并对文体协会会长提出要求：有才艺有组织管理能力，最好在原单位有过管理经历，身体健康、热心社区公共事务。

荷花街社区虽有七个自然小区，但要物色出符合上述条件的骨干分子并非易事。社区居民中拆迁安置的原住地居民占比较大，苏农一村等小区里虽有很多S医院退休的老专家、Y大学退休的老教授，但这两个职业属于越老越吃香的类型，不少专家学者要么被单位继续留用，要么被一些市场化的医疗、教育机构再聘，有的比在职人员还要忙碌。最后积极分子推荐了张威——退休前是A市公安干校的副校长，多才多艺，和居委会的要求较吻合。因为荷花街社区是在A市的百年名校——YC小学的施教区内，所以很多家庭为了孩子上学在荷花街买了学区房。2009年退休后的张威住到了荷花街接送孙子上下学，他爱好文艺，吹拉弹唱样样精通，组织能力也强，退休后依然是原单位的文艺积极分子，但小区的各种活动从没参加过。

> 我们周主任得知这个人才后，先后五次到他家去，不停地做工作才把他请出来，开始他不愿意的。我们开玩笑说："人家刘备是'三顾茅庐'请诸葛亮出山，我们周主任是五次登门请协会会长。"
>
> ——与居委会于副主任访谈（日志20150815）

积极分子发动过程不容易，但也并非一筹莫展。在居委会人员看来，工作能不能搞起来就看是否愿意花心思，花了多少心思。对居民张威来说，确实是居委会成员的付出和诚意打动了他，愿意为社区干点事最终促使他走上了社区文体协会会长的位置。

> 他们居委会干部也不容易，跑了很多趟，再不答应就有点说不过去了。说心里话，以前我在单位大小也是个领导岗位的，从来没想过有朝一日要在社区和一帮老头老太太唱唱跳跳的。
>
> ——与社区老年协会会长张威访谈（日志20150908）

有研究者从西方“志愿主义”的视角来理解中国城市社区居民的积极性，其实像荷花街这样的中国城市邻里中的居民积极性要比“志愿主义”复杂微妙得多。很多积极分子之所以愿意为邻居提供帮助与服务，并非出于关心公益的志愿主义而是出于极具中国特色的文化特质——人情，包括社区居委会的动员能力、楼组长的二次动员能力，都与他们在人情方面的“投资”力度及相关“回报”息息相关。在张威出任荷花街文体协会会长后的三个月，恰逢他的岳母骨折需要24小时照料，而张威夫妇也都年过六旬，又有上下学的孙子要接送，显得力不从心。周主任得知情况后立刻帮他找了位认真贴心的护工帮忙照顾直到老人康复。此后荷花街社区的文体活动全靠张威策划管理，文体活动质量明显上了一个台阶，他的爱人和一位前同事也在张威的带动下加入了积极分子行列。

中国社会是一个人情和关系社会，人情交换是普遍现象，但这种交换又极具独特性。它掩饰在情感关系下，不能明言回报、讨价还价，但交换双方都有一本“人情账”，施惠的一方不好言明，受惠的一方不能忘记，记入“人情账”以待他日偿还。正是在如此反复多次的施惠、受惠、回报的过程中，熟人关系连带建立起来。这种连带的演化和发展，会逐渐导致抱团现象，并在某些条件下导致组织中小团体的形成。居委会通过人情输送和认同建构激发并扩大了积极分子圈层，继而借助积极分子力量成功撬动了社区邻里动员实践。

三、物质交换

面子和人情是交织在一起的，给别人面子往往是因为对方在身份地位上比自己高或者欠了对方的人情，居委会和积极分子之间人情关系的构建是一个长期互动过程。荷花街居委会虽然经费有限，但在与积极分子的感情联络投资上却从不吝啬，想方设法与积极分子进行各种形式的感情联络。不仅逢年过节会送一些小礼物给积极分子，而且平日也会邀请他们参加一些活动，如召开茶话会、参观、短途旅游等，几乎所有的居委会成员都对笔者说过类似的话：

> 和积极分子建立良好的关系，弄些小礼品小实惠给他们，其实人家也不是在乎这点东西，主要是觉得我们居委会把他放在心上，不是说有事（要做）时才想到他。
>
> ——与居委会于副主任访谈（日志20150927）

荷花街对居民积极分子的“投资”是多方面多渠道的。平时一旦有相关部门到社区搞活动，无论是电视台还是政府职能部门，居委会都会提醒活动单位赞助一些毛巾、牙膏、洗衣粉、购物袋等实用的小礼品，发给居民以获得他们对活动的支持，实际上拿到小礼品后居委会并非均分或随机发给居民，而是有针对性地给了积极分子。

> 你看我们这些东西都是趁单位来搞活动时发给熟悉的人，下次活动才好再找他们（捧场）呢。还有就是社区里的学生，一到寒暑假，我们就要和外面单位联系组织孩子活动一下，比如组织青少年去爱国主义教育基地、参观博物馆、游览古运河等活动。去年夏天，我们请老年驿站的老人教孩子生活技能，钉纽扣啊、洗衣服啊，等等，又把孩子组织起来带到新机场去参观。现在都是一个孩子，家家重视教育，也是想通过关心孩子来笼络大人。
>
> ——与居委会马副主任访谈（日志 20150927）

享受上述类似“待遇”的居民成为社区积极分子的概率要比那些从未和居委会互动过的居民大得多。到了年关岁末，居委会更会主动出击到社会上募集资源，除了把一部分募集到的资源发给弱势群体，居委会也会格外关照居民积极分子。

> 去年年底居委会补助了 160 户居民，其中一部分是积极分子，他们不是政府救济的对象，但是是我工作要依靠的对象，说白了我要笼络他们。这部分物资政府不可能发的，是我们到社会上去募集的。上面只问你工作完成情况，不会关心你是怎么完成的，靠谁完成的。我们基层不行啊，必须打好群众基础。
>
> ——与居委会周主任访谈（日志 20131013）

2013 年 9 月，笔者在荷花街调研时曾目睹一位积极分子的爱犬丢失，周主任利用自己的资源主动帮忙在电视台插播“寻狗启示”字幕。这种以情感关怀为纽带的联系在社区邻里交往中时常发生，进一步增强了积极分子对居委会的认同。国家主流话语逐步用“志愿者”称呼取代了“积极分子”，这是对社会潮流的顺应，也是主流话语对积极分子的身份认定。街居实践表明，很多居民并非真正对公共事务冷漠，只是需要一些及时的引导来克服社交羞怯和彼此的隔膜。赋予其一个顺应时代的名正言顺的称号，极可能就给了那些不好意思主动站出来的人一个加入和参与的理由，也许并不需要特别动员他们就会走出家门参加公共活动。不过，随着志愿者队伍的壮大，如何在制度层面保护志愿者的热情是管理者必须面对的挑战，也是困扰荷花街居委会的难题。

> 文明城市创建时，光靠居委会肯定不可能（完成任务），上面还经常搞一些活动，下派我们社区二三十个现场观摩、参与的名额，从来不会和我们提前打招呼的，说要人（参加）就要人。（这种紧急任务）我们到哪里“抓”人去，肯定要动用志愿者资源。给他们报销点路费，文体队伍的服装、小道具全是社区买的，现在都在他们自己手里，也好让他们平时锻炼时穿穿用用。政府对志愿者的保障性政策不够，做志愿者也是有各种风险的，保障、激励这些制度不考虑就不能促进志愿活动长远发展。我们在基层看到的多了，一次次的志愿活动倡导，开始确实是红红火火，一段时间就无声无息了，到最后就彻底没有了。
>
> ——与居委会于副主任访谈（日志 20130913）

无论是社区志愿者队伍还是居民积极分子队伍，他们的可持续发展是目前社区治理的题中之义，尤其是如何从制度层面来保障志愿者的权益更是社区人力资本积累的关键。仅靠居委会的人情面子很难长期吸引积极分子的追随，毕竟人情也好，面子也罢，其实都遵循了交换原则，以居委会目前捉襟见肘的资源很难保证交换的可持续性。

四、参与分享

杨敏和熊易寒将积极分子参与社区事务归因于替代性作用，尤其是社区为退休的积极分子提供了类似于传统单位给予员工的庇护与归属感，对于习惯体制内组织化生活的退休人员来说，社区在很大程度上是单位的替代品。但被庇护感和归属感不会天然地产生，居民退休后并不会理所当然地对社区产生归属感，归属感的产生必须是在居民的互动和多次博弈中完成的。[①] 在各种社区互动中，居民由于持续交往而减少了“一次性博弈”中的机会主义行为，并在此过程中慢慢形成互惠交换的规范，社区发展最

① 杨敏：《作为国家治理单元的社区——对城市社区建设运动过程中居民社区参与和社区认知的个案研究》，《社会学研究》2007 年第 4 期；熊易寒：《社区选举：在政治冷漠与高投票率之间》，《社会》2008 年第 3 期。

为宝贵的资源——社区归属感由此产生。荷花街社区居委会想方设法开展、承担各种活动，本意是提升社区知名度、多出成绩赢得基层政府重视，但不可否认这些活动的承担和开展客观上为居民提供了社区参与的机会，居民在参与中获得满足感、价值感，分享集体活动带来的成就和乐趣。

> 我们一开始搞活动是做给上面看的，应付各种检查的，并且拉了些队伍起来，但后来真不是了，居民（积极分子）确实喜欢上了这些活动。现在上面随时带人来参观我们都不需要特别组织，他们（积极分子）每支队伍的日程全安排好了，还必须错峰，因为场地有限不够用。像昨天下午，正好区里一个检查团来，真的没（事先）安排，昨天下午活动室里满满的。现在荷花街牌子比较响，所以哪里有比赛或有活动，如果没有荷花街社区参加，其他参赛队伍都有点遗憾。上次我们协会会长还和我说："上面怪我们了，说荷花街为什么不参加?"我逗他们（积极分子)："你们现在名气大了，也要看看活动和比赛的品质，好的才去，要不然忙不过来。"参加活动或者比赛要培训要排练，大家其实都很辛苦的，但是都忙得很开心，精神很愉快。
>
> ——与居委会周主任访谈（日志 20161013）

只有喜欢走出家门的居民才更有可能成为居委会工作倚重的对象，"走出来"是第一步也是关键性的一步，居委会借助社区举办的各种活动吸引那些愿意出来的居民，这是良好互动的开端。之后辅之以各种正式和非正式手段维持关系，建立起关系熟络的稳定的积极分子团队。荷花街的多名楼栋长表示："常来社区活动，不仅唱唱跳跳玩玩，还过来一起织毛衣，早晨买了菜也带到这里拣摘说说话。"这些日常交流不仅拉近了居委会与积极分子的关系，也加深了积极分子彼此间的情感联系。由此可见，个体差异对人的活动选择是不容忽视的，楼组长不是重要显赫的头衔，但需要热心和付出，每个社区总有部分居民是愿意"站出来"的，那些个性外向、喜欢热闹的人会更多关注居委会的活动，特别是当他们离开了工作岗位，有了更多的闲暇，走出家门的需求会更强烈，"待在家里也没事做，还容易老年痴呆，不如出来转转"。当前，得到鼓励的多是文体、休闲类的活动，这类活动大多需要在居委会的场地协调、资源支持下才能展开，故居委会吸纳了一批喜欢这类活动的人。①

① 郭圣莉：《加入核心团队：社区选举的合意机制及其运作基础分析》，《公共行政评论》2010年第1期。

在积极分子构成的互动网络中，能唤起一些有助合作的价值，创造一种群体的身份和意识。正如普特南指出，在一个团结互助、互动频繁的社区，平等交换的规范与互信是不难建立的。而居民交往稀少、社会关系淡薄是目前中国城市社区的普遍现象，此时社区中即便存在一些关系网络，也会因为居民疏于沟通交流而逐渐淡化直至消失。因此，社区因某些契机催生的社会关系网络确立后，还亟须社区成员间频繁密切、长期持续的交流和沟通，以保持其紧密性与活力。正如荷花街居委会把积极分子动员出来后，努力用各种“活动”来维持、巩固居民间的社会关系网络。2015年8月下旬到9月下旬，笔者在荷花街统计的社区较大规模的活动多达16场。平时社区几乎每天都有小活动，每周都有特色活动，每月都有大活动，这些活动对居民特别是积极分子形成了潜移默化的影响，也逐渐吸引了更多的居民加入。但居委会也承认，目前社区活动的主力军还是中老年，且以女性居多。

> 我们也想了很多办法，吸引过来的年轻人很少。也可以理解，毕竟年轻人要工作要养家糊口嘛，不可能有这么多精力来参与社区的事。
>
> ——与居委会马副主任访谈（日志20150930）

随着信息技术的发展，如何借助“互联网＋”让社区居民生活更智能方便，一直是各地社区力图解决的问题。荷花街社区在2012年建起了网上居委会，建了社区QQ群，但参加的年轻人还是不多。考虑到年轻居民较少和居委会联系，对很多通知了解不及时，造成了一定的不便或麻烦。如每年5月社区组织的老年人体检，有些老人不方便来取体检报告或者没看到通知，而老人子女上班也顾不上，不少报告就会滞留在居委会，最后工作人员得一家一户地送，既不方便又可能会耽搁老人身体的进一步诊断。大学生村官杨飞飞抱着试一试的态度同时也是想吸引更多的年轻人参加社区活动，于2013年3月制作推出了“社区二维码”，将社区通知的详细内容制成二维码图片，印在社区通知上张贴在各楼道内并通过楼栋长等积极分子推广宣传，居民用智能手机解码软件扫描一下就可将所有信息自动储存。推广二维码以后，社区年轻居民打来电话和主动来办理事务的数量明显增多。

> 有了二维码之后，年轻人将通知存在手机里，一用手机就会想起来，就会主动来社区帮老人领取（体检单等），既及时掌握了家里老

人的情况，也减少了我们的工作量。

——与大学生村官杨飞飞访谈（日志 20130906）

2015 年，社区开通微信公众号并通过积极分子推介吸纳数百名居民关注参与，居委会通过微信及时解决居民的疑问和难题，小到“某某快递点在哪”“旧衣回收箱在哪”这些琐碎杂事，大到“居民医保怎么办”“新生儿如何报户口”这些复杂事项，都能得到解决和回复。仅 2018 年，社区微信平台就发送消息 257 条，为居民解决实际问题 41 次。2016 年，社区为独居、孤寡老人安装智能看护系统，通过网络可以将老人起居状况发送到其子女或联络孤寡户的志愿者手机 APP 上。2017 年 4 月，为社区失智党员、老年驿站老人免费发放智能手环，老人若遇危险，热心人可根据其手环上的信息报警或者联系其家人。无论是社区微信公众号的日常维护还是社区智能看护系统，除了专业的运营商之外，大量信息的收集和处理都是积极分子在处置维护。

五、精神激励

居委会对社区积极分子的奖励更多还是精神表彰，比如通过每年一度的“荷花好人”评选，弘扬居民投身社区公益事业、服务居民的精神。2011 年起增加了“好媳妇”道德模范之星的评选，2015 年 8 月笔者观察了评选的全过程。

2015 年 8 月初，为了配合 A 市文明城市复审迎检工作，各社区纷纷组织和市民道德建设有关的活动，荷花街虽有评选“荷花好人”的传统，但评选时间是在每年年底，其他社区如火如荼的应景活动让荷花街居委会感到了压力。居委会和积极分子骨干商量后开始策划“好媳妇”道德模范之星评选活动，一方面通过该活动可以契合文明城市的相关内涵，在和其他社区的“竞争”中不至于败落；另一方面平时参与社区活动的积极分子以女性居多，这次活动表彰可以对其产生激励。长期和居委会打交道的积极分子都有一定的解读能力和敏感性，在大家商议了意向性的人选后，各自心领神会地去各楼栋进行动员，居委会同步在告示栏和各楼栋入口张贴了通知，内容如下：

为进一步弘扬孝道文化和中华民族爱老敬老优良传统，树立起良好的社会风气，社区将开展“好媳妇”评比活动，请广大居民将您认为符合条件的典型人物推荐到社区（也可自荐），并附带相关事迹介绍（注：字数200字以上，要求事迹真实），社区将根据典型事例的感人情况进行公示。

推荐条件如下：本辖区内居民如具备下列条件之一者，可参与评选“好媳妇”道德模范之星。1. 赡养孝敬父母长辈，无微不至、事迹特别感人的；2. 尊重理解再婚父母及生活意愿被传为佳话的；3. 既孝敬父母又义务赡养社会老人，事迹典型的。

——摘自笔者观察日志（20150804）

积极分子代表居民推荐了人选，当然候选人都是积极分子每家每户征询意见的结果，除此之外并未有居民主动自荐或他荐。笔者跟随一位楼长参与了其征询其他居民意见的全过程。当天下午不到5点这位楼长就带孙子在楼下玩耍，实际上是坐等邻居们下班，每遇一位邻居回来她都会主动搭话，然后抛出代表居委会征求大家意见的话题。一般情况下她都会把事先议好的人选情况大致介绍一下，然后满带感情地说：“这人不容易，现在能这样对待老人的已不多了。”如果不能引起邻居共鸣的话，她就会列举在电视上或道听途说的有关“子女不孝”的事例反衬被推举人的孝心。邻居们在她的情感渲染下一般都会对当事人或充满同情或充满敬意，最后都会表态“你就代表我们选这个人吧”。

推荐期满后，居委会公示了3名由10位以上居民联名推荐的候选人，并制作了候选人事迹展牌在社区公示10天。展牌上3位候选人的情况如下：

梁秀珍——感恩的心：婆婆李福珠，长期患有心脏病，腿脚不便，常常摔倒，最严重的时候曾经卧床3个多月。梁秀珍始终在家周围工作以便照顾家中的婆婆，包揽家中全部家务，倾心照顾婆婆饮食起居，让婆婆健康快乐地生活。梁秀珍打扮朴素，继承了勤俭持家的优良传统。

陈卫国——心存孝心：55岁，家里三位80岁的瘫痪老人在她的悉心照应下，都生活在干净卫生、舒适有条理的环境里。2003年，为照顾自己年迈瘫痪的父母，陈卫国提前从单位内退回家，不久后发现婆婆得了老年痴呆，她就承接了照应娘家、婆家两边老人生活的担子。陈卫国的丈夫在外打了两份工，很少有更多的时间陪伴父母，老人总是依赖儿媳。婆婆生活上有任何事，第一个电话不是打给儿子，而是打给陈卫国。大到添置物品，小到器具修护，都成了陈卫国的专利。

> 夏丽红——惠心如兰：婆婆李凤珍是社区公益的当家人。只要社区需要，她随叫随到，她的时间常常被各项社区公益活动占据。在家中，媳妇夏丽红包揽了全部家务，担起了家庭重任，全力支持婆婆的公益事业，悉心照顾子女，在幕后默默奉献。
>
> ——摘自笔者观察日志（20150815）

展牌上陈述的信息都是候选人在生活或工作上对老人的照顾与支持，尤其是有关梁秀珍、陈卫国的信息中并看不出她们是社区积极分子，但实际上梁秀珍是社区请的保洁员，陈卫国是原单位的“台柱子”，能歌善舞，内退后在家照顾老人，但只要社区有啥演唱活动她一定是压轴的；夏丽红的事迹则一目了然，展牌上清楚地写着她支持婆婆参与社区各项公益活动。

2015 年 8 月 25 日，在社区居民活动中心举办了荷花街社区首届“好媳妇”道德模范之星的正式评选活动，居委会组建了强大的专家评委阵容——陈静（A 市妇联主席）、徐名峰（Y 大学教授）、袁颖（区民政局副局长）、沈陶（电视台百姓生活栏目主持人）、樊警官（社区片警），另外居委会还请来媒体对活动进行了报道。评选环节先由候选人自己或家属进行现场推介：梁秀珍是自我推介，夏丽红是婆婆推介，陈卫国是丈夫推介；现场还模仿电视选秀节目的投票方式，由专家评委和积极分子居民代表组成的大众评委分别进行投票，当然参加这次投票的居民每人可获得精美小礼品一份，不少社区老人都领着放暑假在家的孙辈来参与了投票。

投票结果 3 位候选人的得票都很高很接近，最后由专家评委商定：陈卫国当选荷花街社区“好媳妇标兵”，夏丽红、梁秀珍当选荷花街社区“道德模范”。市、区妇联领导现场高度肯定了荷花街本次活动的意义，尤其是在文明城市复审迎检工作的关键节点，此举更是彰显了政治意义，市、区两级妇联分别对获奖人进行了慰问以示对活动的支持认可。居委会和电视台共同策划了节目报道后请观众参与“对荷花街社区此次活动的看法”的互动，一场社区居委会和积极分子“主演”的活动通过媒体放大效应成了更多市民集体参与的“狂欢”，城市社区居民积极分子的动员成效与社会影响力由此带有了更强的社会色彩、治理成效和政治意义。荷花街居委会既宣传激励了居民积极分子，又在众多社区的同类活动中脱颖而出。这种表彰激励的社区动员既是拓展社区参与范畴的有效方式，同时又因不同部门和机构的评委参加，使得活动带有了社会治理纵向下沉和居民参与横向扩展的交叉性，成为展示基层治理体系和治理能力现代化的有效机会。

综上，居委会和积极分子互动关系的构建，既是居委会对积极分子社区参与的动员、引导、调控过程，也是积极分子借助居委会所提供的机制表达自身利益诉求、实现行为合法性的过程。双方在利益的平衡、调适、互惠的过程中形成了交换合作关系，具体而言，居委会借助积极分子的力量在居民中获得“合法性”认可，成功实现任务分解和基层社会治理的功能；积极分子则在配合支持居委会工作的过程中实现个人价值感的获得和所在志愿组织的资源获取。正是因为居委会对积极分子的社区动员和人力资源激发，才有了社区居民“参与”的政治现象和民主印象，才有了欣欣向荣的社区活力和基层秩序。

第二节　和弱势群体间的运行逻辑：能帮则帮—得民心

弱势群体在优胜劣汰的市场机制下缺乏获取资源的能力和途径，兜底的社区场域因而对弱势群体具有更现实的意义。[①] 尽管基层治理中资源不断下沉、服务范围和对象不断扩大，但居委会日常工作的显性服务对象还是以弱势群体为主。对其他居民而言，除非有直接利益勾连的事件发生，否则较少参与社区事务。荷花街居委会在服务弱势群体的过程中，形成了自己的工作逻辑——“能帮则帮”。虽然在帮扶部分贫弱居民的过程中也给居委会工作带来了困惑和迷茫，但这一过程无形中积累了居委会的实质权威、增强了民间合法性。需要说明的是，社区弱势群体和居民积极分子有一定的交叉，即一部分弱势群体可能同时是居民积极分子。本节所论述的社区弱势群体主要指和居委会互动较多、是居委会的主要服务对象但并非积极分子的弱势居民，主要包括老年人、低保户、解除劳教人员等。

一、知难而上

无论社区类型有何不同，活跃在社区的群体还是以老人为主。这些回到社区、以社区为基本生活单元的退休老人，被动接受着国家与社会给予他们的狭小空间，不争不抢，也因此成为一个有着独特生活逻辑的群体。相对而言，他们日益明显地区别于职业群体，更依赖社区，并以社区为轴心重建属于自己个体性的新生活。2011 年，荷花街社区 60 岁以上老人就已达到 986 人，占总人口的 13.4%，年龄最大的 98 岁。如何更好地使社

① 孙璐:《论城市弱势群体的社区参与》,《理论与改革》2007 年第 1 期。

区老人老有所养、老有所乐是摆在居委会面前的一大难题。当然，老人们时间充裕喜欢聚集闲聊，也会自创交流空间，邻里中的理发室、小卖部、小区花园、等候接送孙子辈兴趣班的街边空地等都能成为老人实现人际互动的公共空间，他们的口碑会直接影响居委会生存空间的获取，但有限的财政拨款和加快的人口老化速度之间的巨大反差也使基层政府面临老年公共服务供给的巨大压力。

社区要把更多的精力放在老年工程上，这真是基层要打和该打的一张牌，这张牌打好了，能有效减轻政府和家庭负担，特别是减轻年轻人的负担，但现在开展这个工作没有钱。不要说标准化的社区养老服务，我们一个老年驿站办起来都不容易啊！

——与居委会周主任访谈（日志 20111213）

（一）理想很丰满

2008 年，荷花街社区创办了 A 市首家老年驿站，起因是市区相关领导参观学习苏南地区的社区居家养老经验后起意在 A 市也搞试点，而荷花街社区是 A 市的明星小区，加上周主任个人活动能力较强，故社区居家养老试点就放在了荷花街。虽是政府安排搞养老试点，但还是要以居委会身份来牵头，意在说明这是一项自下而上的民生工程，但这种自下而上的创建形式给荷花街居委会带来了较大的工作难度。

上面让我们做这个工作，不知道是不是怕搞失败对相关部门造成不好影响，反正不是政府牵头而是让我们居委会牵头搞，我们也没有任何经验，只好本着先易后难，逐步提升的原则，先满足老年人的日常需求，成立一个老年驿站，让老年人先从家里走出来。

——与居委会周主任访谈（日志 20111213）

当时恰逢荷花街社区有两位空巢老人因长期与外界隔绝，先后患上抑郁症。居委会愈发觉得老人应该走出家门多参加集体活动才能提高生活质量，特别是没有特长爱好的老人，平时既不参加社区各项活动，也没有什么人际交往，更需要给予关注和关爱。

很多老年人包括他们的子女在认识上有误区，觉得老人长寿，多活了一年、长了一岁就高兴了、完事了。生活没有质量，整天待在家

> 里愁眉苦脸的，这样长一岁又有什么意义呢？我们就想先搞个场所让老年人有地方可去，有个聊聊天拉拉家常的地方。
>
> ——与居委会周主任访谈（日志 20111213）

2007 年 4 月，在 G 区民政局、H 街道办民政科的带领下，荷花街居委会负责人先后前往杭州、上海等地参观学习社区居家养老方面的典型。居委会最初设想以微偿形式开展居家托老且对发展前景较乐观，一则居家托老契合 A 市作为三线城市的传统养老习惯，入托老人依然生活在熟悉的环境中不会产生被抛弃感；二则居委会凭借多年公信力打造的托老所易得到居民信赖，微偿服务普通居民也能负担得起。老人早来晚归供应一顿午餐，聘请专人服务解决独居老人和白天无人照料老人的饮食、娱乐以及精神慰藉的难题。

因政府催促着要把 A 市社区居家养老的典型尽快树立起来，居委会在进行了简单的可行性论证后便着手打造。社区先是腾出一个废旧的 200 平方米公用车库作为老年驿站的用房，又积极缩减社区的办公用房腾出 100 平方米作为老年驿站的后备房源。老车库实际是个空壳，屋顶要进行防水隔热处理，内外也要进行装修，另需配套厨卫等设施，仅此项预算就达 12 万元，加上配置生活服务设施约需 3 万元，共计 15 万元。为筹集资金，居委会想尽了一切办法，因为是政府授意要办的试点，首先是向各级政府求援，市、区、街道各级政府及相关职能部门争取到了 8 万元经费，周主任利用自己的社会资源筹集了 4 万元，最后 3 万元的资金缺口只好向社会求援解决，2007 年 11 月居委会向居民和辖区单位发放了筹款倡议书。

经过一年多的筹备，在基层政府和 17 家单位的支持下，老年驿站于 2008 年 6 月 26 日正式运行。荷花街少数居民也向老年驿站捐了款，最多的捐款 1000 元，特别是两位曾受过居委会帮助日后发展较好的劳释人员在此次活动中也向老年驿站捐赠了取暖器等实物。

> 在揭牌仪式上，看到奔波忙碌一年多的老年驿站终于立在小区中，当时真的很激动很感慨，我还记得当时的发言："我们的老年驿站显得很别致，很招人喜爱，它具有广泛的社会基础和深远的群众基础，它给人以一种精神提示：生活在这个时代，我们幸福，我们要努力为这个社会服务。"
>
> ——与居委会周主任访谈（日志 20111213）

截至揭牌仪式当天，报名登记入托社区老年驿站的人数已达80余人。相关部门领导和居委会对老年驿站的运作充满了希冀和期待，荷花街居委会的台账上清晰地记录了老年驿站的工作构想：整合资源，规范服务；延伸内涵，完善服务；老有所养，体面生活；等等。

2009年，A市民政局制定了“社区服务中心建设标准规定”，要求每个社区必须配备居家养老服务站，为老人提供日间照料、生活护理、文化娱乐、陪医陪聊、心理疏导等服务。为了调动各社区的积极性，2010年A市城乡和谐社区建设指导委员会开展A市首届“十佳社区”评选表彰活动，规定参选的社区必须养老服务体系健全，有居家养老服务场所。在政府的推动下，A市几乎所有社区都建起了居家养老站。

（二）现实很“骨感”

虽然地方政府对社区居家养老有很多设想，但很多社区的居家养老站实际就是一间十几平方米的平房配备了几张旧桌椅，实质性的养老服务并未开展。荷花街社区老年驿站创办后其实也只是提供了一个老人活动的固定场所，创办伊始构想的各种精细化服务大多并未落实。首先，工作计划中整合了社区医院、理发店、药店、休闲中心等多家力量的为老服务志愿者队伍缺乏参与的动力和可持续性。除了驿站揭牌当天为老人提供了免费修脚、理发、测量血压等服务外，参与的商家只是在三月学雷锋、九月重阳节或者企业需要做广告宣传时才会送服务到老年驿站，日常的为老服务还是由居委会落实。其次，因为后续资金未能悉数到位，老年驿站的硬件设施也大大缩水。开办时设想的“每位老人都有一个属于自己的小木柜，有一张休息的躺椅，以及日常生活、体育、娱乐设施”等并没有资金去落实。市区政府每年补贴各社区居家养老站5000元，很多社区都将这部分资金用作了老年活动经费，但荷花街居委会认为若不能正常开门给老人提供常规的活动场所，老年驿站也就沦为一种形式，毕竟老年人的各种需求不是几场活动就能解决的。所以，居委会用政府补贴专门雇了一位工作人员保证驿站正常开放，为社区老人每天见面提供固定场所。

> 政府一年只给5000元，我们雇了一个人，340元一个月，就专门服务来驿站的老人，开门关门、端茶倒水、搞搞卫生。以前用的人蛮好的，早上7点就来开门了，现在用的这个（人）不太理想，作息时间不按时按点，老人在驿站活动的时间打折扣了，因为老人希望每天能早点开门，很多老人10点半钟要回家做中饭，下午4点半又要回去做晚饭，每家要伺候孩子吃饭呢。这个负责开门的执行的是居委

会的上班时间，早上8点半、下午2点开门，但我们又不好意思要求人家早来迟走，毕竟只有340元的工资，有人肯干就不错了。

——与居委会周主任访谈（日志20111213）

相对于有些学者对中国社区发展的乐观态度——通过办一场活动、搞一个动员，居民就能邻里守望、出入相友，周主任作为一名基层治理实践者，对城市社区治理的认识要理性务实得多——现实总是比理想要骨感得多。

那些人说的“我们这边通过一场舞、通过一个活动，就相互认识了，居民就熟悉了”，怎么可能！以前人穷，哪家包了饺子、摊了烧饼，左右隔壁家家送，感情都是通过这些小细节慢慢处出来的，真不是一天两天的功夫。传统社会的“邻里守望”是需要几十年、几代人的相处，“小火慢炖”才达到的。邻里守望，首先要天天能“望到”才行，所以我们坚持老年驿站天天开门，让老年人走出来，相互能望到。

——与居委会周主任访谈（日志20111213）

在保证老年驿站每天开门的基础上，居委会用企业给驿站的捐赠增加了一些小福利，也是希望吸引老年人走出家门加入社区活动。

无线电厂的王总每年捐给老年驿站6000元，我们专门有个账，这个账在街道办管着，专款专用办些小福利给老人发发，表示个心意。端午节每人10个鸭蛋4个粽子，中秋节每人4个月饼，春节每个人20个包子，数量不多就表示个过节的仪式。常来驿站活动的老人都有，身体原因来不了的，像80岁以上的我们送到家里去，困难户也送到他们家里去。

——与居委会周主任访谈（日志20111213）

因为面子问题，社区里一些经济条件较好或退休前曾担任要职的老人往往不愿参与这些受惠型的集体活动，居委会针对这一情况改变工作思路，请来大学生志愿者教授老同志电脑技术。向大学生学新技术显示了与众不同的时尚和自我定位，被不少老人视为有面子的事，通过此法把社区里知识水平较高的老人吸引到了老年驿站。正如前文所述，跨出家门确实是破冰之举。

我领他们进来，一回生二回熟，现在他们天天来。包括几个老干部不仅来驿站学电脑技术，慢慢地也常来我们邻里中心看看报纸了，先前直接不肯来的，我说这里就是你的家，你不要以为我们在办公你不能来，你直接来，什么叫邻里中心啊，邻居都能来的地方才叫邻里中心。要把他们领进来，大门敞开才能自由进出。

——与居委会周主任访谈（日志 20111213）

社区参与一直是中国社区治理中备受关注的议题，如何针对不同群体的需求开展有针对性的活动是提高社区参与的关键所在。尽管资金捉襟见肘，但在居委会的努力下，老年驿站的活动尽可能丰富，除了日常的各种棋类活动、麻将、扑克，还开辟了一个健身区，内有适合老年人的基本健身器械，还结合传统民俗设法增强老人的生活仪式和情趣，如开展做春饼、包元宵、包饺子、包粽子、煮腊八粥等集体活动。

将来还想搞社区小饭桌，想借助媒体帮居委会宣传一下，看看哪个学校的烹饪专业能接收提高下烹饪技能，这样子做出来的饭菜才有人来吃呢。我们构想的其实是社区食堂，不光是解决空巢老人、孤寡老人的问题，还可以解决那些双职工小家庭没时间做饭、家里有人生病顾不上做饭的问题。有需要可以直接和我们说一下，我把饭菜送到你家里，或者放了学（没饭吃）的孩子可以到社区吃了饭再回去。

——与居委会周主任访谈（日志 20111213）

老年驿站只是居家养老的一小部分，荷花街居委会设想有朝一日在居家养老方面能把托老所办成日托和 24 小时全托相结合的模式，以满足不同老人的需求，并且在社区托老所增设两张床位作为社区老人临终关怀的场所，但社区现有的老年驿站连日托也算不上。

现在一些老人临终还是蛮惨的，不仅是孤寡空巢老人，有的老人生重病医院也看不好，只好回来等死，家里子女孝顺的还好，不孝顺的直接不问。再说现在年轻人工作也忙，不可能 24 小时在身边侍候。就想将来有条件能搞个临终关怀小项目，让老人走得体面些。

——与居委会周主任访谈（日志 20111213）

目前居家养老多由政府买单，覆盖面较窄，服务对象主要是困难孤寡老人，而社区老人实际的居家养老需求市场巨大，如空巢老人、失能半失能老人、低收入老人等，这些特殊群体都需要相应的居家养老服务。

> 像我们社区现在只能是统一组织一个钟点工服务14户，政府补贴一般一个家庭150～200元/月，你家半个小时他家一小时地串起来，这样钟点工一个月收入可以达到2000多元。我们居委会的工作是走访这些（接受服务的）家庭，看服务的质量怎么样。我们这个居家养老（中心）其实就是个活动站，还不是真正的托老所。实际上，还有妇女儿童工作、弱势群体工作，这些才是居委会该做的事，居民也有这个需求。但在这些该做的工作上却没有经费没有人（力）。相反很多那些上级考核我们的任务，居委会没办法做却必须做，没钱没能力做也要硬做。
>
> ——与居委会周主任访谈（日志20130918）

（三）念念不忘终有回响

2013年，A市出台了《社区老年人日间照料中心（托老所）建设实施意见》《A市社区老年人日间照料中心考评办法》等操作性办法，2015年出台了《A市区政府购买居家养老服务管理办法》；2018年，荷花街社区被纳入全市19个颐养社区试点；2019年，A市累计引入和培育17家慧享福、安康通、九如城等社会养老服务机构，发展嵌入型社区养老服务，为社区老人提供助餐助浴、生活照料、康复护理等12项养老服务。此时荷花街社区60岁以上的老人已达2000多人，占社区总人口的22.5%。为了进一步服务好社区老人，在利好政策的支持下荷花街社区居委会将原有的居家养老日间服务站（即老年驿站）进行改造升级，首创A市“一站多点”养老模式，在不同的自然小区设立“袖珍居委会”，社区老人走“两步路”就能享受到社区提供的各种“家门口”服务。

> 通过“一站多点”模式，为老人提供助餐、送餐、医疗等服务，我们居委会两年前就开始启动这一项目，每年都在提升完善。目的只有一个，将服务精细化“打包”送到居民家门口，实现居民在“听得见乡音，遇得见熟人”的环境中养老。
>
> ——与居委会于主任访谈（日志20200826）

截至2019年底，荷花街社区实现了“一站四点”，将“袖珍居委会”开到了荷花池小区、安墩新寓、苏农一村和嘉荷苑。根据不同小区的居民结构和特色，每个“袖珍居委会”都有不同的服务主题。同时以“袖珍居委会”为集散点，社区工作人员能够第一时间收集到居民需求，发现并解决问题。小区居民尤其是老年居民不再像过去一样，只有跑到社区邻里中心才能获得帮助，现在不跑腿在家门口就能享受到服务。这就是荷花街居委会按照居民的需求提供的“私人定制”式服务。

> 社区还与驻地单位签约，向老年居民发放“体验券”，“体验券”可用于购物、买药等，老人能得到实实在在的优惠。居委会去年还定制了八个“真情服务包”供老年人选择，其中“急救包”里面有常用药、应急药，“关爱包”里面有米油，“娱乐包”则是带着出门旅游，“个性包”可以给上门的保洁人员配工作服等。就是想通过有形的物质和无形的服务相结合，满足个性化需求。我们也是一边收集居民需求，一边优化服务体系，投入了大量人力、物力和财力。现在“袖珍居委会”主要给老年人提供服务，希望很快能覆盖到所有居民。
>
> ——与居委会于主任访谈（日志20200826）

随着社区居家养老支持政策的不断完善，社区老人高质量养老渐成现实。居委会对照颐养社区的建设标准和基本要求，以提升居家养老服务中心、卫生服务设施以及“社区综合为老服务体”服务水平为重点，每年列出颐养社区创建项目，如适老化改造社区公共区域、建立护士站、失智老人防走失、签约家庭医生等，保证各个项目完成落实。

> 前年我在上海的姐姐回来买房安家落户了，走南闯北一辈子，老了还是觉得家乡好，小城市本来就很宜居，现在家门口就有这么贴心的服务真的比大城市养老实惠多了，还有一个在北京的表哥明年退休了也想回来养老。
>
> ——与荷花街社区张女士访谈（日志20200826）

二、灵活解决

2011年，荷花街社区几经努力被A市政府列入老小区改造序列，对荷花池小区和苏农一村的改造得以顺利实施，荷花池小区还通过自筹资金为居民另砌了车库。维护好车库特别是作为“公地”的车库屋顶平台不致发生“公地悲剧”是居委会面临的新任务。作为一个沉积了很多社会弱势群体的安置小区，荷花街社区的一些居民很难在市场上扩展生存空间，转而把目光投向社区“公地”以攫取私利。2012 年 11 月，有居民来居委会投诉有人在车库屋顶上养鸽子并要求居委会出面制止。因为车库有 2.3 米的高度，居委会成员并没有注意到有人用渔网在屋顶圈养了鸽子，待到现场确认鸽子的归属时，却发现不少居民显然知情却躲闪不愿吭声，后来查实是刑满释放人员朱正刚所为。朱正刚家住二楼，长得膀大腰圆、浑身刺青，平时就有些耍横无理，小区没砌车库时曾在自家阳台上养过三四只鸽子，考虑到邻里关系特别是朱正刚的特殊经历，居民都惧他三分，楼下居民曾到居委会反映过此事但绝不敢当面和他理论。

> 楼下居民来告状：“主任啊，你这是管的什么啊，那个鸽子在我家衣服上屙了一坨屎，把我的毛衫弄脏了，你们管不管啊，要不你把我房子搬走吧。”“你们一定要把鸽笼子端掉，但别说我来反映的啊，你们就说他不能养鸽子，千万别把我交代（暴露）出来。”
>
> ——与居委会周主任访谈（日志 20131228）

周主任出面和朱正刚交涉此事，立马遭到其反驳：“你们居委会管得也太宽了，我这是在自己家里养宠物，养宠物犯法啦?”居委会只好提醒他把鸽笼安放好，别把鸽粪等弄到楼下居民的衣物上。“他们那是栽赃我，外面飞的鸟多了，怎么就是我家鸽子屙的，上面又没写字!”居委会见周边其他居民意见还不是太大，只是楼下居民来投诉，再说鸽子养在朱正刚自家阳台上确实也不好多管，遂劝慰了楼下居民一番，楼下邻居因为惧怕朱正刚暗中滋事只好隐忍作罢。

朱正刚此次动静很大，直接在公用车库屋顶平台上用渔网搭起了一个约 10 平方米的笼子养了几十只鸽子。这次来找居委会“告状”的居民李女士是 Y 大学的教师，丈夫在 S 医院工作，在荷花池小区买了学区房刚搬来不久，见有人在公用车库顶上养鸽子很是诧异，出于知识分子的正义感，在不明养鸽人身份的情况下直接投诉到居委会。

朱正刚因为被劳改过又没有文化，一直没有稳定职业，靠帮附近商家跑腿送货补贴家用；其妻子因高度近视也没有找到正式工作，以前在小区看管公用大车库，随着大车库改造为小车库并分给各户居民，她也就失业了；家中还有刚上中学的儿子，经济较拮据。面对居民投诉，关键是鸽子数量较多且养在公用平台上对较多居民生活产生了不良影响，居委会不出面制止显然不太合适。周主任多次上门做工作，许是大车库改成小车库致使其丢失了原先看车库的工作，朱正刚的妻子态度强硬不肯拆除。

> 你们有没有文件？有没有法律表明我不准养鸽子？如果有这个文件那我不养，如果没得文件，说明是政策允许的。我家经济困难，鸽子可以卖几个钱补贴家用，我们自力更生不给政府添麻烦，从鸽子身上抠几个蛋给孩子补补营养，请问犯了什么法？再说，我家（朱正刚）是劳改释放犯，政府不是叫他改邪归正嘛，他养鸽子有个寄托，就不出去瞎混了，对政府是好事！
>
> ——居委会成员与朱正刚妻子对话（摘自观察日志20121109）

由于权力和资源所限，居委会并没有强行拆除朱正刚鸽笼的执法权，同时出于社区稳定的考虑，对朱正刚这样的家庭，基层管理者态度也不敢过于强硬。现实中碰到类似棘手的情况，居委会多采用“敷衍搪塞”的策略——劝说工作我做了但没有效果，没有执法权我也很无奈。一般来说，只要社区其他居民不过分计较也就“睁只眼闭只眼”糊弄过去了，再说事后得知朱正刚的特殊身份料想李女士也会考虑成本主动放弃追究。岂料李女士知识分子的韧劲上来了，觉得鸽笼没有及时拆除是居委会的不作为，并在2012年11月13日打了市政府投诉热线。

> 市政府就来单子问责了，电视台又来跟拍监督，我们要回话呀，只好又去朱正刚家里现场解决问题，朱正刚妻子又对着电视镜头说了：“你们有没有文件？有没有法律表明不准养鸽子？如果有这个文件我不养，如果没得文件，说明还是政策允许的。”又说了她家的很多困难。这事上面问起来了，我就只好如实答，城管来了也不一定能拆掉，他（朱正刚）如果要抗你真没得办法，人就怕个死。为了这事弄出条人命，把（城管）工作弄掉，城管也不会做。他家老婆放话“反正我家已进过‘局子’（指监狱）了，大不了再进一次”。有时候工作就是挨啊、糊啊，挨挨也许就过去了。
>
> ——与居委会周主任访谈（日志20131228）

李女士用知识分子偏好的“讲理”手法来对抗朱正刚的不当行为，希望通过政府、居委会、媒体等行政或舆论的合法渠道来解决此事；居委会用“糊”和“挨”的策略来应对此事；朱正刚夫妇则用了“弱者的武器”来对抗。事情拖了两个月毫无进展，鸽子继续在房顶养着，其间也有其他居民来居委会表示不满。

> 遇到这种人政府其实也没办法，但政府朝我们身上压啊，创建时期这个鸽笼肯定影响小区形象，上面就让居委会想办法处理。
>
> ——与居委会周主任访谈（日志 20131228）

居委会答应想办法解决但需要时间来斡旋，一再强调不能弄出人命来，稳定更重要。因为 2010 年底在 H 街道办的另一社区出过类似的事情，一位 60 多岁的独居老太长期以捡废品为生，家里堆得像垃圾场，邻居难以忍受就告到居委会。居民楼里废品成堆，一是卫生状况堪忧，二是有安全隐患，居委会多次做工作，老太太始终不肯清理，在多次劝说无果后，居委会趁老太太外出之际组织人员上门清理了废品。老太太回家后声称家里价值连城的古画不见了，到处上访哭闹，甚至在 A 市文明城市创建期间还差点硬闯上级检查组，造成了极大的影响，也让各级干部人心惶惶。坊间传闻最后基层政府给了老太太一笔大额补偿才“摆平”了此事。前车之辙后车之鉴，对朱正刚这样的居民，居委会不敢贸然行事。2012 年 12 月中旬，投诉鸽子窝的李女士拿了一沓医院的门诊发票到居委会。

> 她来了就和我说：“主任啊，我这是带状疱疹，医生说是鸽粪和鸽毛过敏，几千块钱用下去了，中药、西药吃遍了都不见好转，你看怎么办呢？”这是在将我军啊！
>
> ——与居委会周主任访谈（日志 20131228）

显然，李女士这样的“秀才”在遇到朱正刚这样的“兵”后，也开始自寻武器进行还击。虽然居委会觉得这是李女士用的策略，但却让居委会很难再“睁只眼闭只眼”来敷衍此事，而且此时社区里不断有居民扬言“鸽笼清理不掉以后居委会代收的物业费绝对不交”。

> 我心里打鼓了，到底知识分子聪明啊！这不生病不要紧，生病就危及健康了，而且后面还不知道要“生”出什么病来，这个居委会绝对要管了。用什么方法管呢，想啊、议啊……到最后，还是决定把城管兄弟们喊来，请他们吃顿饭。无论如何要想办法把鸽笼弄掉，毕竟

城管人员有执法权，好出面。

——与居委会周主任访谈（日志20131228）

老小区的住房在当初设计规划时普遍面积较小，如果开了车库平顶上养鸽子的先例，就有可能产生私拉乱搭的破窗效应，致使更多的居民染指“公地”，居委会权衡再三决意要清除朱正刚的鸽笼。清除工作实际上是分两条线进行的，一方面是城管上门告知责令拆除，另一方面是居委会加大对朱家的关心力度。因正值年关，按惯例周主任此时会把居委会工作放手他人，利用自己的“名人效应”到各单位募集年终慰问物资，通过慰问达到“一石三鸟”的效果：一是帮助困难家庭，二是拉近对居委会有意见的部分居民的关系，三是对居民积极分子进行感情投资。“拿人的手短，吃人的嘴短”，老百姓最朴实的认知在基层工作中更能体现其价值和效用，不在于数量上拿多少也不在于吃多少，关键是一旦有这样的行为发生，双方就建立了荣辱与共的关系，你必须配合我的工作甚至包容我的不足，否则就有不知恩图报之嫌。

居委会决定加大对朱正刚家庭的慰问力度，首先把他列为市、区、街道各级政府的慰问对象，其次有企业来慰问也首先考虑到他们家。碰巧其间朱正刚正好丢了饲养多年的爱犬，周主任便利用自己的关系主动帮忙在媒体发布相关信息，最终帮朱正刚找回了爱犬。“人情是一种社会规范，但是这种社会规范不仅具有伦理道德的逻辑，还具有交换的概念。”① 居委会和朱正刚快速建立起了“人情”关系，人情往来虽然不能预计多少回报，但也不能排除回报小的可能，而且过程的委婉和迂回往往能使人情的施予者获得的利益比直接的预计结果更大。人情往来是诉诸“情”的情感交流，基层治理中情感交流的效果往往大于日常事务接触，可以更有效地提高居民对居委会的认可度。果然，2013年3月，当城管再次来下达鸽笼拆除通知时，朱正刚态度有了缓和，同意拆除但要求赔偿1500元的损失。

城管兄弟和我说：“主任，他同意了。”我说：“太感谢了，我把你们的好永远摆在心头。”城管说：“你要赔他1500块呢！”对居委会来说，1500块，大数字啊！政府给我们的办公经费一个月才多少呀，我们要用水、用电，有时遇到个把困难户还要掏个50、100的给人家

① 何艳玲：《都市街区中的国家与社会：乐街调查》，北京，社会科学文献出版社，2007，第160页。

应应急，电脑打印纸、复印纸，100 多个党员每月要学习一次，光打电话就要多少钱，这些费用全指望这里出呢。但我们权衡再三，如果纵容了第一个，可能就会有第二、第三个，老小区家家地方小，谁不想占点公共空间呢，真那样就乱套了。1500 元，给！但对他提了要求，不能在外面说是居委会给的。不然以后群众有什么事都找社区拿钱咋办，我又不是生产单位，对不对？

——与居委会周主任访谈（日志 20130917）

居委会在解决涉及多个居民切身利益的矛盾纠纷类社区事务时，出于对上级考核、组织利益和居民人际和谐等因素的综合考量，邀请城管出面，策略性地搭建国家出场、在场甚至表演的舞台，将国家威权成功备注为居委会背后的支持者、伙伴甚至两者同体①，既增加了自身的合法性和社区权威，也实质性地解决了社区问题。

最后终于拆掉了，那个女教师（李女士）来谢我，“主任啊，你真有本事！”又说，“这个养鸽子的人就不应该同情！”我不能跟她说为了这事我们居委会搭进去 1500 元，我只能说：“姑娘，你们夫妻俩，一个教师一个医生，工资都不低，他们是真正的弱势阶层，以后你们要关注帮助他们，像社区里慈善捐款啦，过年捐赠啦，尽量多捐一点，大家都来帮帮这些人，可能这种情况就会减少。”

——与居委会周主任访谈（日志 20130917）

朱正刚的鸽笼拆除后，社区物业招聘保安，居委会优先考虑任用朱正刚的妻子，也是给这个困难家庭一份基本收入保障。居委会邀请城管在场解决棘手问题，再给予朱正刚家庭困难帮扶，既达到了社区事务分解与压力转移的目的，也型构出“治理的政治性”与“生活化治理”兼顾的关系模式与合作方式。事后不久朱正刚本人主动加入了社区治安巡逻队为居民义务服务，用他的话来说，“怎么也得给主任一个面子，不然太不像话了”。“怎么也得给点面子”说明问题的解决往往不在于问题本身，而在于解决的人是否具备情感积累的支持，这种情感积累在类似邻里生活场景的反复互动与互惠中得到加强，同时居委会的各项工作也在这种互动互惠中得以落实和完成。

① 屈群苹：《嵌入式治理：城市基层社会治理压力的组织化解逻辑——基于浙江省 H 市 S 社区的理性审视》，《浙江学刊》2019 年第 6 期。

三、暖心顺气

情感积累程度往往是居民对居委会认可的一个重要衡量尺度。良好群众基础的累积要求基层管理者不仅要具备岗位所需要的工作热情与组织能力，还要主动增加与居民的互动机会以积累情感。居民特殊群体有着不一样的情感需求，不仅要主动去发现，更要注意满足这些需求。

> 小区里一些刑满释放的人员，他也许不懂法，但可能很讲义气，我们就从“情”和“义”上去做工作。我到荷花街社区来开展工作的第一步，就是去7个监狱帮教社区服刑人员，后来每年都去，我们是江苏省第一家探监的社区居委会。1999年，我们居委会开始组织帮教团，和服刑人员家属一起去帮教，特别是春节、中秋节这些传统的团圆节日。
>
> ——与居委会周主任访谈（日志20131017）

荷花池小区的郭强从前来探视的妻子那里得知女儿生病住院居委会送去500元慰问金，觉得居委会不仅没像很多熟人那样对他家唯恐避之不及，还雪中送炭，内心很是感激。郭强刑满归来第一时间主动来居委会报到，周主任趁势鼓励加敲打，郭强现已成为社区积极分子。居民小孔2008年刑释回家，居委会帮他解决了就业及妻子的就医问题，小孔目前事业小有成就，每年都会给老年驿站捐赠物资设备，另每年赞助6000元给社区居委会，设立了专门的社区帮教基金。

情感是人生存于世的基本体验，是个体对社会的认同感、归属感和参与感的结合体，“是把人们联系在一起的‘黏合剂’，可生成对广义的社会与文化的承诺”①，对社会联结和文化具有重要的效应。身陷低谷或困境的人对情感更渴望，生活的波折使其比常人更懂得知恩图报。通过关爱、帮扶等方法荷花街居委会与困难群体之间建构起施恩回报的互动关系，这种施恩回报的互动关系与单位制时代单位组织和成员之间形成的庇护关系有相似之处。中国早期的社会治理受西方新公共管理运动的影响，过于聚焦效率、制度等理性视角，对传统要素尤其是情感的治理功能有所忽视。与制度和技术治理等刚性治理手段不同，情感治理偏向于社会柔性治理，其通过制度化或非制度化的情感回应引导社会成员的情感实践，满足社会

① 〔美〕乔纳斯·特纳、简·斯黛兹：《情感社会学》，孙俊才、文军译，上海，上海人民出版社，2007，第217页。

成员的情感需要，以达到情绪安抚和心灵慰藉的目标，其本质是尊重人的尊严与价值，激发社会运转的内生动力。[①] 荷花街居委会的治理实践显示，有时硬性管理的权力并非必要，只要能够精准发现、占据一定的服务空间，发挥情感治理的效能，居委会同样能在基层社会获得影响力并持续发展。

随着中国社会变革和利益结构的调整，社会矛盾与社会问题呈现出多样性和复杂性。为了应对社会矛盾叠加、风险隐患增多的复杂形势，基层建构了一整套以体制化运行为核心的维稳机制。[②] 这套维稳机制的核心逻辑是“不出事”，“大事化小，小事化了”。而与此同时，随着民众权利意识和自我保护意识的增强，从空间渠道来看，越来越多的矛盾通过信访等途径表达出来。从时间节点来看，上访群众普遍认为举办重大活动或者重要节假日等敏感节点是表达诉求的有利时机，即便问题不能立刻得到解决也可以给地方政府施压，争取到对自己有利的主动权。从上访层级来看，基层或低层级政府与居民之间可能具有千丝万缕的利益关联，由于利益而产生的冲突使居民基于自身利益的考量，会采取信任与利害方利益无关的高层级政府来解决利益冲突事件。换言之，由于不同关系方的利益相关性不同而导致居民对不同级别的政府信任度有差异，一般来说中央或高层级政府在居民心中具有较高的信任度，而居民对基层或低层级政府的信任度较低。因此，在重大活动或节假日期间各级政府担负的维稳任务和压力会剧增，而对于社区居委会而言，辖区内有居民上访则意味着工作量的增加。

> 这些（上访的）人钻到牛角尖里去了，有时就是心头一口气。一个小区有一两个要上访的，工作量就上来了。反正上面一声令下，你们就要想尽一切办法摆平！我们维稳压力大呢！只要有人上访，不管有理没理，不管你想什么办法，先要把他拖回来。
>
> ——与居委会于副主任访谈（日志 20131019）

荷花街居委会对上访的“钉子户”，首先是关心，让上访者理顺气，然后尽可能地利用居委会资源为上访者解决一些问题，尤其是生计和情绪问题。社区居民老徐 2009 年时曾写信给居委会倾诉自己的困难，因家有“落私房”[③]，但因补偿标准和历史原因 A 市政府相关部门一直没有将“落

---

① 孙璐：《中国城市社区情感建设的可能性及路径——基于社群主义视角的分析》，《城市问题》2013 年第 2 期。

② 陈发桂：《基层维稳的行动逻辑：从体制化运行到社会化运行》，《理论与改革》2011 年第 6 期。

③ 指 1958 年城市私有房屋进行社会主义改造中被充公的私人房产。

私房”落实给老徐，在房价攀升成为硬通货的当下，老徐不断上访要求相关部门解决这一问题。目前他在一家公司看仓库，患有严重的心脏病，做了三次心脏搭桥手术也没能痊愈，想再次手术却无力支付医疗费用，房子如能落实，对老徐而言无疑是雪中送炭。老徐在写给居委会的信里袒露，自己也知道社区没钱，仅仅是想找个地方倾诉一下，多年来一直找相关部门落实房屋问题，相关部门都把他视为“钉子户”。周主任看到信后第一时间就赶到老徐家。

> 我去他家买了10根香蕉，8个苹果，他说你们社区没钱，还这样破费，很激动。我说你把情况说给我们听，看居委会能为你做点什么，可能暂时房子不能给你落实，但眼前的难关我们要帮你渡过去。摸清情况后，我跑了组织部、民政部，替他争取到4000元，居委会又贴了1000元，一起送给他。他真的感动得很，你知道他跟我们讲什么话？他说：“主任，如果实在没得办法要去上访，我前脚走后脚就给你打电话，你马上去带我，我就跟你回来，绝对不给你们添麻烦。”
>
> ——与居委会周主任访谈（日志20131017）

从2015年开始，中央加大对各地级市进京上访工作的考核与通报力度，实行来访必登的“全口径”“留痕登记”管理办法，并将进京上访量作为考核地方信访工作的重要指标。顶层考核政策的变化引起地方工作方式的关联反应，市、区（县）、街道（乡镇）纷纷将信访工作相关考核事项列入“一票否决”项。显然，中央的举措是为了督促地方各级政府处理信访案件，然而不少基层管理者在办理进京访、重复访等案件上常存在“畏难”“厌倦”情绪或者先入为主，认为进京重复上访主要是信访人要求过高、以访谋利或者精神偏执，缺少对自身工作可能存在问题的检视，不愿做深入细致的调查处理工作，而是照搬原调查结论、原处理意见、原领导表态等应对上级的督办检查，更有甚者处理问题简单粗暴，一到重大敏感时间节点就采取24小时盯人的方式落实属地稳控责任，寄希望于“严管”控制矛盾，往往陷入“化解—反弹—再化解—再反弹”的恶性循环。

> 上面确实有苦衷，有些问题不能随意开口子或者一下子解决，但老百姓不知道你的苦，你们为什么不解释给老百姓听，让他知道呢？我认为大部分老百姓还是通情达理的。现在风气也不好，谁闹得凶谁就得到的多，当官的害怕会闹的群众，怕出事惊动上层，所以，“闹”

也是你上面助长出来的。话说回来，“不出事”也不是真的就没事了，堵着压着将来也许要出大事。

——与居委会于主任访谈（日志 20191125）

社会转型加速期中国基层社会治理的新问题和新难题层出不穷，这对基层管理者的治理能力提出了更多的挑战。虽然客观上确实存在法律法规与急速变迁的社会配适性不强导致的政策不到位、损害群众利益的情况，但公共权力的行使如果能更阳光透明，执法者能更公平公正并施以人文关怀，即使上访者的问题暂时得不到彻底解决，也要给予他们尤其是其中弱势人群生活上的关心，而不使其产生强烈的被剥夺感。部分责任部门把矛盾推给居委会去化解，片面强调属地管理责任，一则居委会没有足够的资源和能力，二则增加了居委会的工作量，居委会也只能使问题暂时搁置而非彻底解决。毕竟不惜代价、不择手段地只重“不出事”的眼前结果，长此以往，损害的必定是社会和谐稳定和社会公正。

四、进退两难

2013 年 8 月，A 市电视台和市红十字计划联合制作一档暑期特别节目“送你上大学”，讲述 A 市贫困家庭高考生的故事，旨在呼吁爱心人士助力贫困生圆梦大学，电视台联系各社区居委会推荐相关贫困家庭。荷花街居委会斟酌再三，推荐了社区 19 岁女孩华晓娟。华晓娟是华翠英的丈夫 19 年前在上班途中捡到的弃婴，当时华翠英已育有一对双胞胎并不想再收养孩子，但其丈夫舍不得孩子最后执意收养了。2005 年丈夫不幸患病去世，留下华翠英和三个孩子，居委会帮家境窘迫的华家办了低保，2012 年华翠英退休，每月有 1000 多元的退休金。

华翠英在小区口碑很差，邻居都认为她人品不太好，许是因为家寒她对三个孩子非常严苛，生活俭省到几近苛刻的地步，尤其是对华晓娟非打即骂，多个邻居和笔者谈起她时直接称她为“垃圾”“无赖”，甚至觉得孩子在她眼里就是摇钱树，将来是要在孩子身上榨钱的。

她“跌个跟头都要啃点泥”，恨不得（把泥）变成金子才快活呢。她对几个孩子，真是作孽啊！每天是不买菜的，到附近网吧捡人家吃剩的盒饭，好的就大家吃吃，不好的就给狗吃，她家养了很多狗，扰民啊，还说不得，为什么养狗？生了小狗好去卖钱。

——与荷花街社区居民张强访谈（日志 20130817）

华翠英养狗不仅扰邻而且态度恶劣，大家对她都很不待见。在居委会人员看来，这个女人把三个孩子拉扯大不容易，但在做人方面确实有些无赖，特别是最近几年家境有所好转，已不符合低保户条件但还霸占着低保名额不放，并且手段恶劣。

> 她自己每月拿1000多退休工资，有个女儿也已工作了，她丈夫去世时孩子小，居委会帮她申请了低保。照理现在孩子已工作了，这个低保就该退出来了，但她还是赖着继续吃低保，死活不肯让出来。上面政府也怕她呢，每次一说要拿掉她的低保，她就到政府门前瞎闹。
>
> ——与居委会于副主任访谈（日志20130817）

居委会之所以向媒体推荐华晓娟基于两点考虑：一是以华翠英平时对待孩子的态度，极有可能舍不得花钱让华晓娟去读大学，高考分揭晓后她已多次扬言家里供不起，居委会不忍心看着孩子的前途被耽误；二是华晓娟作为社区阳光学堂长期帮助的孩子，其考取大学对宣传阳光学堂意义重大。荷花街社区阳光学堂创办于2003年，旨在对社区青少年进行学习指导和精神引导，阳光学堂所有的活动都由居委会牵头，由社区志愿者尤其是有教育从业经历或有文艺特长的志愿者定期给予孩子学业或者特长爱好方面的指导。

> 阳光学堂的孩子越来越少，目前基本是外来流动人口和贫困家庭的孩子来参加活动。现在家家是独生子女，对教育都重视，阳光学堂是免费的，免费的家长就会觉得质量不行，不信任，人的心理有时奇怪呢。再一个，现在谁都不愿自家孩子输在起跑线上，家家都是好中选优，花钱在外面报各种辅导班，某种程度上花了钱家长心里才踏实呢。
>
> ——与居委会于副主任访谈（日志20130817）

因为家境贫寒无力支付辅导班的高昂学费，华晓娟课余时间一直在阳光学堂接受志愿者的免费辅导，她是全社区唯一一个从小学到高中一直在此接受辅导的孩子，也是阳光学堂自创办以来第一位“自培”的大学生。居委会也想借华晓娟考取大学的事宣传阳光学堂，扩大社区为民办实事的影响力。事实上，自从华晓娟考取大学后，居委会门口就一直放着醒目的宣传牌“热烈祝贺社区阳光学堂的华晓娟考取某某大学”，这期间居委会接待过数批来视察工作的各级领导、来交流参观的各地同行、因好奇前来询问的无数居民，无一例外地会把这一信息作为居委会工作的特色和亮点加以介绍分享。

A市电视台去华晓娟家实地拍摄了她家庭拮据的境况，特别强调了华晓娟被收养、养父早逝的身世，周主任也出镜呼吁爱心人士帮孩子圆大学梦。华晓娟的身世打动了许多市民，节目播出后各种捐赠纷至沓来，其中很多捐助人也是冲着周主任和荷花街社区多年积攒的知名度和信誉而来，一位企业老板直接包揽了华晓娟大学四年的学费，另给了一张银行卡承诺资助她每月1000元生活费。更多热心市民直接到华晓娟家而非通过电视台或红十字会捐赠。随着捐赠的人越来越多，周主任开始思考居委会到底是做了件好事还是坏事？

> 我要是不（在电视上）说话呢，她这个大学华翠英肯定舍不得花钱给她上，说不定孩子前途就毁了，毕竟也是我们阳光学堂出来的孩子。但是，我呼吁大家资助后又有点懊悔，媒体一报道，多少人来送钱送物，有的送到居委会，有的送到电视台，这两个（途径）是可以扎口的。但更多的人打听到她家住址直接送到家里去了，究竟送了多少，我们也没有数，她那栋的邻居都说“华翠英发了大财了”。民间捐赠太混乱了，既然大学梦已经圆了就应该停止捐款了，后来我一看不对头，赶紧打电话给电视台请他们转告好心人，上学的钱已经够了，请捐给更需要帮助的人吧，就这样现在都9月底了还有人来送钱送物。这个孩子也不懂事，开学临走前，我说你上电视感谢下人家好心人的帮助，她既不肯上电视也不肯和我们见面，她姐姐说她开学前吵着要买电脑买手机，还要买好的、高级的。真不晓得是帮了孩子还是害了孩子，后来我和电视台人讲，你们做好事一定要想办法归口（管理），不要弄到最后有人“胀”死了，有人却得不到资助。
>
> ——与居委会周主任访谈（日志20130925）

从公益慈善的大环境来看，公众亲历或亲见一些慈善活动的不透明不规范，运作过程无序，对善款的使用、流向缺少追踪机制，同时社会监督制度还不完善，民众很难进行监督。这些问题的存在使募捐发起者的公信力受损，也影响了民众的捐赠热情，越来越多的捐赠者不愿从正式渠道诸如慈善组织、媒体等给受助人捐赠，而是更愿直接找到受助者当面捐赠。

只有相关制度健全了，才能保证荷花街居委会这样的基层组织不会去怀疑对贫困生华晓娟的帮学行为是否害了孩子，陷入“帮与不帮”的尴尬境地。但不管怎样，帮扶行为提升了居委会在社区居民、上级政府乃至社会公众心目中的知名度，为以后工作的开展打下根基。

第三节　和业主居民间的运行逻辑：博弈—不出事

随着大规模城市改造和人口流动，大量市民入住陌生住宅区，大部分业主参与社区公共事务的动力不足，加上“搭便车”心理以及时间、精力、场地等限制条件，自发的社区参与行为较少。在荷花街社区也是如此，除了上文所提及的居民积极分子、弱势群体和居委会组织互动较多外，多数居民参与社区公共事务的积极性依然较弱，这意味着一般情况下居委会和多数居民的互动其实是有限的。但笔者在研究中也发现，普通居民和居委会互动少其实是缺少契机，一旦具备外在条件，特别是在居民的利益包括房产利益、人身安全利益等受到侵犯或侵害时，就会和居委会互动，大量的社区业主维权事件、公共突发事件都佐证了这一点。本节主要探讨依托于房产利益的业主身份被某些事件激发、凸显时，居委会和这些有着业主身份的居民（以下简称“业主居民”）之间的互动不仅是频繁的，而且基于住房产权的互动体现了居民自发式的无须动员的社区参与。

荷花街居委会和业主居民间的互动逻辑可用“博弈—不出事”来概括，城市社区场域的业主维权事件无不显示：事件中的相关利益主体为了各自的利益，按照一定的游戏规则采取适宜的策略展开博弈，在获得一定支付后，便会形成一种新的权力关系或权力结构达到暂时的博弈均衡状态。在“车库事件”“噪音事件”等社区事件中，居民基于维护自身利益的诉求与本着“不出事”原则的街居组织发生竞争，在博弈中寻求利益均衡和协调，呈现出一个社会网络内多方利益主体采取多种策略参与博弈的生动图景。

一、一场持久战

荷花街社区荷花池小区发生的“车库事件”曾被媒体作为居民自治的典型加以报道，在这场历时一年多的社区事件中可以解读到基层政府、居委会、业主居民为了实现自身利益产生的矛盾甚至冲突，在此过程中各主体运用多种策略进行博弈，特别是居委会时而作为政府帮手，时而作为业主代言人，时而作为居民间利益调停者，在城市基层社会各主体间努力寻求治理的均衡点。

（一）砌车库

荷花街社区七个自然小区的基础设施状况差异较大，安墩公寓、嘉荷苑等新小区硬件设施齐全，而荷花池小区、苏农一村等老小区的很多基础设施都已严重老化或供给不足。荷花池小区在建成时只配套了两个地上公用大车库，车辆和杂物无处安放，给居民生活带来极大不便。对包括荷花池在内的老小区进行改造是2011年市政府为民办实事的重点项目，小区居民想趁此解决车库问题，希望每户能有一个独立车库。3月，施工队入场荷花池小区着手改造，一切井然有序，居民每天都能直接感知到小区的变化，即便是一些平时并不关心小区事务的中青年也开始注意到小区的变化，居民间关于砌车库的话题逐渐多了起来。经过一个多月的改造，小区基础设施基本改造到位，5月初小区里平整出接近20块大小不一的空地，居民看着这些空地想建造独立车库的诉求越发强烈。很多居民觉得如果不趁此机会砌成车库，可能这个问题就永远无法解决了，一些揣测之词在居民间传开：老小区条件差，不是当官的政绩主场，此次改造完了政府不会再有闲钱投放给小区的，甚至未来一二十年间也不会再来关心老小区了，正如“过了这个村就没这个店”，砌车库这事得趁早……改造现场每天来关注施工进度的居民日渐增多，焦灼的情绪在小区里弥散开来，甚至一些所谓的“刺头”居民开始扬言，如果上面（政府）不同意建车库就不再继续配合政府进行小区改造。

当然，居委会和负责改造工作的A市建设局都没有把居民的话当真，因为老小区改造是要排队的，荷花池小区能列入本次改造的名单是街道和居委会前期做了很多工作下了很大功夫才争取到的；再者，小区整体环境改造好了最终受益的还是业主，无论是自住还是出租出售，好的小区环境总是有利于房产保值增值的。由于房价的不断攀升，绝大多数家庭的房产投资都是重大开支，老小区改造实际是一场来之不易的住房保值增值运动，职能部门和居委会都相信业主会积极投入这场改造运动。

我们奔走大半年才得到这次改造的机会，5月8日早上我来上班，40多个居民守在居委会门口，“主任，我们有话说呢”。我问：“你们三四十个人聚在这儿什么事啊？”散兵游勇不怕，就怕成帮结队。“主任，好事做到底，小区改造我们举双手赞成，如果再把这件事做好了，我们一辈子念叨居委会的好”，“给我们一家弄一间车库”。

> 我当时就呆掉了，这怎么弄啊，不可能的事！因为小区空余地本身就很少，再一家弄一个车库，居委会这个日子就不能过了。当时电视上都播过几次了，大草巷小区、顾庄小区，都是老小区为了砌车库大打出手，到最后政府发动（居委会）一家一户去做工作。荷花街不能这样做，居委会实实在在干工作，十多年才把小区搞得这么稳定，为了砌车库大打出手，上媒体曝光，把我们多年念的“苦经”全部否定，这个不划算。
>
> ——与居委会周主任访谈（日志20131017）

对于居委会来说，关注居民的需求就是寻找组织在社区场域的立足点，不断提升服务供给质效就是积累组织权威、扩张组织生存空间。荷花池小区公共空间少，居民想每家一个车库显然是不切实际的，而且车库极有可能成为政府所严禁的违章建筑。如何在政策许可的范围内解决车库问题显然超出了居委会的计划和能力范围，但可以肯定的是，若想取得政府对这项工作的支持首先得把小区改造工作做好。因此，如何说服居民配合完成小区改造是居委会的当务之急。此时恰逢A市文明城市创建工作的关键节点，全市上下都以临战状态迎接国家“大考”，周主任思忖着荷花池小区不能“顶风作案”，如果为了砌车库大打出手、在电视上曝光，不仅会给小区形象带来负面影响，还会给上级领导留下居委会工作不力的印象。但居民的诉求也要考虑，特别是荷花池小区有些居民有点“难玩”，更要充分考虑其诉求，解决居民现实生活难题。

> 我就跟居民说：“行，我先调研，但你们要跟我保证，必须配合政府把小区的改造工作顺利完工。”有人当场就反对：“不行，要先把车库砌好才能继续配合下面的改造工作！”一石激起千层浪，大家纷纷诉苦，“受了多年的罪，没有车库不方便”，有人吐槽公共车库有统一的开关门时间，不方便，上夜班回来车子进不了车库，放在外面又担心被偷，“住进来丢了多少辆自行车、多少辆摩托车”……现场一片抱怨和诉苦声。
>
> ——与居委会周主任访谈（日志20131017）

周主任向居民再三申明老小区改造是贯彻市政府的一号文件精神，希望大家能以大局为重配合政府把改造工作做好。强调一号文件精神的目的是凸显小区改造工作的政治性和重要性，表面看居委会有用红头文件压人的意思，实际上是对公共权威的援引，希望依靠外来的国家权力为改造工作“摆架势”。但仍有居民坚持认为政府应先把车库砌好才能配合后续的改造工作，居委会便打起了另一张牌。

> 如果大家不配合政府把小区改造好，错失机会，荷花池小区永远不可能再有改造的机会了。大家想想，今后你家娶媳妇嫁女儿，新人亲戚来一看，你就住这么破的小区啊，你在亲家母面前怎么抬得起头啊！
>
> ——与居委会周主任访谈（日志 20131017）

波兰尼和格兰诺维特用“嵌入性”这个概念来解释个体行为，认为个体的行为特征介于原子化和社会化之间，“行动者既不像独立原子一样运行在社会脉络之外，也不会奴隶般地顺从于他/她所依附的社会类别赋予他/她的脚本”①。荷花池小区居民大部分是 20 世纪 90 年代初拆迁安置的当地农民，基本保留了完整的乡土社会的熟人关系，在熟人社区居民更注重人情和面子，乡土社会的传统如婚丧嫁娶等人生仪式也格外被重视，在这些仪式中居民更希望能在熟人关系网络中挣得面子，毕竟个体的社会行为是嵌入在真实的、正在运作的社会关系系统当中的。果然，在和居民动之以情晓之以理分析了利弊后，在场居民表示愿意配合政府的改造工作，同时希望居委会通过官方渠道向政府传递居民想建车库的心声。

> “主任，我们配合，但这个车库你一定要帮我们向上喊、帮我们解决。”我说：“你们先回家，该上班上班，该干事干事，余下工作我们来做，调研啊、向上面汇报啊，一有情况居委会就和大家及时通气。”
>
> ——与居委会周主任访谈（日志 20131017）

劝散居民后居委会随即向街道汇报了居民砌车库的强烈诉求，上面答复会考虑这事，但要等文明城市创建“国检”验收工作结束后再议。居委会又请正在进行小区改造的施工队——建设局下属施工单位对小区空地的“边头角脑”进行测算，预估每户砌车库的可行性。通过测算，终因小区空间有限，建设局否定了居民每户砌一车库的想法。5 月 17 日，居委会

① Mark Granovetter，1985：“Economic Action and Social Sturcture：The Problem of Embeddedness”，*American Journal of Sociology*，Vol.91，No.3，pp.481-510.

发出通知，请居民当晚来社区居民活动中心商讨车库问题，征求大家意见。一般来说，利益是居民参与社区活动的内驱力，当发现社区参与能够保障和维护自身利益时，居民自然会积极参与。砌车库关系到居民的普遍利益，此次居民会议的参与率之高史无前例，有的家庭还派出多名成员参会。

> 一般关注社区工作的有两种人：一种是退休的，因为各种（人事、工资等）关系进社区了；另一种是弱势群体，生活上指望我们呢。像中青年，根本眼睛看都不看，因为他没事找你，甚至有人连居委会是干什么的都不清楚。但这次砌车库的事把中青年都吸引过来了，以前居委会召开居民会议都要再三动员，算上积极分子最多三五十个人参与吧。嚯，那天济济一堂！我们几个人被居民包围着，一个个（居民）激动得不得了，声讨我们，“你们居委会调研怎么说的?”“上面什么态度?”“车库不砌我们不会配合小区改造!”……我们如实相告，请专家测算过了，相关领导也来调研过了，真砌不起来，请大家来（开会）就是想听听还有什么其他措施解决我们车库问题。
>
> ——与居委会周主任访谈（日志 20131017）

居民得此消息群情激奋、七嘴八舌，既有骂政府的也有怪居委会的，更多的人则希望居委会再想想其他办法看此事能否有回旋余地。

> 政府拿出 100 万改造荷花池小区，是做好事吧，但居民不满意，为什么不满意？他（居民）要吃个红烧肉，你非给他弄个白汤肉，他不仅不吃还满肚子气。所以，政府花再多的钱，没达到他的要求，他不说你（政府）好。这就变成一句话：你给我改造小区我不念你好，你帮我砌车库满足了我就说你好。所以现在政府做好事也比较难，资金有限，众口难调啊！
>
> ——与居委会周主任访谈（日志 20131017）

此次居民会议并未商讨出最终结果，当时达成的共识是，居委会继续向上级政府汇报居民砌车库的诉求，即便不能满足一户一车库的诉求也希望政府能考虑居民的实际困难。鉴于现实情况，居民会建议施工队对整治后的小区空地暂时不要搞绿化，等上级批复后再行商议后续解决办法。

因要迎接“国检”评估组来 A 市进行文明城市创建的验收，荷花池小区改造工作在相关部门督促下进展很快，到 6 月初已接近尾声。在此期间不断有居民向居委会献计献策，居委会也代表居民向上级政府及城建部门再次申请减少绿化，腾地给居民砌一些车库。上级政府的答复是居民的诉求可以考虑，但目前创建工作压倒一切，砌车库的事暂缓进行。随即居委会又找到城建局及施工队的负责人商量能否暂时不要绿化，等车库的事协调好了再搞绿化，但居委会转达的居民诉求再次被城建部门拒绝，理由是按上级要求 6 月 15 日绿化必须到位，改造工程队撤出小区，工程队也声称要负责完成分内工作并接受次日市人大组织的检查验收。

> 当时我们不同意绿化，周主任也几次和他们协商暂时不要绿化，车库的事还没协调好，人大来检查时由我们居委会来说明情况，好歹周主任也是人大代表呢。凡事总要有个先来后到吧，我们已经和上面申请过居民想砌车库的事了，上面也松口了，同意砌一些车库，只是具体怎么砌没最后确定。
>
> ——与居委会于副主任访谈（日志 20131019）

市人大组织的老小区改造项目验收之所以时间如此紧迫，也是为了配合文明城市创建工作。此刻 A 市的各条各块只要是和创建工作有关联的谁也不敢掉以轻心，轻则被批评，重则可能要掉“乌纱帽”。所以城建部门一口拒绝了，他们只想尽快完成职责内的施工任务按时交付撤出小区。

> 我们也没办法了，对群众只有哄啊骗啊，能糊就先糊过去吧，准备等验收过了再说，市人大 16 号要来检查，所以 15 号晚上施工队就突击把土啊坑啊填填，栽了一部分树。哪个晓得，到晚上十点钟谈主任打电话给我，说：“快点来，小区居民阻拦殴打搞绿化的工人，所有栽的树木都被拔光了。”我来一望，不得了了，几百号人围着，一个比一个激动，“砌车库！砌车库！”“你们政府不顾民意做的什么事?!”这一闹又是我们居委会的事啊，要及时安抚化解呐。我们劝说居民让施工队先栽树绿化，第二天要来过堂验收，等上面验过了，我们再弄（车库）。“为什么要浪费？你砌车库不要在绿化上跑吗？你还是人大代表呢，你怎么不帮人民讲话，你们钱太多了，这不是浪费树苗、浪费经费嘛……”多少“帽子”扣到我们头上。到最后上面也怕出事，同意暂停绿化。我说群众的话不能违，水能载舟亦能覆舟啊！政府需要了解群众，搞清群众需要什么，一定要实事求是顺民意啊！
>
> ——与居委会周主任访谈（日志 20131017）

此次荷花街社区业主拔树苗公开抗议事件让官方感受到了来自民间的压力，毕竟正值创建期间很多工作还需居民配合完成。在市、区人大对荷花池小区改造项目验收后，城建部门未继续进行绿化，但也没有同意砌车库，双方僵持不下。见抗议未果的居民陆续致电市、区相关部门反映情况，甚至有人把相关信息曝光给了省级媒体，先后有两家省级媒体对这件事进行了报道，给市、区政府造成很大压力。街道办不断收到上级政府的问询，承受的上级督查问责的压力与日俱增，此时负向激励变为强激励，但即便街道办理解居民渴望解决问题的心情，同意其参与社区事务治理的表达诉求，也是在基层维稳任务之后。

> 我们也知道老小区居民有不少困难，但是这些事情的解决要在一个稳定的局面下，各方心平气和地商量才行，不能动不动就搞过激行为，动不动就向上面的媒体捅，否则区里真要天天问责我们的，大家哪还有心思来处理问题啊。
>
> ——与 H 街道党工委韩书记访谈（日志 20131023）

夹在基层政府和居民之间的居委会很为难，其官民双重性的身份也显现无遗。一方面，作为政府在基层邻里的代理人，居委会要维持国家权力在邻里中的运行；另一方面，居委会要代表邻里向政府表达利益和需求。在接受省级媒体采访时，周主任把拔树风波解释为一场误会，当媒体问及居民为什么要拔树时，周主任的回应明显淡化矛盾，一边向媒体说明老小区的特殊情况，政府正在积极想办法解决居民的困难，一边解释说经过平整的空地其实并不都是用来建造车库的，一些地块改造前就是大小不一的绿化地，老小区改造不可能把绿化改没了，多数居民对这点也是认同的。对于媒体质疑的车库工程迟迟未动工是否存在“某些部门不作为”的说法，居委会的解释是，目前文明城市创建工作繁重，加上小区改造的一些主体工程还没有完全竣工，才导致车库建设工程有所延误。

媒体尤其是省级媒体的介入使事件有了转机。街道感到了舆论的压力，主动关心荷花池小区砌车库一事的进展，7 月 5 日，街道办党工委韩书记带领周主任一起到建设局找相关领导，一是代表荷花池小区居民向主管老小区改造的建设局表达谢意，二是检讨街居组织工作的失误致使居民和施工队发生不愉快，三是体谅政府做工作的难度，力邀建设局领导到社区开现场会回应居民诉求。从中央到地方都在强调政府部门要倾听民声了解民意，市里相关领导知晓拔树苗事件后也对城建部门透露出不满——不能在文明城市创建的关键时刻“掉链子”，城建局领导也向市里表了态——在自己负责的方面不会出纰漏。

街道和居委会的造访正好和城建局的想法不谋而合——和居民面对面对话，消除此前造成的不良社会影响。恳谈会上，居委会向城建部门建议，尽可能减少地面绿化，腾出空间砌车库，车库建成后在小区搞立体绿化以保证绿化率达标。当然，居委会再次邀请媒体宣传报道了政府相关部门深入社区对话居民的亲民之举。恳谈会后相关部门明确表态：允许砌一些公用的大车库，但每家一个小车库肯定不可能；同时，政府没钱扶持，可以自筹经费。鉴于公用大车库居民不想要、小车库政府不许砌的现实，在和居民积极分子多次商议后，居委会决定打“擦边球”，砌外观符合要求的大车库，内部再隔成数个小间，每间安排几户共用。居委会又趁热打铁出面协调资金筹集和使用问题，自筹资金更要保证使用的公开透明，才能最大限度减少矛盾。居委会 2011 年的台账显示，居民共筹资金 130 万，围绕“砌车库”而召开的恳谈会、协调会前后达 40 余次。整个过程中，居委会充分发挥居民积极分子的作用，筹得资金后由居民积极分子直接到银行开户存钱，用钱则须由建设单位和居民民主商议决定，许是为了体现居民自治，抑或是为了避免责任纠纷，在申请砌车库、资金筹集、资金使用以及车库分配的每一个环节，居委会都要求居民以自愿申请、协议、协约书等形式做出书面的承诺和说明。

> 130 万，群众自己弄来的而且没有矛盾，但我们工作人员苦啦，每天下班所有人吃碗面条就坐在这儿等，等晚上 7 点一幢一幢的居民来开会，开会选出他们的楼栋召集人、资金筹集人①。居委会协调但绝不经手钱的事，每栋有什么事就找自己的召集人，召集人到每户收钱再存入银行，然后用银行存钱票据到居委会来备注，这样我们好知道哪些人交了钱哪些人没交钱，然后跟银行对账单进行核对。取钱用钱必须三个人到场，哪三个？存钱的居民代表、居委会财务，再加上一个施工队的人，才好取用这个钱。居委会还得考虑将来的审计呢，既要做到让老百姓放心，我们也要干得舒心。我们也请教过律师把整个事情经过写下来了，现在经济上出问题倒下来的人太多了，居委会也要防范，这也是自我保护，免得多少年后说不清楚呢。居委会 2011 年的台账，把我们当时开恳谈会、协调会都

① 即便是通过民主推选的方式，最后产生的楼栋召集人、资金筹集人和本书前文所述的居民积极分子的范围也基本是重叠的。

记录下来了，居民都签过字的。

——与居委会周主任访谈（日志 20131017）

砌车库事件充分体现了压力型体制下各级政府间的关系既体现为一种压力传导，同时又具有管制性。在创建文明城市和完成老小区改造任务的双重压力下，相关职能部门只考虑完成自己承担的任务并不关注居民的真正需求。当然，城建部门要在迎接创建“大考”的背景下落实政府的惠民工程，可谓压力重重，为了不被上级政府追责，城建部门采取了赶工期、漠视居民需求的做法。社区居民为了实现砌车库的目的，最早采用了“弱者的武器”，并没有正面和政府及职能部门“叫板”而是向自己的代言人——居委会表达诉求，希望问题在合法正式的渠道得到解决，即如果能和相关部门达成一致，业主则不会再采用“问题化”策略。但最终由于政府部门反应较慢，居民的利益诉求未能得到满足，荷花池小区业主不得已采用“问题化”策略扩大事态，把施工队种植的小区绿化的树苗全部拔光以引起相关部门对砌车库需求的重视，并且越过当地政府部门权力所及的当地媒体直接找到省级媒体给相关部门施压。将“弱者的武器”和“问题化”策略合并使用，是众多群体性事件中最常用的方式，取得的效果也最直接有效。

在邻里空间布局中，权力主要掌握在基层政府手中，居委会的权威来自国家权力和国家提供的各类资源，但是在转型期，由于这类资本的匮乏，居委会组织不得不更多地依赖其成员，利用策略和技术来获得国家权力的政策资源，进而在政策框架内由居委会成员靠自身的创造性对政策精神进行再解释。比如，动之以情、晓之以理引导居民配合小区改造工作，创造性地将车库砌成外观符合政策规定内部接近居民期待的模样、以居民自筹经费自主管理的形式撇清财务责任减少矛盾纠纷等。社区治理网络是居委会等多个组织和居民在反复互动中形成的，通过各利益主体的协商、谈判、合作来实现对公共事务的有效管理和公共产品的创造，体现了政府与居民的合作与分权，这些互动过程可能不断催生新的治理技术和治理情感，而这些技术和情感在鲜活的治理实践中又不断渗入新的互动，直至最终影响框架本身以及社区权力关系的再生产。[1]

（二）分车库

随着业主权益意识的增强，协商、恳谈正逐渐成为社区解决公共事务

① 孙璐:《社区情感治理:逻辑、着力维度与实践进路》,《江淮论坛》2020 年第 5 期。

的主要方式。无论是得到政府的许可，还是做通一楼住户的思想工作①，都体现了协商沟通的重要性。居委会原打算用抓阄的方式分配车库，但很多居民提前表达了自己的诉求，“不想和谁分在一间”，“想分到采光好的”等等。从 2012 年 4 月到 7 月居委会几乎每周都要召开协调会，希望能整合协调好居民的利益诉求，但效果并不明显。

> 我们拿了几个分配方案出来商量怎么分，但总有人不满意，众口难调，最后也是没有办法的办法，130 万你们（居民）自己都能管好，分车库干脆也由你们各楼栋自行协商吧，省得说我们居委会偏了谁，袒了谁。你们楼栋实在自行协商不了再找我们协调。
>
> ——与居委会周主任访谈（日志 20131017）

本着自愿和方便的原则，经楼道居民民主协商并达成一致，即可以在居委会的主持下先行分配车库；如果不能达成一致，则需要居委会再行协调。这一过程不仅有协调和合作，还有猜忌和质疑，居委会成员用他们的“民间道理”和“基层智慧”巧妙地应对质疑、化解矛盾。2012 年 4 月 12 日，笔者在社区邻里中心目睹的一场争吵充分展现了这种不信任以及居委会的行动策略。事情的起因是一位年长业主看到其他楼栋已着手分配车库而自己的楼栋还没有动静，就怀疑居委会“有鬼”，可能想把位置好采光好的车库分给本栋居民积极分子，于是气冲冲地来到居委会，当时现场很多居民围观。

周主任闻言道：“你岁数大了，消消火，我不跟你吵。”明显有息事宁人的味道，当然“不争吵”也是表明自己的姿态。

老人不听继续指责，周主任道：“你过去也是个干部，要理解别人，你觉悟高。”对老者不免有肯定和奉承之意，同时把对方划入与自己同样的社会角色范畴内（老人是 A 市某机关退休人员），达到在社会位置上与对方的一种亲近，以求相互理解。

老者依旧不依不饶，甚至言语中直接认定居委会有暗箱操作之举。围观的居民也越来越多，周主任拍着桌子说：“你说这话要负责任呢，你说我们有鬼，你直接告去！你不能瞎说，讲话要有证据，我们照顾谁了？”直接质问，通过“拍桌子”来表明自己的正气和不满情绪。

“居委会在帮你们协调（之所以有的楼栋还没开始分车库是因为本楼

① 新砌的车库确实妨碍了一楼住户的“采光”和“通风”，且一楼因自带小院不参与此次分车库。

栋居民之间还没有协调好），尽量车库能靠近各家住房，要不你家住在东头车库分在西头，你愿意去啊？”反问老者，逼其就范。

“我们居委会都是女同志，哪家没有点（家务）事啊，但为了大家车库的事几个月都没有按时按点下班过，辛苦到最后我们却连一句好话都落不到。”利用人们普遍存在的“女性该多照顾家庭”的心理与居委会成员“舍小家为大家”的牺牲精神，通过示弱的策略获得同情从而得到道义和现场舆论支持。

“你说不要我们协调，行啊，那你们就抓阄决定，但你们要写个保证书下来，到时抓得不好不要又来找我们（协调）。”口说无凭，用写保证书的方式让老人明白自行抓阄的严重性和后果。

老人继续定性：“你们就是暗箱操作！”周主任的声音更高：“没有证据的话不要瞎说，你是干部出身，你更应该懂这个。”提醒对方的政治身份，暗示没有依据的造谣生事会产生严重后果。

老人急了，有些语塞词穷：“你是人大代表，你还了得！”试图用周主任的政治身份还击。

“我们今天就谈车库问题，我们就事论事，至于你有其他不满，你可以去人大提！”周主任尽量缩小话题以防事态扩大，同时将“身正不怕影子斜、经得住上级督查”的信息传达给老人。

“我们尊重你，平时遇到你都喊你‘老太爷’，你什么时候给过我们好脸色的？我们（居委会）不计较你，你是大干部！（对“大”字加重语气）”俗话说“伸手不打有礼人”，通过陈述平日里老人一贯不友好的态度瞬间让老人陷于失礼的情境和尴尬，同时再次凸显对方“大干部”的身份，有意造成和居委会干部底层地位的对比及彼此对礼仪运用的反差，看似褒奖，实则贬抑。

果然，老人对居委会的猜测遭到围观居民的数落，舆论一边倒地支持居委会，大家七嘴八舌地说居委会为车库的事做了大量工作、操了很多心，言下之意，即便有话也要好好说，并不认可老人滋事的方式。顾及老人的年龄和曾经的社会身份，其他居民虽没有当面指责但现场实际上形成了无形的压力，老人很快嘟囔着离开了居委会。周主任在和老者争执的过程中，不断通过“情境建构”来争夺在情境中的主动权以达到“情境逼迫”的目的。

荷花街社区居民表达砌车库诉求、自筹资金砌成车库、民主协商分车库的过程是一个向有序的社区自治发展以及治理效能提升的过程。这一成功案例为中国社区治理实践提供了样本。一是建立民主协商机制。现代社区生活中，权力和资源广泛分布于各参与主体之间，计划经济时代通过行政命令来整合资源和协调各方权利关系的模式已然失灵，必须寻找一种协调机制来调整各方权利关系和整合社会资源。以A市城建部门为代表的权力部门从漠视居民的需求激发居民抗议到在居委会努力下深入社区和业主对话，体现了国家和社会间的合作与协调；在后续募集、使用砌车库的资金和车库的分配过程中，居委会和业主之间对抗和协作始终共存，体现了社区内部的博弈。二是信任对提高社区治理的绩效至关重要。信任是用来减少社会交往复杂性的机制，它能超越现有的信息去概括出一些行为预期；反之，人们必须花费大量资源建立监督和防范机制以防上当。因此，在一个普遍的信任感较强、人们愿意在信任和互惠的基础上从事社会活动的社区中，交易成本无疑要低得多，社区治理也会更有效率。正是基于这样的共识，居委会信任并放手居民自行筹集使用资金，信任居民可以自行协商车库分配问题，同样，居民协商无果时也信任居委会的介入协调。因此，在荷花街居委会吵闹、怀疑居委会可能存在不公现象的老者才会受到周围居民的鄙夷以及居委会负责人的强烈反驳，当然争吵过程中很多非正式的和地方文化一脉相承的民间行动策略被运用得淋漓尽致，很显然其最终要维护的便是社区公共事务治理中居委会和业主间历经多次博弈艰难建立起来的信任关系。

二、一场攻坚战

如果说荷花池小区车库事件是一场业主参与范围广、历时长的“持久战”的话，那么安墩公寓8幢的居民则是在经历平静生活被打乱后发起了“总攻”，这场“攻坚战”显示在以居委会为代表的行政权力和业主的博弈中，“获得利益”的衡量标准其实是主观的，有时甚至是有争议的。也正因为此，参与博弈的居委会态度也从最初的积极维护基层政府转变到后来的觉得“向居民开不了口”。当业主平静的生活一再受到干扰时，即使最终结果能使居民获益的公共服务也未必能受到业主的欢迎，基层治理实践中政府主动为居民采取若干公共服务措施，但居民不买账的现象也屡见不鲜，其原因主要在于这种投入是自上而下的，时常与居民的实际需要存在差距，甚至一些公共服务是“花架子式”的，更多是为了获得政绩而供给。

（一）对良心负责

安墩公寓是荷花街社区建成较晚的小区，紧邻古运河和古城南门遗址，堪称风光带上的豪华楼盘，业主大多是S医院的医生、Y大学的教师、个体老板等，经济条件普遍相对较好。随着A市运河风光带的建成和南门遗址的开放，安墩公寓的房价一再飙升，但在南门遗址旁有一条死水沟——响水河，春夏季常因水质不好气味难闻，和这一带怡人的风景有些格格不入。为了迎接文明城市创建验收和每年4月中旬A市国际经贸旅游节，市政府决定突击赶工修缮荷花池大桥并把运河里的活水引到响水河，和A市的“运河水上游览线”连接起来。响水河因为年久失修，河底淤泥很多且河面较窄，为了进一步挖掘其旅游价值，相关部门决定清淤并扩宽河面以便于水上游览线的游览船只顺利通行。根据相关部门的测算规划，两边河岸各要扩出3米宽才能保证观光游览船只畅行。2015年3月，开始动工清淤扩宽。

离河岸线最近的居民楼是安墩公寓8幢，共有24户，业主忽然发现自家门口开始工程项目动工了，第一反应就是出面阻挠，此时方才注意到工程告示牌在自家门口已经立了一段时间。

> 正式动工这天，安墩公寓的保安打电话到居委会说闹事了，要我们赶快去现场。我刚踏进安墩公寓大门，还没到施工现场，就有居民喊起来了，“主任啊，不得了啦，我们马上就是‘楼脆脆’‘楼倒倒’了，我们的生命你要保证呐，你要站出来帮我们讲话呐！”要我讲话不错哎，但我又不晓得哪块通哪块，我要先了解情况呢。
>
> ——与居委会周主任访谈（日志20150824）

自各地媒体不断曝出居民楼质量问题，“楼脆脆”“楼倒倒”更是成了网络高频词，相关事件在全国反响很大。安墩公寓8幢居民阻拦施工，一是认为河道扩宽占用了业主的公共面积，需要对他们进行赔偿；二是担心自家的房屋也会变成媒体报道中的“楼脆脆”“楼倒倒”。虽然相关部门一再表示河道扩宽对周围住户房屋不构成任何影响，但8幢的居民还是害怕河道扩宽深挖取土会危及楼房地基，造成房屋质量问题。

> 我赶到施工现场，居民围着，情绪激动，不许施工，有的甚至说家里房子被震得直摇，再打桩他们房子就要倒了。我了解到河道工程是涵闸管辖，立刻给涵闸管理处打了电话，他们很快就到了现场，再三解释河道扩宽是经过专业论证的，根本不会危及8幢的安全，否则相关部门也不会批准施工的，但现场居民根本听不进去。“你说不危害就不危害啦?!”“你们上面一个鼻孔出气，糊弄我们老百姓!”吵成

一锅粥了，我就喊施工队不能再动工了，万一阻拦拉扯出事不得了。

——与居委会周主任访谈（日志 20150824）

基于地方政府对房产市场的介入、获利过多，加上各地发生的群体性事件、社会公共事件屡屡消耗着地方政府的公信力，不少公众对地方政府的信任大大下降，甚至产生了抵触情绪，执意施工只会进一步激化矛盾，周主任建议暂停施工，等 8 幢全体业主下班后几方做个面对面沟通，并且建议涵闸管理处把工程设计图纸带到现场，用数据证明是否会对 8 幢楼房造成安全危害。

我们当天借的居民家里的白板，写啊算啊，涵闸（管理处）把设计图拿到现场给业主看。因为这里都是运河风光带上的景观房，地段好、价格高，住在里面的都是些有头有脸的，医生、大学老师，还有大老板，这些人和普通老百姓不同，他们有知识有文化、见过世面、头脑灵活，对这些事（意指维权）既在意又在行。8 幢还有个别业主本身就是搞工程的，把施工图纸一望，说："如果真的是图纸设计的样子，倒确实是对房体结构没什么影响，但是，有两个东西你们要赔偿，第一，你们拓宽河道用了我们 8 幢前面 72 平方米的空间，我们公共面积缩水了，你们要赔偿；第二，这个北边的岸你们扒土，打 12 根桩柱，这个噪音对我们影响太大了，你们也要赔偿。"都是说的内行话哦。

——与居委会周主任访谈（日志 20150824）

24 户业主私下商量要求涵闸管理处给予每户 3 万元的赔偿，周主任了解到这是个公共工程项目，并没有危及 8 幢楼体安全，心里有底了，就叮嘱涵闸管理处这事要慢慢谈，施工队先动工，8 幢居民如有意见的请到居委会来谈。

8 幢多数业主通过和涵闸管理处的协商会了解到河道扩宽并没危及楼体安全也就作罢了，觉得和政府对峙也不会有啥好结果，再说都要忙于生计也没有精力时刻盯着索要赔偿，于是大部分人抱着"搭便车"的心态各干各事去了，只有几位老年居民每天到现场勘察情况并坚持索要赔偿。居委会坚持只要涵闸管理处把施工导致的路面受损问题解决了，其他赔偿一概免谈，施工过程中安墩公寓有人来居委会迂回、说情，认为反正是政府的钱又不是从居委会或个人口袋里掏钱，居委会根本没必要阻拦，而涵闸管理处为了息事宁人顺利完成工程也表示愿意适当赔偿。

> 幸亏只有一幢楼（涉及）人不多，我们也考虑过开业主代表大会，后来想想事情搞大了反而不好，会影响稳定，所以大会就没开。要把矛盾减到最小，把影响降到最低，我们就抓住主要人物做工作，抓住楼栋内 4 个老党员。我和几个老同志说最后补偿几个钱意思下子差不多了，不可能有 3 万，再怎么闹都不可能。
>
> ——与居委会周主任访谈（日志 20150824）

谁知这个数目还没最后落实，南门外大街二三十户居民代表来居委会扬言：“主任啊，河那边施工吵哪，吵得我们晚上都睡不着觉啊，这个噪声赔偿国家有规定的。”言下之意也要获得赔偿，周主任问：“有什么规定？你们把规定找出来，有规定国家肯定按规定处理。”南门外大街的居民被挡了回去。随着施工的深入，噪声增大，特别是在修缮荷花池大桥时，每天不仅有打桩的声音还有电锯的声音，加上修缮大桥道路受阻，南门外大街两边商铺的客流量锐减，有的商家甚至直接歇业了。居委会一看这阵势觉得对 8 幢业主赔偿的事更要慎重，不能轻易“开口子”了。

> 这个一动（给赔偿），就不光是 24 户了，直接是上百户。如果十字路口北边的人要拿钱，南边的人肯定要闹，“北边的人拿，我们凭什么没有”，个个都来要怎么办？我们只有先“糊”，等把政府的工程先做好了再说。我就问安墩公寓几个领头的老同志：“除了这 24 户（索要赔偿）的事，你们还有什么要求？”
>
> ——与居委会周主任访谈（日志 20150824）

显然，居委会准备主动出击，力争化被动为主动，既然赔偿问题不能轻易答应，总要安抚一下有个交代。安墩公寓的业主代表反块涵闸管理处搞工程时极有可能把小区的下水道堵塞了，希望能把下水道疏通下，再清理一下化粪池。周主任满口答应，找到涵闸管理处一并疏通清理，又把小区路面有破损的地方全部做了修补。涵闸管理处处理问题的态度一直很积极，再次向居委会表示准备拿点钱，每户 800 元左右适当补偿一下，这回轮到居委会极力反对了。

> 你们一分钱不能掏，否则我第一个反对，不许给也不能给。你这一给就是对我们整个社区（工作）造成危害，不得和谐不得安宁了。你们如果真要给8幢补偿的话，估计整个南门外大街的商家都会来要钱，底层的商家给了，楼上的居民也要来要钱，那就不是几十户上百户了，甚至可能有四五百户，肯定不行！
>
> ——与居委会周主任访谈（日志20150824）

涵闸管理处负责人对周主任非常感谢，表示一切都听居委会的安排。大凡有居民到施工处去吵闹，都把解释调解工作转到居委会，由居委会统一解决。

> 噪声不是你一个人听的，是大家听的，包括居委会也听得到，人人都去要补偿，那政府不能做事了，这个不是砌的商品房卖哎，这个弄的是公共工程、公益事业。这么漂亮的桥、流动的水、华丽的灯，把你这个房子四周环境提升多少啊，你房子增值多少啊！到底谁该给谁钱呢（言下之意业主应该感谢政府）？你把这个道理给我说说清。
>
> ——与居委会周主任访谈（日志20150824）

直至工程结束，涵闸管理处也没支付补偿款。作为基层治理主体，上为政府分忧的大局意识使居委会负责人坚持自己的原则，及时制止了打着维权旗号漫天要价的风气，但显然有些业主对居委会特别是周主任还是颇有微词。

> 8幢有个S医院的医生，我家表弟也在S医院上班，这个医生和我表弟一谈到这事就骂我，说我坏话。天老爷只合了一个人的愿，哪能人人都满意呢，但这个理不能乱，不能瞎来。
>
> ——与居委会周主任访谈（日志20150824）

（二）对位置负责

荷花池大桥终于修缮完工，活水也成功引入响水河。2015年6月中旬，政府相关部门来验收时，市里某领导提出安墩公寓8幢和对面海事局职工宿舍楼的窗户外观不一致，要对标改造整齐划一。古运河风光带未建成时，谁也没去关注两边居民楼窗户的整饬问题，海事局职工宿舍楼因是单位集资建房和统一装修，整体风格一致，而安墩公寓8幢居民的窗户出于各自生活需要进行了个性化改造。有的为了方便晾晒支棱出去，有的改成种花养鸟的小景观台，形式各异、材质不同、颜色不一。因观光旅游带延伸，少数领导为了美观提出了新要求——安墩公寓8幢的窗户要和海事局的宿舍楼窗户外观保持一致。或许是因为周主任成功解决了响水河扩宽带来的纠纷，某领导当场就叫陪同的街道办主任把居委会周主任喊来，虽说领导表态此次窗户修整由政府买单，但周主任内心是打退堂鼓的。

> 你上面晓得河道扩宽时我们居委会做了那么多工作，也不让我们歇一会儿，又来这里折腾了，政府也要为老百姓过日子想想呢，居民在北边弄个窗户平台，到了冬天腌点咸鱼咸肉啊，多点菜啊都可以放北边窗户上背阴吹风呢。说老实话，8幢之前要了3万，虽说不合理，但最终一分钱没给，现在再把人家这个窗户扒掉折腾，老百姓心里也有承受底线呢，这个话我们真开不了口。
>
> ——与居委会周主任访谈（日志20150824）

扩宽河道没有得到补偿，8幢业主多少有些情绪，这次业主改变了策略，绝口不再提“补偿”，何况政府也做出此次改造免单的表态，故居民的反应是“我现在的窗户蛮好蛮漂亮的，不需要重弄，我就喜欢这个风格”，“我用的时间长了，方便、顺手，已经用出感情来了，不需要改”……居民用这种软抵抗的方式表示不满和不配合。

> 我们摸排情况后就到街道办去喊，这个工作居委会真扛不下来，街道说这一片是市里某某书记包干的，必须完成，还说弄不好要问我责，拿大帽子压我，我说随便你们怎么问责，反正我弄不了这事。
>
> ——与居委会周主任访谈（日志20150824）

在荷花街居委会的一再坚持下，H街道办最后把辖区内其他10个社区居委会主任找来一起协助荷花街居委会去做8幢居民的工作，最终周主任分到了4户居民的协调动员任务，其余的居委会主任每人包干2户，动员工作好不容易做了下来。居委会再三叮嘱施工队改造安装不能再出任何差错，尽可能用材精良确保安全。

> 我们再三关照施工队改造的窗户一定要结实，不能留下安全后患，也是给住户一个心理安慰，原先个性化的设计说被改就被改了，

最起码改造后的窗户在安全性上让居民觉得还是值得的。我们根据居民的想法和负责改造的建设局施工队提了要求：一楼二楼住户新装的窗户必须用牢固的材料，不仅要弄不锈钢栏杆，里面还要放 1.5 毫米的钢橡，三楼以上住户虽没有特别要求但里面钢橡厚度一定不能低于 1 毫米。

——与居委会周主任访谈（日志 20150824）

居委会作为国家调控社会的重要辅助组织，在社区场域发挥着政策执行的功能，体现了国家“在场”和国家力量向居民生活的渗透；同时，作为扎根基层和居民有着广泛互动的组织，居委会也见证着居民的社区实践形式日益多元化——除了适应国家的社会动员外，居民对自身自主利益的诉求也日渐显现。在基层社区场域中，无论是出于主动选择还是被动适应，国家与社会的关系正趋向事实上的合作互动的共生关系。

转眼到了 2015 年 9 月，安墩公寓 8 幢一楼的业主尹师傅来到荷花街居委会，进门就大声责问：“我家被盗了！看看你们做的（改造窗户）好事！”周主任心里一惊，还是出事了！赶忙拉着尹师傅到现场查看。小偷扳开了尹师傅家卫生间的两根窗条入室盗窃。

我一望，坏了！这个窗户钢条不仅里面没有穿钢橡，而且钢条本身的壁也很薄。我赶紧拉住尹师傅：“这样子（处理）你看行不行，你现在不忙去报案，我跟你谈几句：第一，你这事报案了也不一定能立案和破案，属于小毛贼干的；第二，这事你既然找居委会了，我们肯定会帮你；第三，不要在外头说这事，到我们这儿就结束。答应了我就帮你找施工方来修补再看看能不能找点赔偿。”

——与居委会周主任访谈（日志 20150930）

居委会担心消息散布到其他业主，大家会怀疑窗户改造的质量进而引起连锁反应。尹师傅在荷花街农贸市场经营水产，每日早晚市都很忙，只有中午稍微空闲点，如报警自己要花时间配合警察调查，也不一定能抓到小偷获得赔偿，所以内心也巴不得居委会帮他处理这事。周主任赶紧打电话到建设局嘱咐施工队负责人到荷花街居委会来商谈。

施工队负责人说的，真的不是偷工减料，赶工时间紧，现场太乱了，可能里面有弄错的，把厚料安装到其他楼层去了，薄的反而装在低层了，业主的损失他们照认，要我们居委会帮忙协调，尽量帮他们压着点（赔偿）。那我们只好又做中间人斡旋，尹师傅开口就说家里被偷了5000元现金，这个明显讹人了，他是生意人，生意人的特点是钱要生钱，多投一个就多一分利，一般做买卖的都不会把钱闲在家里的，即使有些现金也是备在手头找零用的，他怎么会放5000元在家呢？我当时就回他："对不起啊，5000元我绝对不能帮你要，你还是报警吧，凭什么你说5000元就5000元啊。"

——与居委会周主任访谈（日志20150930）

既要通过补偿业主损失缩小被盗的负面影响，改变更多业主可能因此怀疑窗户质量的被动局面，同时又不能助长业主漫天要价，因为谁也不知道到底施工时安装错了多少户、还有多少安全隐患，高价赔偿有可能带来类似事件再次发生时处置的被动，最后极易演变为赔了钱还不落好，居民反而会质疑居委会的动机，毕竟窗户改造工程从动员到施工居委会都参与其中。

他们几个（居委会的年轻人）一开始说让尹师傅直接去和建设局交涉，我说不行，事已至此我们现在和上面是合的一副脸，我就把理由说给他们听。施工队愿意全额赔偿，我们帮忙压价就行了，他们会念我们的好，说不定以后还会用到人家，（赔偿）压价这里面要用一些策略，或者说我们要联合"唱一出戏"。

——与居委会周主任访谈（日志20150930）

整个夏末秋初，尹师傅隔三岔五收了早市的生意就来居委会要钱，来了好几趟都恰逢周主任参与社会活动不在居委会。尹师傅拿不到钱又一趟趟地跑，每次来都免不了和居委会工作人员发脾气。毕竟家里被盗造成损失，心情不好，居委会成员也表示理解，但都觉得他要价太高，不可能赔偿这么多。

他第四次来居委会时碰到了我，已经很沉不住气了，问我怎么个说法，我说5000元绝对不可能，你肯定要朝下降哦，他主动降到了4000元。

——与居委会周主任访谈（日志20150930）

许是跑了很多趟"白腿"妨碍了尹师傅专心做生意，对于一个每天起早贪黑为生计奔波的小买卖业主来说，他根本没有时间直接去找建设局要钱，他甚至不知道建设局这样的政府部门坐落何处，他也不清楚家里被盗是不是能获得建设局的赔偿，既然居委会和自己表了态“会管这事”，他只有紧紧抓住自己能够找得着的这根“稻草”，基于此尹师傅主动把赔偿降到了 4000 元。哪知周主任认为赔 4000 元也多了，这一次也是不欢而散。到了 9 月底，尹师傅的耐心已经到了极限，他甚至觉得再拖下去这个赔偿都没有指望了。

> 他来主动说：“算了，主任，你说多少是多少吧，我也不想一趟趟跑了。”我说：“3000 元。”他当时有些迟疑，我们居委会几个人就趁热打铁：“如果同意 3000 元，我们现场每个人就掏钱凑 3000 元给你，你以后就不要一趟趟跑了，打个收条给我们就行了。”他最后说的：“好好好，算你们狠，3000 元就 3000 元。”钱给了他我们也是有要求的：写条子，以后不准同外人说。你说了今后业主如被盗都来找我们，我们给不起。
>
> ——与居委会周主任访谈（日志 20150930）

用周主任的话来说，尹师傅还比较守承诺，8 幢既没出现再次被盗情况，其他业主也不知道尹师傅曾获得 3000 元赔偿。居委会成员当场凑钱给尹师傅就是周主任所说的“联合唱一出戏”，实际上钱居委会早就准备好了，但为了表示这个钱大家凑得不容易，也是为了表示居委会解决问题当场兑现承诺的作风，在场的每个人假装几块几十块地现场凑了给尹师傅。基层社会的很多矛盾虽源于政府及职能部门的不当行为，但政府却不可能及时出面解决，作为给政府兜底的基层组织，居委会此时就需要挺身而出化解矛盾，并且面对政府和居民间的冲突，居委会在介入调解时还需要讲究方式方法才能维护政府形象。

> 你把当事人找来，让他说，你要诱导他说，他说说也许这个火就消了。我们听得很认真，很仔细，他就会觉得，你们在关注我、听我倾诉，到最后即使居委会不能解决，他说完了发泄完了心里也平和些。作为要解决问题的社区工作者，你听的过程中要善于抓住对方的漏洞、弱点，用他的漏洞、弱点戳他，以其矛戳其盾，收集有利于问题解决的线索，这总比问题积累下来不解决要好得多，对吧？所以基层工作不好做，没有点社会阅历这些问题根本搞不定，不同的人要对症下药的。
>
> ——与居委会周主任访谈（日志 20150930）

“国家全能主义”在 20 世纪 90 年代后逐步退出历史舞台，社会的各个层面虽发生嬗变，但不可否认的是，国家权力并没有在基层社会退出，代表国家权力的行政组织和准行政组织仍然在基层社会的很多领域发挥着重要作用，但随着基层社区居民权利意识的增强，国家权力已很难对社会实施完全的行政控制，而需要以一种新的形式积极地渗入社会与经济生活的方方面面。在荷花街社区的车库事件、噪音事件中，政府及职能部门、居委会、业主等利益主体展开博弈，居委会为了协助政府完成对基层社会的维控（维持控制）目标，利用其“准行政组织”和“群众性自治组织”的双重身份灵活选择行动策略和手段，这使当代中国国家与社会的关系呈现更为复杂多变的向度。博弈过程中，各方在获得一定的收益后，比如居民获得了一定的经济补偿，居委会获得政府或者居民的认可等，达到暂时的博弈均衡状态。当然，基层社会民主力量的不断壮大，使国家权力在与社会互动的过程中更注意权力运行方式方法的创新，非组织、非正式的运作机制占据了相当比重。居委会作为社区事件中的重要治理主体，无处不在，体现了国家权力结构和社区结构对居委会的“双重网络嵌入”。

作为国家权力在基层社会的代言人，居委会深嵌于国家体系之中，从与基层政府的联结中获取信息和资源。国家权力结构网络的嵌入促使居委会必须以基层“准行政组织”的身份维护社区和谐稳定的底线，而社区结构网络的嵌入又促使居委会作为扎根基层的“群众性自治组织”，须以了解和满足民情社意为要务，支持居民合理诉求的伸张，通过参与居民生活寻求居民的认可和支持。荷花街居委会在实践中为了协助政府完成对基层社会的维控目标和服务供给，策略性地利用其“准行政组织”和“群众性自治组织”的双重身份，灵活使用组织与非组织、正式与非正式的运作机制解决问题、服务居民，但同时也要看到居委会的治理成效有可能也会受到双重网络嵌入及其治理行动策略选择的影响，这也使得当代中国基层治理的国家与社会间关系颇为复杂微妙。

第四节　居民纠纷调处逻辑：在社区情理和国家权力间游走

社区日常中类似于“砌车库”“分车库”或公共工程改造引发的邻避事件毕竟是少数，社区生活中更多的是一地鸡毛式的家庭纠纷、邻里纠纷。普通居民间的纠纷不同于业主居民和基层组织甚至是和国家权力间的抗衡，主要是指居民之间的民事纠纷。中国传统文化是一种强调和追求和谐的“和合文化”，古代人们在社会交往的过程中讲求仁爱与礼让，儒家广泛宣扬的“无讼息争”思想也使人们普遍形成强烈的“贱讼”“厌讼”心理，而更多选择以调解的方式来处置纠纷，因此形成了颇具特色的解纷机制和解纷文化，某种程度上城市社区的人民调解制度正是这种文化传统的体现。本节基于对荷花街社区家庭内部、邻里之间纠纷事件的参与观察和深度访谈，呈现居委会对邻里纠纷化解的过程和运作逻辑。

以居委会为首的社区调解是解决社区场域内生活性社会冲突的制度安排，它继承了民间调解的传统文化资源与地方性符号资源，长于弥合或重建撕裂的社会关系，邻里纠纷发生时国家虽不在场，但居委会通常会援用国家权力，尤其是比较棘手的邻里矛盾，除了援引社区情理进行调解，也会引入借用国家权力加强调解的正式性和权威性。故从制度社会学的视角来看，社区调解是外生国家制度与内生社区制度、正式制度与非正式制度的有机结合，因而具有更加丰富的社会政治意蕴和更强的社会作用力。荷花街社区调解工作便是在居委会领导下由居委会周主任、谈仲秋和 6 名调解员协助完成，社区调解员平均年龄在 55 岁以上，大多是社区内热衷公益服务、沟通协调能力强的居民积极分子。

> 一个大家庭里，娘家舅舅的话就相当于是“法律”，调解家务事都把舅舅请来，娘舅是家庭调解员。我们调解委员会就像邻里之间的娘舅，大小事情都要帮着周旋。邻里间的很多矛盾也不是因为什么大事，但如果没人出面“做拦停”（调解的意思）找个台阶下，积怨就会越来越深。
>
> ——与居委会周主任访谈（日志 20161215）

荷花街社区居民间的纠纷主要有三类：第一类是家庭内部纠纷，通常涉及婚姻或财产纠纷，第二类是邻里各种生活摩擦纠纷，第三类是涉及物权的物业纠纷。通过对居委会调解的几类纠纷的观察试图发现居委会进行民间纠纷调处的逻辑，也尝试分析社会转型过程中社区调解的变化、挑战与限度。

一、调解家庭纠纷

家庭纠纷主要表现为夫妻感情矛盾、家庭成员间口角及赡养老人等，调解此类纠纷居委会一般本着“和”的原则，大事化小、小事化了。比如夫妻间有矛盾的，居委会调解时通常是各打五十板，让男的遇事大度一点回家哄哄妻子，或者勤快一点多做点家务；让妻子包容体谅一点，遇事学会以柔克刚。

> 俗话说得好，宁拆一座庙不拆一桩婚，家家有本难念的经，除了那些家暴的或者真的有性格缺陷的，两口子过日子总有个磕磕碰碰的，有矛盾肯定也不是一方的问题，都要说、都要改。还有，我们以前也调解过，有些人就是一时冲动，寻死觅活地要离婚，你要真劝她离婚，回头一转眼他们两口子和好了，反而来怪我们劝离不劝和。所以说，人家和好了还是两口子、一家人，我们这些调解的都属于“外人”，有时真会吃力不讨好。现在我们是能劝和则劝和，再说一般夫妻间也没什么大不了的原则性矛盾，如果真要离婚，直接请他们自己到法院去，我们居委会过问不了这事。
>
> ——与居委会周主任访谈（日志 20161215）

遇到家庭财产纠纷，通常都会尊重当事人的意愿。荷花街安墩公寓居民崔老先生和老伴有一子二女，晚年与儿子同住，崔老先生过世后，老太太将一套住房和存款皆转至儿子名下，两个女儿认为母亲偏袒很不公平，没和两姐妹商量就把房子和存款都给了儿子，来居委会评理要求把财产平分了，轮流赡养老太太。居委会和调解委员会商量后表示，希望两个女儿以其母亲的意愿为准，尊重老人的决定。

> 很多家庭能够共患难，不能同享福，如果（财产）平分的话不就没意见了嘛。儿子不同意平分，认为两个姑娘在外地二作常年不回来，老母亲都是他一个人照顾，说她们没资格来分。我们考虑到两个姑娘在外地生活，老太太在这儿生活了一辈子，到外地（去养老）可能会不习惯，不能让老人受罪，年龄大了还是跟着儿子比较好。而且我们从侧面也打听了，两个姑娘经济条件都还不错，来调解主要是争一口气，老太太不该一声不吭就把房产和存款处置了，所以我们就帮她们理顺这口气。儿子这么多年照顾两个老的也吃了不少苦，后面最好老人还是跟着儿子过，儿子也答应把妈妈服侍好，我们居委会监督。另外，老父亲单位给的一些丧葬补助就分给了两个女儿，这样心里也平衡些，我们也再三交代她们要常回家看看老太太。
>
> ——与居委会周主任访谈（日志 20161215）

居委会调解家庭纠纷的原则是“家是讲情的地方，不是说理的地方”，以“情”为调解基调，尊重当事人的意愿和决定，调解人一般不做过多评判。以居委会主任为代表的基层社区管理者，运用了诸如“各打五十大板”“理顺怨气”“打家庭情感牌”等民间土方法，“利用一切可以恰当利用的机会，把握时机、节奏、环境、分寸、语气、技巧等因素，以进行见缝插针式地、随时随地调解”①。特别是遇到子女争遗产或婆媳纠纷等涉及个人隐私不宜在公开场合讨论和解决的纠纷，居委会通常以拉家常、由当事人较熟悉的调解员介入、私下调解等方式巧妙化解居民各类家庭纠纷和矛盾。

二、调解邻里摩擦

社区居委会作为基层社会组织，肩负着服务居民需求与维护国家权威的双重使命，邻里纠纷调解无论作为自身工作职能还是政府考核指标，居委会都会尽力完成。邻里纠纷一般包括噪音扰民、高空抛物、宠物伤人、占用他人车位、安装防卫设施影响邻居安全等，居委会能够在邻里纠纷中扮演第三方调解人角色，取决于居委会在居民中长期积累的“威信”以及居委会成员与居民的熟悉。借助居民熟悉的传统伦理道德和“地方性知识”，居委会采取柔性化的“动情讲理”方式调解邻里纠纷，一般说来，首先会运用社区内生资源和社区社会资本化解纠纷、解决问题。比如，有时利用调解委员会长期树立的“娘舅”威信来调解，有时动员纠纷双方的子女亲戚甚至居住在同一小区或楼栋的熟人关系来协助调解纠纷。特别是邻里纠纷当事人若是老人、社区弱势群体等，他们一般对居委会较信任，对熟人关系也较看重，借助社区内生力量和熟人关系就成为一种治理纠纷的调解资源和行动策略，往往会收到较好的“息讼”效果。

荷花街居委会曾调解一起因房屋漏水而产生的邻里纠纷，楼下住户找到居委会提出要求楼上住户修理、赔偿等诉求，但调解一开始就不顺利，居委会和楼上住户联系后，楼上独居的老两口既不承认是自家漏水导致楼下损失，也不同意面对面协商解决。居委会找来专业人士确定漏水原因，确实是楼上所致，但老人还是拒不承认，以致楼下邻居恼火万分，对老人出言不逊。居委会上门多次劝说无果后只好打电话给老人子女帮忙做工作，老人子女得知居委会人员在酷暑天一次次前来劝说、调解，十分过意不去，瞒着老人掏钱维修并赔偿了楼下邻居。居委会又从中周旋请楼栋长

① 田毅鹏、常茫主编:《吴亚琴社区工作法》,北京,社会科学文献出版社,2018,第160页。

出面动员楼下邻居买了水果给老人打招呼不该言语过激，纠纷最终得以圆满化解。

这种借助内生的家庭资源和邻里熟人关系的“说和”策略调解效果较好，尽管市场化改革与现代化进程给传统人际关系带来较大影响，但总体来说“人情法则”依然是人们日常交往中最常用的交往法则。[①] 城市社会虽是陌生人社会，邻里交往也不及乡土社会紧密，但邻里共同生活的事务关联、“低头不见抬头见”的空间偶遇，也是约束居民“豁出去”“不管不顾”扩大矛盾的有效机制，更是维护社区秩序稳定与人际和谐的支持机制。[②] 笔者多次参与观察荷花街居委会本着区域和谐的原则处理邻里纠纷甚至有时会息事宁人，但纠纷调处过程也折射出国家强制力量和民间柔性调解力量间缺少协同，双向沟通机制及协同治理的效能有待提升。

荷花池小区 82 岁顾老太在小区避让一辆私家车倒车时不慎摔倒造成骨裂，摔倒的地方正好是监控死角，老太说是汽车撞了她，车主说是老太“碰瓷”，交警支队协调未果，顾家找到居委会请求予以调解。顾家非常拮据，大儿子离异且患有重疾，每月要吃上千元的药，社区给办了低保；二儿子在企业做保安，每月收入不足 4000 元，二儿媳在郊区某私人企业做缝纫工，收入有限且不稳定，老二家有个上高中的男孩；顾老太每月 2000 多元的退休工资要用来补贴日常家用。

> 老太跌下来没人照顾，儿媳请不了也请不起假，私人老板不会给请假的人留着位置的，（家里）其他人也不方便照顾，当然家庭条件也请不起人来照顾。
>
> ——与居委会周主任访谈（日志 20161215）

据顾家老二叙述，司机小伙其实并不住在荷花街，是其女友家住荷花街，小伙来接女友外出倒车时发生了意外，顾家索要 6000 元赔偿。对方声称老太是“碰瓷”想讹诈，不肯赔偿，坚持到交警支队协调，鉴于是监控死角双方都不能拿出确凿的证据，交警队协调未果，事情就此僵持，但顾老太要人伺候恢复腿伤的问题亟须解决，顾家老二发话：“要么给 6000 元，要么把我妈接到他家去把腿养好了再交给我们。”

---

① 翟学伟：《中国社会中的日常权威——关系与权力的历史社会学研究》，北京，社会科学文献出版社，2004，第 295 页。

② 屈群苹、孙旭友：《城市社区邻里纠纷化解的治理逻辑——基于 H 市 S 社区居委会调解的实践分析》，《学海》2015 年第 5 期。

> 对方也是不好说话的主，特别那个小伙子的准丈母娘，她大伯子曾是A市副市长，因而觉得自己腰杆子硬。三年前她80岁的老父亲想找个老伴，她是死活不同意，老人家找到居委会要我们帮忙做工作，我们去劝她根本就不理我们，最终老人没敢找（老伴）。后来她一直不和我们说话，在小区里碰到我们也装作看不到，我们也不去计较，只要（居民）安安稳稳就行。这次我打电话过去，她直接和我炸毛，"什么'毛脚女婿'，和我家姑娘'八字还没一撇'，就是一般的朋友，这事和我们无关"。我说"顾家找来了，这个事总要解决，毕竟住在一个小区"。费了多少口舌才肯把小伙子电话给我们。
>
> ——与居委会周主任访谈（日志20161215）

其间，小区有居民听闻此事认为顾家是"碰瓷"，想讹钱。显然媒体不断报道的讹人事件、顾家拮据的家境加上"狮子大开口式"的要价使顾大妈陷入了不利的舆论旋涡。居委会清楚要想解决好问题，一定不能让这样的话传到双方耳朵里，否则调解更难进行。所以，一方面对居民的议论予以制止，另一方面赶紧喊双方来解决问题，免得流言蜚语。

> "名人"也有好处啊，我电话打给"毛脚女婿"一介绍，他就说："你是周主任啊，我知道你呢。"既然知道话就好说了，我就招呼他过来协商，拖而不决总不是个事。他一口认定顾家"碰瓷"不肯来，要我们了解清楚了再来调解。这中间发生了一件事，顾家老大在小区里偶遇准丈母娘冲上去一把抓住她衣领，"我和你并起来过（日子），你来伺候我家老妈妈！"她们有点害怕了。随后"毛脚女婿"主动打电话给我们要来居委会调解。
>
> ——与居委会周主任访谈（日志20161215）

按照居委会长期积累的调解经验，一般都是先让双方面对面做工作，提诉求，然后分头单独谈，亮底牌，再由调解员从中斡旋，双方各退一步，最后达成协议，解决纠纷。这一次，周主任还是用老办法问谁先讲，哪知双方"踢皮球"处于防守状态，谁也不肯先讲，仿佛先讲诉求就要吃亏似的。

> 那个"毛脚女婿"脾气也火爆，两句话不到就朝顾家老二拍桌子："我告诉你，我堂堂七尺男儿！谁都不怕！你讹人想要6000元，

我出于人道最多给你1000元。你要和我家并起来过，是吧？我就到你儿子（顾老太孙子）学校去找他！”我真怕年轻人冲动干出傻事，媒体上报道的校园伤害案多呢，所以这事必须协调好。

——与居委会周主任访谈（日志20161215）

几个回合下来周主任意识到顾家这次确实想弄点钱，好在事情总算有点松动，谢家同意给钱了，分歧在于金额多少。周主任决定从谢家女儿入手做工作，毕竟女孩子好说话好突破一些。

小姑娘和男朋友创业刚开了个公司，也不容易。这个中间几个回合，反反复复。最后顾家老二说的至少赔4000元，一分少不了。我们又回头做谢家姑娘的工作："伢子，你们年轻人时间就是金钱，今天谈不拢，交警支队还要把你喊去，一趟趟地跑，你们时间浪费掉就等于浪费钱啊，还搞得人很烦很累，对不对？再说困难的人到你家里来讨饭，你出于人道还要给点呢，毕竟人家跌在你车子旁，又这么大岁数了，不管她讹不讹，人受伤了，这个毕竟是事实。”

——与居委会周主任访谈（日志20161215）

最后谢家表态至多给2500元，周主任又去做顾家的工作，顾家态度强硬，表示4000元一分也不能少。面对双方1500元的差价，居委会考虑到顾家毕竟是弱势群体，谢家年轻人也处于创业阶段，都属于居委会要关心扶持的对象，决定由居委会想办法补贴1500元的差额，双方纠纷调处终于告一段落。

我们苦口婆心半天还贴上1500元才协调成功。这个不谈了，最起码你们交警部门签的那个调解协议应该复印一份给居委会吧，我们也要变成调解档案。后来有一次到交警支队开会，我也不能吃这个“闷”，我说："给你们交警支队领导提个意见，我们为你们做协调贴了1500元，做了无名英雄。今后私家车越来越多，小区里碰擦事件也会增多，你们协调有困难，居委会可帮忙协调，你们要‘巴结’我们点。”当然这是玩笑话，后来我在人大代表议案里就提过这条，社区里发生交通事故可由社区协助交管部门解决，交管部门最终的处理意见书上要加上社区一方。我们不图别的，只图个荣誉，图个社会效益、群众口碑。

——与居委会周主任的访谈（日志20161215）

居委会本着纠纷消除与调解完成的目的理顺当事人的“气”，动之以情、晓之以理。社区调解工作能否顺利展开与调解员的个人能力息息相关，以周主任为代表的社区调解员，凭借自身的威信、声望使当事人接受自己所援引的道理，他们长期积累的基层工作经验与果断周全的处事风格使最终的调处结果更易被各方接受，当然同时也达到上级政府部门提出的有关调解成功率的要求。从居民的角度看，“由这些既代表官方权威，又具有个人资历的‘老大妈’来处理争论不至于太丢脸面”[①]。由于缺乏乡村社会所具备的紧密而宽泛的血缘、地缘联系及所带来的解决、消除纠纷的情感力量，城市社区人与人之间更易产生和激化纠纷。面对当事人对司法调解机制冗长拖沓与高昂费用的不满，面对司法机构难以承受的诉讼之累，无论是当事人基于纠纷化解的目的，还是政府出于“维稳”的考虑，社区调解作为中国基层社会灵活人性的纠纷解决机制都有必要站到前台来。像顾大妈一家这样的弱势人群，如果没有及时化解其生活压力的调解疏通机制，极有可能做出过激甚至是孤注一掷的举动，稍有不慎，可能会使更多的家庭陷入危机。

在异质性强的城市生活中，“理”的存在形态是多元而复杂的，不似传统农村社区中存在一种普遍适用于地方生活世界、认同较为一致的“社区情理”，这也在一定程度上加剧了城市社区调解的难度。所以，除了利用社区内生资源外，在纠纷调处中引入国家权力或借助国家权力的身份在场，也是居委会调解纠纷常用的方法。国家权力被居委会看作一种纠纷解决方式的协助力量和增加居委会权威的工具，特别是随着技术治理的发展，政府自上而下建立的回应居民生活诉求、建设民生社会的愿景得到了进一步落实，社区信息化建设和基层民主的发展使得邻里纠纷调解中的行政调处介入成为常态。比如，12345 政务热线近年来已然成了基层纠纷反映的重要渠道，也是居委会调解的借助力量和反馈渠道甚至是指挥棒。

以政务热线为代表的行政权威甚至国家强力介入邻里纠纷调解使得居委会的调处行为变得很是微妙，调解实践中，居民拨打政务热线的时机差异对居委会来说有着不同的政治意味。在居委会介入纠纷前居民拨打政务热线，是居民主动选择行政调处方式解决纠纷，居委会被动接受政府下派的调处任务；而在居委会介入纠纷事件调解无果后建议居民拨打热

① Benjamin Read, 2000: “Revitalizing the State's Urban ‘Nerve Tips’”, *The China Quarterly*, September, pp.806-820.

线，则不仅是居民与居委会期望解决纠纷的共同选择，也是居委会导引国家力量介入、借助行政力量协助调解和实现社区事务向政府职能转变的策略。①

城市邻里纠纷化解既是国家实现基层社会稳定的有效机制，也是基层社会秩序自我维持与再生产的合理化过程。居委会借助12345热线，策略性地把国家权力引入社区矛盾调处场域，主动把社区邻里调解纳入政府事务和国家治理范畴。从表面来看，这似乎是居民、居委会与国家互相选择的过程，其实更带有居委会制造选择和规划行动进程的痕迹。国家与社会借助邻里纠纷事件调解，通过组织协调、资源互补和合作治理等的实践重构，或隐或显地达成了稳定基层社会秩序、重建国家治理的社会基础以及社会自我治理格局生成等多重目的，也实现了居民问题、社区事务、政府职能的政治重构和实践融合。

三、居民纠纷调处：变化和挑战

从自上而下的视角透视居委会的邻里调解，可知其实质是国家利用社区居委会解决基层矛盾、维护社区秩序的过程，是国家节约治理成本、简化治理程序的有效手段和方式，即所谓的“集权的简约治理”②。尽管荷花街居委会成功调解了数起居民纠纷，但总体来说纠纷调处总数呈下降趋势，究其原因，并非居民间纠纷少了，而是随着邻里“空心化”、居委会职能剥离和公共资源的私人化，超越邻里之外的一般性法律机制、国家逻辑与市场逻辑长驱直入地介入邻里纠纷。居民流动性增强、日常通勤压力增大、与居委会等社区组织的疏离使得即便出现矛盾纠纷，也不一定能想到去找社区居委会进行调处，尤其是年轻一代居民遇到矛盾纠纷时多会想到诉诸法律，走诉讼程序。

由2013～2018年荷花街社区人民调解委员会受理纠纷情况（见表5-1）可见，尽管历年的调解成功率相差无几，但居委会受理调解的纠纷总数在逐年下降。

---

① 屈群苹、孙旭友：《城市社区邻里纠纷化解的治理逻辑——基于H市S社区居委会调解的实践分析》，《学海》2015年第5期。

② 黄宗智：《集权的简约治理——中国以准官员和纠纷解决为主的半正式基层行政》，《开放时代》2008年第2期。

表 5-1　2013～2018 年荷花街社区人民调解委员会受理纠纷情况

年份	受理调解案件（件）	成功调解案件（件）	调解成功率（%）
2013	42	40	95.24
2014	39	38	97.44
2015	32	30	93.75
2016	27	26	96.30
2017	24	23	95.83
2018	19	18	94.74

现在不但年轻人一言不合就打 110 报警，越来越多的老年人也倾向于借助法律、借助警力而不是靠居委会的调解来解决纠纷，说明社会在发展，普法宣传有效果，但我总觉得动不动就占用公共警力资源是一种浪费。说实话，有的也不是个事却让警察出警，这个成本也蛮高的。

——与居委会于主任访谈（日志 20191126）

城市社区邻里纠纷逐渐从社区公共事务问题转变为法律问题甚至是商业问题，居委会主持下的社区调解正经历变化并受到诸多制约，只能在现代法规协调约束机制管辖不到或者效果不佳的地带继续起作用。居委会调解邻里纠纷的功能弱化和空间萎缩，只是城市社会转型样态和基层社区组织功能转变的一个侧面。

我感觉居委会调解效果有限，我们那栋楼上下邻居为漏水问题纠缠了很长时间，居委会多次去做工作，劝啊，当时是不吵了，但好像没过多长时间又吵上了，搞得现在大家也不太信居委会调解了。她们几个年纪大的调解员就是做做“和事佬”，也没多少法律知识，说白了，就是一个“劝架员”，也不能从根本上解决问题。

——与荷花街居民杜先生访谈（日志 20191126）

居委会周主任和笔者说起她们居委会几个人都有调解员证书，是经过法院培训后颁发的，而且自豪地认为在每一场调解活动中，调解员既是导演又是演员还是心理疏导者，要策划好怎么调，因势利导地把握调解节奏，疏导好纠纷双方的情绪。在笔者参与观察顾老太纠纷调解时，发现周主任特别严肃庄重，双方当事人一进门，立刻营造模拟法庭的氛围感，周主任很正式地告知双方，居委会调解出来的结论具有法律约束力，当事人应该按照约定履行。事后笔者和周主任谈起这严肃庄重的一幕，她哈哈大笑。

> 实际上，不怕你笑，我也不知道我那个方法管不管用，调解出来的结果有没有法律效用。我们是能吓则吓，吓住了，只要能解决问题就行了，兵不厌诈。
>
> ——与居委会周主任访谈（日志 20161215）

《中华人民共和国人民调解法》的实施标志着人民调解有了法律依据，其中第六条明确规定："县级以上地方人民政府对人民调解工作所需经费应当给予必要的支持和保障，对有突出贡献的人民调解委员会和人民调解员按照国家规定给予表彰奖励。"但"县级以上地方人民政府""应当"这类表述本身较模糊，而且也没有明确保障多少、如何保障、怎样监督等，使得这一规定在实践中可能因缺少刚性执行细则而成为一纸空文。

> 我们也难呢，一个是现在上面下来的工作这么多，居委会消化上面的工作就已经人员吃紧了，几个兼职的义务调解员，说实话我们也不好和人家提什么要求，人家也是义务劳动，这一块也没什么补助给他们。所以现在调解工作也不好做，居民愿意打电话找"110"、找"12345"政务热线，随他们，但如果信任我们，找到居委会调解，我们还是尽量化解矛盾。
>
> ——与居委会于主任访谈（日志 20191126）

社区是一个基层民意场，聚集了最直接、最全面的民意，基层社区纠纷在某种程度上也是民意表达的一种形式，调处的过程是民意表达机制发挥作用的过程。对国家而言，基层民意如能得到妥善处理，可防止社会纠纷、社会矛盾的激化和扩大化。现阶段居委会在纠纷调解中更高频次地通知社区民警等相关人员抵达现场，在对当事人形成震慑的同时，也是为潜在的突发事件做应对准备，同时也是将治理压力分散或转移给社区警察。特别是对一些较棘手、易升级、极易触碰"一票否决"工作底线的纠纷，居委会借助国家力量避免事态进一步恶化，防止严重对立事件的发生。社区民警作为国家暴力符号的在场，在一定程度上弥补了居委会调解在权威和执行能力方面的不足。

随着法治社会的建设和居民诉求的多元化，无论是居委会代表的民间调解力量还是社区警察代表的公共权威，应该在相互协同的基础上重视对各种社会资源的整合以更好地提升专业化水平，如聘请法律专家、心理学家等各个领域的专业人士组成咨询团为调解工作提供智力支持，将情、理、法融合于社区调解工作中，既讲规范性又注意灵活性，这样才能更好地提高纠纷解决的效率和质量。

第六章　主要结论与城市社区居委会治理愿景

本书分析了城市社区居委会在日常治理中所呈现的运行逻辑，具体包括居委会组织内部的运行逻辑，居委会和政府组织、媒体、共建企业、专业社会组织等社区外部组织间的运行逻辑，居委会和社区党组织、业委会、物业公司、社区志愿组织等社区内部组织间的运行逻辑，居委会和积极分子、弱势群体、业主身份凸显的居民、普通居民等不同类型居民间的运行逻辑。本章首先对上述研究内容进行回顾总结，得出研究结论，在此基础上对未来城市社区居委会治理愿景进行展望，尝试提出政策建议。

第一节　主要结论

本书以当前城市社区居委会的日常运行为研究切入点，从实践理论、治理理论、嵌入性理论等理论视角出发，探索“国家—社区—居民”分析框架，聚焦城市社区居委会运行中影响居委会生存和发展的最为核心的内容，呈现了城市居委会组织内部运行和外部运行状态，分析了居委会内部“转起来”的运行逻辑；探讨了与社区外部组织，包括与地方政府间“完成任务—汲取资源”的运行逻辑、与媒体和共建企业间“扩大影响—汲取资源”的运行逻辑、与专业社会组织从“脱嵌”到“嵌入”的运行逻辑；分析了与社区内部组织，包括与社区党组织间“从党政合一”到“党建引领”的运行逻辑、与业委会与物业公司“不谋而合—压力转移”的运行逻辑、与社区志愿组织从“吸纳—嵌入”到“互赖—竞争”的运行逻辑；阐释了与社区不同类型的居民，包括与居民积极分子“交换—事务分解”的运行逻辑、与弱势群体“能帮则帮—得民心”的运行逻辑、与业主身份的居民“博弈—不出事”的运行逻辑、化解邻里纠纷“在社区情理和国家权力间游走”的逻辑。通过对社区居委会的观察可见，作为行动者的居委会进入了一个日益交织着行政压力和社会压力的行动场域，既可能扮演“行政代理”的角色，也可能以“民意代表”“社群领导者”的形象出现。现实中居委会扮演着“半行政半自治”的角色，其行动选择具有相机行事的流变性，并不存在单一的行动模式，因而居委会在运行过程中与不同主体的互动呈现出复杂多变的逻辑。

这些运行逻辑看似复杂多变，实际又有着内在的关联。总体来看，配合和适应国家治理需求始终是主导逻辑，为实现这一目标，在居委会组织内部遵循“转起来”的运作逻辑，在组织外部遵循“不出事”逻辑、“资源汲取—压力转移—事务分解”逻辑，在具体的治理行动和治理工具运用方面，居委会视不同主体而策略性地采用不同的运作逻辑。本书将这种相机行事的选择行为概括为“策略主义”逻辑，主要包括情绪劳动逻辑、能人治理逻辑等。

一、居委会内部“转起来”逻辑

组织的良性运行离不开合理的资源配置和合格的成员，资源获取路径、成员选拔方式、成员协作情况等都会影响居委会运行效率进而影响治理效能。很显然，居委会运行的实然状态和法律文本属性间存在较大差异，实然状态的灵活性和差异性是基于现实治理的需求，居委会首先要保证组织自身的顺畅运转。在资源获取方面，主要依靠政府财政拨款和“社区共建”补充机制解决运作资金问题，在制度允许或默认的空间内居委会及其成员发挥主动性充分增加“社区共建”制度的弹性，积极通过“化缘”募集资源；在组织设置和人员分工方面，居委会不会拘泥于制度文本的规定，而是依据现实管理的需要，灵活地采用“弹性边界式软性分工”，按照“分工不分家”“主次有别，条块结合”的任务分配模式，所有成员共同协作完成居委会各项工作，即便在人员临时有事或突发性、季节性任务下达时也能确保居委会正常“转起来”。随着经济和社会的发展，居委会在成员的选拔标准和选拔方式上都与时俱进。从遴选标准来看，从新中国成立后的强调政治过硬、热心邻里事务到改革开放后的注重经济头脑、能发展街居经济，从成员兼职、老龄化到专职、年轻化；在选拔方式上，从上级指定到居民“直选”，无论是居委会成员的年龄、学历、专业等都有了结构性的调整和优化。

虽然居委会成员入职的原因各不相同，但入职后面临共性问题：如何化解组织基层性、在地化、身份异化等带来的组织层面的压力和成员自身生存发展空间狭窄、阻滞所带来的职业困境？基层政府、居委会及其成员自身从不同层面赋能，协同化解压力，促进居委会成员的快速成长并适应组织要求。虽然居委会成员彼此间存在竞争关系，但总体来说因组织规模小、互动密切，在居委会负责人的协调与统筹之下，成员通过工作中的合作参与、共进共退逐步培养起“类家庭式”的关系网络，成员间注重感情和团队合作。居委会负责人通常也会利用网络所形成的亲密关系，融合并发挥组织成员的特点与强项，以集体的力量化解人少事多的压力，以良好的组织氛围弥补组织资源有限、个人发展空间局促等外界大环境的不足，在居委会组织内部表现出较强的整体主义和集体主义特征。

二、辖区内“不出事”逻辑

党的十九大报告提出推动社会治理重心向基层下移，这在给社区治理带来新机遇的同时也带来了新挑战。一方面，“风险社会”的不确定性、社会转型过程中面临的各种社会问题、潜伏的各种矛盾纠纷都可能给城市治理带来社会风险；另一方面，宏观政策在社会领域的模糊性发包、自上而下的行政考核与问责、自下而上的民众权利诉求伸张等也会给城市基层政府的社会治理带来政策性风险。伴随着社会治理重心下沉，上述多重风险和压力也随之传输给处于行政末梢的社区居委会，有着“兜底”功能的居委会深陷繁重社区事务处置和各种行政目标达成的双重空间。嵌入布迪厄意义上的“制度性自欺”① 治理结构矛盾的居委会，在既有治理资源短缺、治理权力有限、治理工具单一、社区社会资本贫瘠的现实境遇下，不得不策略性地视不同互动主体而选择行动逻辑，在其众多逻辑中首要的是“不出事”逻辑。

“不出事”逻辑包括以下内容：在治理目标上，不发生扰乱社区秩序的负面事件，特别是不能发生引起上级政府关注甚至需要上级介入处置的冲突性事件；为了达到“不出事”的目的，在治理工具上常采取暂时的、非正式的、不可持续的治理手段，特别是一些“一票否决”式的重点工作和重要工作，“出事”不仅会影响基层政府对社区的考核，也会影响居委会和社区的社会声誉以及在居民心目中的公信力，更影响党和政府的形象。居民需求的无限性和居委会治理资源、治理能力的有限性导致居委会只能将有限精力和资源投入“一票否决”式的重要又紧迫的事务中，这种选择性治理而非广泛治理，目的就是要确保“不出事”，同样，其他非重点和非重要事务只要“不出事”则“能糊则糊”。在荷花街居委会的实践中，居委会组织内部家庭式的合作工作法、千方百计软化“上访户”、在

① Pierre Bourdieu, et al., 2000: *The Weight of the World: Social Suffering in Contemporary Society*, California, Stanford University Press.

有限的经费中“自掏腰包”以调处社区纠纷等都体现了“不出事”的治理逻辑。究其根本，“压力型”体制是形成基层政府与居委会“不出事”逻辑的重要原因。当然，作为一种权宜性的治理手段和逻辑，居委会的“不出事”治理是非战略的、不讲原则的，这种以“糊”和“权宜”为主的“静态”稳定治理逻辑不符合现代民主政治、市场经济的要求，反映出中国基层社会基础性制度建设的不稳定性，同时给基层社会集聚了更大的风险，有可能导致基层民众维权抗争的异化以及公正性的缺失。[①] 质言之，“不出事”逻辑最终可能导致“出事”甚至“出大事”，打破这一局面还需要进一步创新地方和基层社会治理体制。

三、“资源汲取—压力转移—事务分解”逻辑

城市居委会之所以能维持组织及社区正常运转、应对超负荷的工作压力，离不开其“资源汲取—压力转移—事务分解”的运作逻辑。居委会通过政府财政支持和属地单位共建机制等政策许可的方式汲取资源，是为“接力”。同时，为了获得更多的生存资源和发展空间，居委会还借助其负责人的政治身份、借助媒体效应、利用国家话语等临时策略与社区外各类组织进行互动并汲取资源，是为“借力”。作为城市基层治理组织，居委会面临上级政府考核、组织自身发展、居民诉求满足等多维压力，为了保证社区正常运转，居委会及其成员会主动选择各种行动策略进行压力转移。居委会和社区党组织间从“党政合一”到“党建引领”的运行逻辑变化，既契合了坚持和加强党的全面领导话语，也是借力党组织及党员分担治理压力；上级政府对居委会运行经费、人员等方面的调控促使居委会对其既被动依赖又主动依附，不时还会动用各种“弱者的武器”来应对“过关”，这是一个“资源汲取”和“压力转移”共生的过程；居委会借助媒体的影响力提升知名度、主动和企业建立共建关系都是为“汲取资源”。

而在社区内部，居委会针对不同类型的小区有的放矢地采取居委会主导、多主体协商合作等方式和业主委员会、物业管理公司发生互动，这既是治理压力的转移也是社区事务分解的过程，充分利用社区“三驾马车”的合力满足居民各类服务诉求；对于社区内日益成长的社区志愿组织，居委会把治理压力和任务分解给社区志愿组织等社会力量；社区场域内，居委会和不同类型的居民进行形式多样的互动，无论是遵循“交换”原则和其所倚重的居民积极分子展开互动，依循“能帮则帮”原则对社区弱势群

① 武小龙：《“不出事”治理：地方政府软化钉子户的行动逻辑——基于江苏省 A 市 3 个社区的实践考察》，《南京农业大学学报》（社会科学版）2018 年第 6 期。

体展开帮扶救助，还是和利益需求多样化的业主群体基于各自的利益差别展开博弈，在社区情理与国家权力间寻找普通居民邻里纠纷化解的平衡点，无不交织着“压力转移”和“事务分解”的逻辑。

居委会在日常工作中显示的“资源汲取—压力转移—事务分解”运行逻辑是由国家职能社区化的内生需求所决定的，居委会在基层治理实践中已不单是法律文本所规定的自治组织，它还是事实上的行政组织，这种半官半民或亦官亦民的角色决定了居委会的治理模式和运行逻辑。行政组织的身份导致居委会组织面临上级政府的考核和成员间的竞争压力，无论是大学生村官选调制度还是民选街聘的居委会直选改革，初衷都是为了提升基层组织治理能力和发展城市基层民主，然而在居委会身份认证和认同模糊的前提下，只能带来组织形式的改革而非组织性质和运行机制的根本改变。居委会行政化的身份决定了其和政府间的运行逻辑基本遵循科层制的上下级原则，尽其所能完成上级交代的各项任务以获得体制内的身份认同和运行资源。居委会和社区外的其他组织如媒体、共建企业则遵循互惠原则扩大社会影响力以更好地汲取资源，既利用居民自治组织身份所赋予的民间资源，又利用居委会负责人的个人资源和外部组织进行互惠互利的社会交换。而在社区内部，因为居委会的行政化身份和居民长期以来形成的对政府的依赖型人格，使居委会比其他社区组织——物业管理公司和业主委员会拥有更强的合法性；而多数社区志愿组织在创建时就带有很强的行政性，即使是草根型社区志愿组织，居委会和社区组织也会因在资金场地上对居委会依赖、缺乏居民参与等，多表现出“主导—支配”模式，支配力越强居委会对社区志愿组织的任务分解越容易达成。居委会身份的复杂导致其和社区居民的互动呈现出了更复杂的逻辑，居委会通过“交换”实现居民积极分子对其工作的配合支持，从而进行“压力转移”和“事务分解”；通过“帮扶”在弱势群体中找到其工作的落脚点和支撑点，减少“出事”的概率；当普通居民的业主身份和国家权力发生冲突时，国家要借助居委会的力量进行意图表达，居民也想通过居委会进行利益申诉，居委会和业主基于各自的利益展开博弈，通过一定的支付最终在政府和居民之间达到暂时的博弈均衡状态，从而维护基层社会的稳定。总之，通过“资源汲取—压力转移—事务分解”的“接力—借力”机制，居委会在对社区事务治理压力加以分解与转嫁的同时，也从不同主体处汲取所需要的资源来治理社区事务和化解压力。

四、“策略主义”运行逻辑

居委会的多重运行逻辑从表面来看是由其多重角色职责所决定的，从现实的视角来看，居委会复杂多变的运行逻辑恰恰是当前的压力管制型体制和基层民主权利意识增强双重压力驱动下的现实选择，是顺应现实的策略主义。经过多年的社区制度建设和组织改造，居委会组织的制度环境发生了多维变化，但是“居委会在社区生活系统中的作用发挥还没有固定的模式”[①] 等本质特征依然改变不大，处理问题的偶然性和行动选择的自由性都表明社区治理中居委会常采取顺应现实的“策略主义”。“策略主义”区别于“策略”，如果说“策略”是一种纯粹的权力运作方法和技术的话，正如荷花街居委会所使用的诸如“糊弄”“弱者的武器”等各种策略，尚属于方法和技术层面的临时性行动，那么“策略主义”则是一种行为原则和行事作风，贯穿居委会日常管理的全过程，具有稳定性和长期性，它包括居委会所使用的那些有的放矢的、灵活的、合理合法的策略，也包括那些不具合法性和非正当的策略，这些策略有的与组织运行目标一致，有的则可能相悖，但它们长期存在于居委会的治理实践中。

“策略主义”作为当前城市社区居委会运行的独特逻辑，由居委会双重身份和基层社会结构及其所处的场域形塑而成。中国政治结构塑造了“压力管制型体制”，即“层层向下约束，层层向上负责”的行政管理体制，虽然这个极富解释力的概念的提出最早是针对县、乡两级政治体制，但通过荷花街居委会的实践可以清晰地辨识到，压力管制型体制在城市社会同样存在，市、区两级政府把招商引资的指标、创建文明城市的目标、发展楼宇经济的任务、维护社会稳定的压力甚至基层治理创新的目标等城市发展的核心任务层层量化并分解，最终汇集至“兜底”的基层组织——居委会，居委会虽不堪重负但为了完成考核只好运用各种策略去应对上级的“规定动作”，包括合理合法的策略，诸如借力媒体、企业等其他组织的资源，也包括不具合法性和合理性的策略，诸如用造假、糊弄的方式“注水式”完成各项任务和指标。

在基层政治生态圈中，仅满足于完成“规定动作”的居委会至多勉强解决“温饱”，欲获得更多资源实现“小康状态”，居委会还得自觉主动地完成一些“自选动作”，即各类创新和特色工作，积极为基层政府提亮政绩。居委会作为法律规定的基层自治组织，又不同于科层组织的完全被动，特别是随着城市基层社会权力格局的分化与重组，城市居民对基层民主和自身的权益越来越关注，进而提出了新诉求新期待，居委会作为生存于基层邻里社会的组织直接面对居民，这种和居民零距离接触的工作特性

① 费孝通:《中国现代化:对城市社区建设的再思考》,《江苏社会科学》2001年第1期。

决定了居委会不仅要承受来自上级组织的压力，还要面对来自居民邻里间的非制度性的认同压力。居委会必须在和不同的居民组织、不同类型居民之间的互动中获得民间合法性即实质性权威。为了树立实质性权威，居委会运用各种行动策略，诸如笼络社区居民积极分子、帮助弱势群体、为业主争取权益等，有时甚至不惜叫板政府、讨价还价，以赢得在民间的合法性。故无论在居委会的“规定动作”还是“自选动作”中，灵活而弹性地选择有利于自身生存空间拓展的策略，甚至根据具体的场域创造性地运用策略，笔者把这些行动策略的使用归结为“准行政和自治组织身份双驱下的策略主义”。虽然“策略主义”逻辑可以权宜融通和完结社区各类事务，但也会影响城市社区治理网络与权力关系的再生产，甚至妨碍社区的现代化转型以及基层组织治理能力的提升。

（一）情绪劳动逻辑

社区居委会作为各项公共服务的落脚点和承接者，其与上级政府及部门、各类组织、居民之间的互动大幅增加。居委会工作的岗位性质承载着居民对基层政府的信任和服务诉求，承担着政府与居民必要的情感与情绪交流，其服务的质量和态度随时被上述相关利益主体监督，窗口服务的特征越发明显。情绪劳动通常被居委会成员视为一门技术活并被广泛运用于社区治理实践中。居委会独特的资源依赖结构与资源汲取模式导致工作者的情绪劳动既指向服务对象——居民，也需满足利益相关者的价值需求，如居委会受政府委托向居民提供公共服务，其情绪劳动要满足政府期望。当下合作治理的环境要求对公共管理权力进行分享，以达到解决公共问题的目的，这又要求居委会需关注外部利益群体的诉求并做出积极回应，所以工作中居委会成员不仅要付出脑力与体力劳动，还要按组织规则和需求付出大量情绪劳动。[①] 表层扮演、深层扮演和真实表达是居委会成员情绪劳动最为典型的三种方式。表层扮演需要进行情绪表达的伪装，在未实际感受快乐时扮演者呈现出情境所需要的某种情绪表达；深层扮演又叫“真诚的扮演”，是基于成员对组织要求的深刻理解或者对工作情境的充分把握表现出对相关互动对象的同理心；真实表达是情感的自然流露，是组织成员进行真实性情绪表达投射出的个体真实情感。

1. 生存压力下的表层扮演

居委会工作人员的表层扮演通常是基于组织生存、汲取更多资源的需要，掩饰无奈、不满情绪，尽力完成上级组织下达的各项任务。表层扮演

① 孙璐:《城市社区居委会工作者的情绪劳动研究》,《理论月刊》2019 年第 6 期。

是工作者根据外在表现规则展示情绪，不关注甚至忽略自身内在体验，更多是基于获得组织生存和个体发展的伪装过程。在大量行政事务被转嫁的压力下，居委会工作人员虽流露出对政府布置的诸多工作任务难以胜任和无所适从，但还是调整情绪和心态，试图以积极饱满的情绪状态完成工作。

居委会在城市政治生态圈中话语权较弱和抗争力不强导致其在具体的工作实践中，把更多的精力放在克制、调整无奈等不满情绪，假意迎合并寻找更多“弱者的武器”来应对上级政府上。为了完成考核目标，居委会成员不仅要付出体力和脑力劳动，同时还需付出大量情绪劳动，“诚惶诚恐”“笑脸相迎”“硬着头皮”“赔笑脸说好话”“弱者武器”等的运用都属于情绪劳动的表层扮演策略。

2. 谋求组织发展中的深层扮演

深层扮演究其实质是需要意志努力的过程，通过体验与组织要求一致的情感而表现出自然的情绪，需要员工能够在内心真实感受到某种合适或需要的情绪。居委会成员的深层扮演是在面向相关利益主体时激发的真实从业情感，是立足职业角色的一种换位思考和体恤、共情。如果说表层扮演策略更多被居委会用于完成上级政府的“指定动作”以缓解生存压力的话，那么深层扮演策略则是在个体对组织角色的理性认知基础上更多被居委会用于拓展组织发展空间的“自选动作”中。

对于居委会而言，谋求组织发展的关键是要解决资金捉襟见肘的问题，解决该问题，除了要做好本职工作，更要付出大量情绪劳动，包括“卖个面子”“协商”“共情”等。居委会负责人“高级乞讨者”的自嘲便是对深层扮演的最好诠释，“乞讨”的对象除了结对共建的政府职能部门外，更多的是社区外的各类组织，包括企业、媒体等，而“注意乞讨的手法”则表明情绪劳动中深层扮演策略的运用，比如，利用负责人的政治身份主动为社区奔走寻找资源，苦口婆心地动员和组织协调居民配合媒体宣传、企业活动以开拓居委会资源汲取渠道等。如果说争取共建单位的支持是为了直接获取更多的资源，那么积极配合媒体的工作则是为了争取曝光提升社区知名度继而获得外部支持的“曲线救国”。但无论是主动争取还是积极配合，都是为了谋求居委会组织的发展达成治理目标，都需要居委会成员付出大量的劳动，“都不容易”“搞好关系”“相互理解”“帮忙配合”等无不体现出居委会成员在此过程中主动体验与组织要求一致的情感而表现出的自然情绪。

3. 邻里社会的真实表达

居委会扎根于城市基层，要将国家表层的规范性与社会实际的多样性结合起来，需在主流话语和居民喜好之间做出情绪和行为的切换，如对居民自然热情的微笑、劝说、动员等。一般来说，多数居委会成员在入职筛选时已具备这样的亲和的性格特质和较强的人际沟通协调能力。无论是治理合法性的获得还是实质权威的累积，居委会的动员运作都离不开横向扁平的社区网络的建构和坚实广泛的群众基础的夯实，这些都决定了居委会成员需要有真实的情绪表达才能获得居民的接纳和认同。尤其是居委会工作开展所倚重的居民积极分子，对该群体的动员效果直接影响到居委会工作实施和组织目标的达成，而动员本身就是付出情绪劳动的过程。居民积极分子之所以愿意参与社区事务，和居委会成员“一再动员”等大量的情绪劳动付出密切相关，也正是基于居委会成员的“嘘寒问暖”“热情动员”“有商有量”等情绪劳动的付出，居委会和积极分子才能建立起正式工作关系之外的“人情”关系。情绪劳动和人情是交织在一起的，居委会的动员能力以及楼组长的工作效率，都与居委会的情感投资以及“投资回报”息息相关。换言之，居委会和居民积极分子之间人情关系的构建是一个长期的情绪劳动付出过程。

应该看到，在与大多数居民进行人际互动时，居委会成员面临更具挑战性的情绪劳动付出需求，特别是居委会要兼顾居民的不同利益需求和情感需求，而有责无权的状态常会影响居委会完成任务的效率和效能，继而导致一些居民的不满和苛责，这使得居委会成员的情绪劳动在参与公共治理过程中变得更为复杂和更难协调。不可否认，居委会成员的情绪劳动在提升政府绩效、回应公众需求以及提升公民满意度方面具有正向作用。但是，不管是表层扮演、深层扮演还是真实表达，居委会成员都需要投入和消耗心理资源，尤其是表层扮演更易陷入心理资源亏损的心理疲劳状态。况且居委会成员所从事的工作责大权少，职业发展机会较为有限，薪酬也相对较低，因此组织成员极有可能面临相关情绪问题，并最终导致成员的工作倦怠、离职等现象。未来的相关研究需要进一步关注和回应这些问题，从而减少基层组织成员情绪劳动的负效用。

（二）“能人治理”逻辑

本书通过对城市社区居委会运行过程的透视，发现社区居委会的运行离不开居委会成员尤其是主要负责人聚集和调配多方资源的能力，类似荷花街社区居委会周主任这样的社区负责人凭借个人能力建立起有效的社会关系网，这张网覆盖基层政府部门、社区内外各类组织、社区内居民积极分子等，为社区带来了可视的利益，其实质是一种“能人治理”逻辑。笔者认为，社区居委会层面的“能人”是掌握一定社会资源能够对社区公共事务产生影响的人，荷花街居委会周主任是社区运转的核心人物和枢纽，事无巨细地张罗居委会一切事务，无论是居委会成员还是社区居民抑或是基层政府都倚重她。笔者对她的概括是热情、高智商、世俗老练、善于表演、懂得配合，更善于利用体制内外资源达到组织目的。

社区居委会工作的政策选择、重点难点以及整体发展方向，较少公开征询居民意见，通常以街道办指明方向、居委会负责人个人构思、居委会内部小范围内讨论的方式进行。一般社区居民很难知晓和参与该过程，最多扩大到向居委会倚重的社区精英（通常是居住在本社区可能带来社区利益的社会经济精英和政治精英）或者积极分子核心层（少数楼栋长等）征询意见，进而完善初步构思。诚然，居民的公民意识薄弱、社区行政化严重、居民组织化程度不高、居民利益表达渠道不畅等确实导致了参与主体单一、居民的参与意识不强和意愿低迷等问题，但为了保证各项事务在社区的执行与落实，政府对居委会主任这样的“社区能人”既看重又倚重，看重其工作能力，可以协调完成交办的各项事务，提升基层治理效能；倚重其影响力，很多基层政府不便或不能出面的事情借助“社区能人”影响力能顺利完成，包括吸纳社会和市场的各种资源满足社区治理的需求。

社区“能人治理”不仅体现在居委会内部，还表现在积极分子中，荷花街居委会编织的积极分子网络就是试图以少数积极分子推动大多数居民参与社区治理事务。在中国基层的关系社会中，以居民积极分子为主的各类居民自组织能否发生的关键，不仅在于社区自身是否拥有基本的社会资本存量，更在于“社区能人”能否担起主持人或带头人的角色，能否有效影响社区其他居民的态度和行为。

“能人治理”模式在社区发展过程中因具有深厚的群众基础和强大的凝聚力而显示出简洁高效的优势和积极作用。社区能人因为能力出众在社区内外积累了大量的人脉，善于解决问题也有能力快速解决问题；同时自恃有能力有业绩，社区能人有和基层政府讨价还价的资本，能够满足居民利益诉求，故社区能人易获得居民认同，赢得居民对社区治理的配合和支持，这对权力运行模式、社区发展起到了积极推动作用。但值得重视的是，由于目前社区层面的监督体系尚不健全，甚至相关制度还处于空白状态，“社区能人”治理也可能会出现威权化趋势，既不利于社区民主的建设，也不利于社区各类自治组织的发展。比如，荷花街居委会的年轻人在周主任这位“社区能人”的遮蔽下很难有机会脱颖而出，也容易形成居委会其他成员的依赖型人格。而“能人治理”模式中以人情、面子为基础构成的支持网络关系也会削弱制度规范的作用，这决定了“能人治理”的稳定性和持久性较弱，也一定程度上造成了居委会运行中“策略主义”盛行。

五、“国家—社区—居民”框架的解释力

长期以来，中国城市街居管理是国家主导策略下的国家治理单元的建构，其实质是国家权力通过体制性调整向基层不断渗透的过程。故城市社区创建之时就被赋予了特殊的使命——填充国家与社会之间的真空地带。改革开放后，单位制在城市社会的逐步解体使国家对基层社会生活的支配结构发生了变化，为了将国家权力重新渗透到基层社会，国家选择了在社区复制原有的关系模式，通过对居委会资源和人员的控制将其变为行政末梢，将国家机构的组织结构、权力职能复制到居委会组织中并使之为国家代言，即国家政权借助居委会实现了其在基层社会的权力延伸或权力回归。借助居委会组织的治理实践，国家将自己的影响力广泛辐射到社区的各个角落，社区物业公司、社区业委会、社区志愿组织等分别代表市场、社会的相关主体都不同程度地参与社区治理并在居委会的协调下形成治理合力。权力的纵向渗透只是一个维度，国家和社会间的复杂关系还表现为两者的横向嵌入，嵌入的法理基础则是居委会作为基层群众性自治组织的法律属性。借助这一身份属性，居委会拥有更加接近居民的便利性，能够和居民积极分子、弱势群体、普通居民发生各种互动，不断在扶贫帮困、解忧协调等方面提升服务供给质效，这些服务供给在内容上已很难厘清哪些是纯粹的行政服务、哪些是纯粹的社会事务，在供给手段上，居委会也是嵌入和整合国家威权和社会力量共同提供资源，型构出兼顾“治理的政治性”和“生活化治理”的关系模式和合作方式。

当然，随着政治经济改革的深入，国家权力结构也在不断调整，政治权力对基层社会生活无遮拦地干预甚至全面调控的模式难以为继，社会力量获得了发育成长的新机遇和新空间，国家与社会间的关系出现了新的变化。社区治理和发展既是国家责任也是社会义务，只有国家和社会充分合作才能满足居民日益增长的多元化需求。特别是随着顶层设计中推进基层社会治理的政策供给加强，行政力量和社会力量在社区场域的互嵌互赖越发明显。国家的控制与服务供给抵达社区层面，借助社区居委会实现国家职能社区化的内在需求，居委会兼有国家与社会“双重代理身份”的节点位置，这既是导致居委会深陷压力场的根源，也是构建社区关系网的结构优势。居委会作为国家在邻里空间的代理人和基层服务的提供者、协调

者，利用其在行政权力关系网和社区社会权力关系网中的节点位置，获得国家象征暴力授予的形式权威；借助自身嵌入“压力场”和“关系网”的结构位置与节点优势，居委会同时动态汲取国家和社会提供的各类资源化解工作压力、治理社区事务；通过行政助力和社会助力，获得治理能力，提升其实质权威。

居委会这一法律上具有社会功能的自治组织和实践中具有行政功能的准行政组织充分体现了中国当下国家与社会关系的新变化——两者相互交融而非彼此分立，以居委会为主要公共服务供给者的社区场域是国家与社会互嵌互构关系呈现的汇聚点。在居委会的嵌入式治理中，即便是国家权力也被慢慢打上“社会”的烙印，用社会能接受的理念、方式来进行行政渗透；社会力量为了发展被动或主动地接受国家权力的支持、扶植甚至是吸纳。尽管国家力量时有“格式化”基层社会的意向和能力，但这个过程却不是单向度的，也不是无限度的，荷花街社区居委会的实践充分佐证，社区治理和变迁不是一个单向的自上而下的制度渗透过程，而是一个包含底层认可、接受及自下而上的政治过程。社会自主性力量不断壮大，国家自由行动能力在社区场域受到挑战，已然无法畅行无阻，即使通过双方博弈最终实现或部分实现了行动目标，国家力量也不得不对自己的行动给出一些解释、承诺或利益；而业主委员会、社区志愿组织、居民个体所代表的社会力量，在和国家威权的博弈中虽力量孱弱、时常妥协，在利益抗争中也会被动甚至主动地接受国家行政力量的扶持，但顶层设计政策和制度供给正促使社会力量积极成长。质言之，居委会是国家与社会在社区层面互嵌互构、彼此交融的节点，既是国家意志的基层执行者又是居民利益的申诉者，社区居委会正是利用位置嵌入和资源嵌入持续推动国家和社会在基层的相互形塑，这一互嵌互构的过程不断更新国家与社会两者间的关系，再生产出新的社区权力结构。

第二节　城市社区居委会治理愿景

社会治理创新与社会活力增强的重心和难点都在基层，随着中国特色社会主义进入新时代，基层社区治理也站在了新的历史起点。作为城市最普遍、覆盖面最广的基层组织，居委会不仅是社区治理的重要主体，也是实现人民民主的重要组织形式，居委会工作体现基层社会治理能力和治理水平。笔者在研究中发现，无论是基层政府、社区各类组织还是居民、居委会成员等，都对目前居委会运行状态存在诸多不满，希望能进一步推进城市社区治理和基层组织的变革。从学理上说，当下问题主要聚焦于居委会准行政化的角色、职能发挥与法律规定存在龃龉，由此引发社区治理的大量问题，诸如居委会治理能力和水平不足、非正式行为逻辑以及自下而上的自发性参与不足等。面对城市社区治理的困境，居委会何以可能、何以可为？笔者认为要反思以下问题：第一，借用西方的“国家—社会”解释框架，依据理想化的西方公民社会学说，能否破解中国城市社区居委会运行的难题？第二，全国多地居委会去行政化改革效果不显著，甚至陷入“忙而无用”“改而不变”等“内卷化”困境和“悬浮化”危机，仅通过居委会的组织改革就能解决吗？第三，如何把居委会运行和治理行为放入整个城市公共秩序和权力生产的框架中解释和理解居委会变革之道，讲好社区治理的“中国故事”？

笔者综合了对全国多个城市街居组织以及对A市基层政府、民政部门、街道党工委街道办、居委会工作者、各类社区组织成员的调研，尝试对城市社区居委会治理愿景进行勾画。具体来说，法律定位上，要明晰居委会的核心职能与辅助职能，要确定改革方向既与宪法相融，也与当前中国城市社区发展和治理现实相符，重点聚焦治理效能提升；治理理念和治理机制上，要将居委会改革与治理行动置于城市治理体系中进行整体性考察，引入整体性治理理念，构筑协商共治机制；治理模式选择上，要充分考虑中国国情和地方情境，进一步发挥基层党建引领社区治理的作用，基于社区事务的交叉性、边界模糊性、综合性等特性，建立社区专业化通才型治理模式，激活社区内部“微自治”；治理工具选择上，要能兼顾制度、技术等刚性治理和情感、服务等柔性治理手段（见图6-1）。

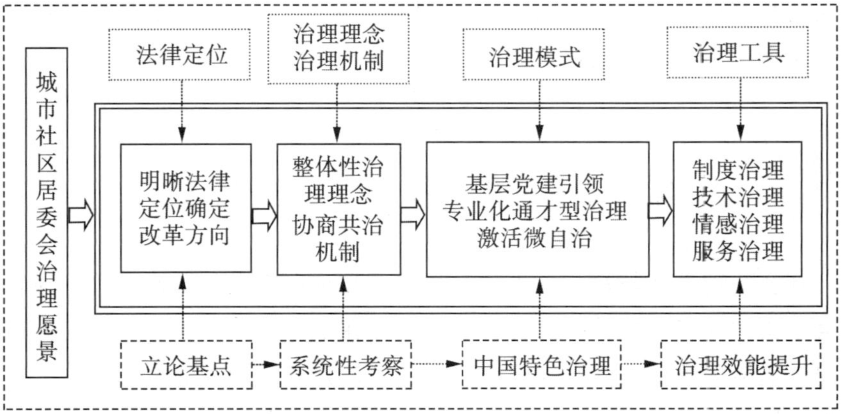

图6-1 城市社区居委会治理愿景

一、明晰居委会法律定位及改革方向

党的十八届四中全会指出，法律是治国之重器，良法是善治之前提。依据城市基层治理实践进一步完善城市基层治理法治体系，包括根据社区治理的实际情况对《城市居民委员会组织法》进行修订。全国人民代表大会内务司法委员会已建议条件成熟时将其列入人大常委会立法工作计划，2021 年 8 月 24 日，民政部公布《城市社区居民委员会组织法（修订草案征求意见稿）》，征求社会各界意见。当然相关法律的修订和完善还需假以时日，需在实践中得到检验。

目前中国城市基层治理体系中只有居委会是具有明确法律授权的自治组织，我国宪法和《城市居民委员会组织法》都明确规定了其作为基层群众性自治组织的法律属性，但居委会自治权力的法律地位并未明确，特别是《城市居民委员会组织法》自 1990 年施行以来基本未做大的修订，有关街居组织的一些法律条款与新时期国家“加强和创新社会治理”战略部署的耦合程度有待进一步提升。追根溯源宪法对城市居委会的法律定位就趋向模糊性：一边规定居委会是基层群众性自治组织，另一边又将居委会划归地方基层政权的附属之内。《城市居民委员会组织法》虽遵照宪法明确了居委会的基层自治组织性质，但却没有相应的独立法人资格；虽规定由政府决定居委会的设立、规模调整、撤销、拨付工作经费，但对居委会工作人员的待遇、办公条件与工作经费等却没有进行明确的规范和保障。法律主体地位不明确必然导致居委会在社区治理中陷入困境。本书认为，城市社区居委会的法律定位应明确以下几个原则：

第一，既要“依法办事”也要“准确解读”。只要作为终极规则的宪法未做变动，居委会就必须围绕“基层群众性自治组织”的法律定位展开行动，即“自治性的群众组织”这一社会角色是居委会的“原色”。基于宪法保障公民基本权利的特性，显然宪法对居委会作为自治组织的授权源自拥有公民身份的服务对象——居民，从价值推导上看是符合人民主权的要义的。同时，作为基层政府事务的延伸助手，居委会也有配合政务与行政的功能。故居委会的自治功能是核心功能，配合行政是辅助功能，关键要平衡好“自治”与“行政”的关系。笔者认为，社区居委会不应该重点纠结其角色属性，而应该更多关注其治理功能的实现。城市社区居委会不是纯粹的城市基层组织单位，它是一个将居民（人）、居民自治事务（事）和居民共同生活地域（物）联系在一起的平台，是集自治权利和自治权力于一身的基层代言者，目标是通过“自我管理、自我教育、自我服务”追求居民个体利益与社区公共利益的共荣，这也是国家治理的目标之一。故从这个意义上看，国家对“自治”不是必然的挤压甚至反对，行政权力的介入并非剥夺居民的自治权利，而恰恰是为了保障居民自治权利的实现。

第二，要充分发挥立法的引领和推动作用。如欲从根本上摆脱现行居委会组织生存和发展危机，则必须充分发挥立法的引领和推动作用，对《城市居民委员会组织法》进行修订，完善城市基层治理法治体系，回归城市居委会自治功能为主、行政功能为辅的法理逻辑。从实然角度看，现有法律法规对居委会虽有定位但不够完善，特别是对居委会自治的领域、权力和性质，群众参与的责权利、内容、途径，居委会与物业服务公司、辖区单位、社区其他服务组织的关系缺乏操作性规定。

第三，城市居委会的改革应满足“能到达、易接受、可操作”的衡量标准。“能到达”指改革方向和措施既要遵照宪法，也要与中国城市社区发展和治理现实相符。基层社区中的权责结构伴随着条线任务下沉越发失衡，居委会的自主决策权和自由裁量权极其有限，既难以承担与居民协商、反馈基层社会的功能，又缺乏与地方权力体系进行沟通协调的能力，城市社区治理陷入内卷化的困境。以往从“行政—自治”二元解释框架来思考居委会的定位及改革方向，往往导致非此即彼的结果，认为居委会改革的方向就是从“行政”一侧改至“自治”一侧。按照这一分析思路，居委会改革或是规范“政府”行为，厘清居委会与政府的关系；或是将更具“社会”属性的机构或组织附加于居委会，以凸显居委会的自治性；或是增设新的治理主体分担原本由居委会承担的行政性事务，进而“剔除”其行政性。这一思路忽视了居委会这一组织所具有的中国特色形态——居委会的产生和发展过程决定了其党政关联属性具有历史必然性和现实存续性，同样这一形态也是在现行政治体系下不可剔除的属性。

“易接受”指有关居委会法律定位的“权威”应得到大多数社区居民和其他社区组织的认可，特别是城市居委会提供的目标愿景应取得居民的同意和支持。自治不同于“官治”，自治环境常缺乏外在力量的规制与约束，很多时候无法形成持续的内生动力。为此，要促进基层自治系统与科层体系形成脱嵌式的协作，居委会在服务居民、引导居民的过程中，需注重相应制度或规范的构建，建立基于居民共识且对所有居民均具有实质约束力的公约或守则，推进居委会在城市社区中的行政理性与服务治理理性，进一步释放城市社区居委会灵活治理的能力，并从体制机制上加以调适。

“可操作”指城市居委会的改革应具备实操性，要有相应的制度安排和力量组合保障其运行。民政部已提出明确居委会法人性质的政策建议，以便其享有民事权利、开展民事活动并承担民事责任。笔者认为，社区治理实践中人员配备和经费落实是保障居委会组织运行关键之举。一是确定有法律效用的“权责清单制”，依法推动基层“属地责任”转向“有限责任”。目前各地基层治理实践中对“权责清单制”要么没执行，要么执行不彻底，特别是遇到突发任务、上级派发的“一票否决”式工作时，“权责清单”随意性较大，造成居委会日常工作事无巨细、责无边界。因此，要将基层管理的有限责任引入法治轨道，保证居委会履行核心职责的时间和资源不被耗散，确保居民服务供给与基层秩序维护等主要职能得以发挥。二是鉴于居委会组织运作经费主要来源于基层政府专项拨款的事实短期内难以改变，资金方面可推动“预算民主”，可以结合相关法律规定经由居民会议审议表决后居委会先行编制自治预算，政府以专项资金形式拨付并根据年度预算执行情况对专项资金每年及时动态调整，① 做好城市社区公共服务和社会管理专项资金的预算和落实。与此同时，将居委会工作者的薪酬福利在居委会自治预算中单列，并考虑实施弹性工资制，用倒逼机制提升城市居委会履职能力。总之，未来城市居委会改革应以同时优化居委会自治性职能治理能力和行政性职能履职能力为基础，以双重治理职能的结构均衡性建设为根本导向，致力于不断缩小基层治理的高制度成本与低绩效收益的剪刀差。要以高质效满足居民美好生活需求为归旨设定社区居委会治理的议题与目标，对社区居委会工作的评价重心要回归社区居民满意度和治理效能提升等方面。

二、引入整体性治理理念，构筑协商共治机制

现阶段中国正处于提升和完善治理体系和治理能力现代化的关键阶段，基层治理的方向不能简单地从“该加强行政化”还是“该弱化行政化”的角度去论断和思考。党的十九大报告提出“共建共治共享”理念是对中国社会治理现实的国家回应，基层社会治理也要抓住重点，将社区治理放置城市治理系统中整体性思考，寻找基层治理中各主体新的整合与联结机制。在人口和资本驱动下，基层治理愈发体现出综合性和整体性，以居委会为单一管理主体的传统社区管理模式愈发难以为继，居民日益增长的美好生活需求需要多主体协同参与方能有效供给。社区治理不仅要有社区实践探索创新，更要有来自上级政府的宏观规划，整体性探索设计国家

① 李钢：《城市居委会法律定位的论争与启示》，《学习与实践》2015 年第 7 期。

治理与基层治理的融合载体。

同样，社区居委会改革不能只停留在战术层面，而应站在社区治理创新这一战略层面进行全局性重塑。如果仅单独聚焦社区居委会，容易忽略社区与国家系统之间的内在联系，将改革局促在狭小的界域内，既无法做到系统联动，又难以立足全局、放眼长远。前瞻性和计划性是基层工作的重要特征，先期预防基层可能发生的事情，有计划、有步骤、有条不紊地推进基层工作，才能获得好的治理效果。而前瞻性和计划性恰恰来源于对基层实际的整体性把握，但在现实的基层治理实践中并没有真正立足于居民的现实需求，社区发展缺少计划性，对公共事务的处置经常没有方向，只是一味地听从上级政府组织的安排，时间精力多消耗于处理眼前、即时的事件，追求社区表面稳定。目前全国多地社区居委会去行政化改革即如此，没有将社区改革放到国家社会治理和城市治理的大系统中进行思考和设计，缺少前瞻性和计划性，具体表现为：一是缺乏统一的顶层设计，二是非全要素改革，更多呈现出“头痛医头、脚痛医脚”式的碎片化特点，改革的系统性、联动性、重构性不足。这些都充分暴露出社区治理在居民需求满足、治理主体或治理手段上缺乏整体协同，治理效能低下。

（一）引入整体性治理理念

整体性治理理论以满足公民需求为治理导向，以信息技术为治理工具，将协调、整合和责任作为治理策略，促进各治理主体的协调一致，以实现整体性组织运作模式。整体性治理突出居民在基层治理中的重要地位和价值，以居民的需求能否被满足作为治理效能的检验标准，整体规划、统筹协调，以达到聚合空间内资源配置效率的最优。从整体性治理视阈切入认识社区居委会改革方向，其实是对国家和社会关系重塑的思考，超越居委会辖区地理范围的整体性治理，强调对人的“聚合意义”的再认识。社区治理实践表明，以居委会为资源投放单元，很难做到公平与效率兼顾，有时会造成资源紧缺和浪费同时存在的悖论，治理效能低下。

整体性治理注重智慧技术的应用，强调发挥“智治”作用，打造数据驱动、人机协同的智能化治理新模式。互联网时代，信息技术逐步被应用于政府治理过程中，政府管理方式得以优化，公共服务供给质效得以提升，但“智治”对基层社区治理的赋能不够，尤其是在为基层减负方面，“数据跑路”未能代替“干部跑路”，社区与职能部门间还未能实现实时更新并共享数据信息，而且区域建设产生大量碎片化的数据导致新的治理协同壁垒。基层“智治”表面看来似乎是技术问题，但其实还是人的问题，充分暴露了用技术手段为基层赋能、减负任重道远。社区居委会在实践中形成了整体复合治理形态，往往集行政、服务、自治等多种功能于一身，需要引入整体性治理理念，打破区域界限、部门壁垒，整合治理资源，借助技术精准投放公共服务，提高基层治理效能。

（二）构筑协商共治机制

当前社区治理改革遇到瓶颈的关键原因在于社区场域中多主体职能和功能边界不清，缺乏明晰多主体职能的协商联动机制势必造成社区治理事权错位、治理脱域、功能重叠或者缺失、公共服务供给脱离居民需求、居委会角色不清职能杂乱。在强烈求生欲的支配下，社区居委会只能采取权宜性应付、选择性治理等行动逻辑，治理效率低下。党的十八届三中全会后，中国基层社会治理的主体关系和规则在顶层设计的规制下悄然变化，建立在对普遍规则、价值认同基础上的互动与协商在基层场域的重要性得到重视。借鉴各地的治理实践，笔者认为旨在重塑协商共治的多主体联动治理机制（包括“四社联动”“五社联动”等多主体联动治理机制，本书仅以“四社联动”治理机制为例）在未来社区治理中可以发挥更大的作用。

“四社联动”治理机制有着明显的价值取向和制度意义，通过“四社”合作治理，增强民众福祉、提高基层治理能力；同时，该治理机制又有着较强的工具性和操作意义，通过多主体联动提高基层公共服务供给质效，减少社会矛盾、促进社会安定，提升地方治理绩效。故“四社联动”并非简单课之以字面的联合互动，其本质是国家与社会在基层的关系重构，彰显的是国家与社会在基层治理实践中的互动逻辑，包含“政社分开”和“政社合作”两个维度：前者强调政府转变职能、向社会分权和放权，政府和社会在廓清各自权力、职责边界的基础上发挥治理优势，体现基层治理主体多元性的诉求；后者则强调多元治理主体间的互动合作关系，体现各主体平等参与治理的规则。

在“政社分开”层面，要明确政府和社会各自的角色定位和职责边界。“四社联动”体制创新是对政府单向管控、社会自主性弱、市场参与度低等结构性问题的回应，涉及减少居委会行政事务、让渡社会管理与服务空间于社会组织、向社区“嵌入”“渗透”专业社工人才等内容。具体来说，第一，建立社区工作清单和社区行政事务准入机制。对于申请进入社区的行政事项，申报单位需上报工作需求、政策依据、工作标准和期限、工作保障、培训制度等内容，在此基础上决定是否由社区承接。第二，政府向社会组织让渡空间。政府从直接的社区事务管理和公共服务供给中剥离，编制政府向社会组织转让职能与购买目录，引入市场竞争机制，推广政府购买服务制度，具体的社区事务和专业服务职能委托给具有响应力的社会组织来承担。第三，政府在赋权社会的同时还要给社会增能。积极培育服务性、公益性、互助性社会组织，通过综合运用外部专业社工“嵌入”社区、对居委会等社区自有人才进行专业“渗透”、根据地方社会经济特点和高等院校联合培养等推进策略，加强专业社工队伍建设，引导社会力量参与基层社会治理，并在实践中充分给予锻炼，以防不同治理主体出现能力“短板”。

在“政社合作”层面，政府和社会组织间要真正建立起促进社区治理的合作伙伴关系。受地方权威的政治环境的影响，社会力量的基层社区治理参与常常“仅止于在确保政治忠诚的前提下进行的服务购买”①，而缺少对基层社会公共事务的共同决策参与和对国家资源与权力的分配参与。众所周知，社会力量不仅是公共政策的执行者，更是政府政策制定和评估的重要参与者，是协调国家和个人关系的中介。政府与社会在“四社联动”机制中的合作应体现为相互嵌入，即政府借助社会力量实现职能转变和治理能力提升，并为“四社”规范化发展提供制度保障；社会力量也主动寻求嵌入国家，获得资源及制度支持，发挥专业优势提升公共服务供给质量。当然，“政社合作”离不开“四社联动”具体流程设计的优化，尤其在市民社会发育不充分和缺乏民主传统的基层社会，更需要政府积极参与和主导“四社联动”秩序构建，无论是社会力量的引入培养环节、对公共服务供给的监督考核环节，还是服务效果反馈激励环节，政府除了负起授权、引导与监督责任，使“四社联动”机制运行更加流畅、更有效率，同时也要自觉约束自身行为，设计逐步退出的机制。

参与联动的主体并非简单的结伴而行，而要有合作共识，包括基于共同治理目标的信息共享、共同决策、共同行动；还要具有整体理性，能兼顾自身利益和整体合作利益，形成结构互嵌、功能互补、资源共享的伙伴式关系。组织实力是主体联动的基础，参与联动的协作伙伴间的主体关系应该是动态的，应以提高民众福祉、促进基层社会发展为目标，依据民情民意确定服务需求，根据服务需求选择参与“联动”的具体主体，即谁能更好地满足民众需求谁就是某项服务供给中牵头的主体，负责与其他行动主体确立起合作伙伴关系。“四社联动”治理实践之伙伴关系，可通过各参与主体间的资源互通、优势互补、双向赋权形成互惠关系，双向赋权兼顾内在资源的挖掘和外部资源的嵌入和内化两方面。社会组织对社区进行

① 程秀英、孙柏瑛：《社会资本视角下社区治理中的制度设计再思考》，《中国行政管理》2017 年第 4 期。

专业引领与支持，对社区进行赋权增能，促进社区居委会工作者的专业化和社区自组织的能力提升，社区因此成为社会组织和社工实现公共价值、提升组织合法性的平台；社区居委会通过对专业社会组织和社工的信任、接纳、合作，传授地方性知识等，实现对社会组织和专业社工的赋权。应该看到，“四社联动”各主体在工作对象、方法、目标、伦理等方面不尽相同，但各主体在基层场域通过利益调整、平等协商，实现彼此有效调适，不断提高关系强度，最终达成利益共享，在“互嵌”和“互信”基础上形成共融共生的“互构性演化”。

三、建立符合中国国情的社区治理模式

社区作为群众生活和实践的空间，是满足居民日益增长的对美好生活需求的重要场域，是打通国家与社会“壁垒”的“最后一公里”，也是化解矛盾的最佳区域，能影响民众对获得感的体验。建立符合中国国情的治理模式不仅是对中国宝贵治理资源的整合与传承，也是探索制定现代基层社会治理“中国方案”的新路径。

（一）发挥基层党建引领社区治理作用

党的十九大报告提出要把基层党组织建设成为宣传党的主张、贯彻党的决定、领导基层治理、团结动员群众、推动改革发展的坚强战斗堡垒，在中国社会治理现代化语境下，因势利导充分调动基层党组织的积极性，引领重塑社区治理的责任，减少各治理主体的不作为或乱作为，使基层党组织成为带动社区治理水平迈上新台阶的“红色引擎”。

国家顶层设计关于推进国家治理体系与治理能力现代化的目标，是基层党建引领社区治理的政策驱动。在现代化发展进程中，国家最大的命题是应对现代化进程带来的社会变迁与社会问题，不断调适国家和社会之间的关系，使国家治理能力适配社会发展要求，国家治理体系与治理能力现代化的水平也因此成为衡量一个国家执政党执政能力的重要标准。与西方国家的“国家—社会”关系二元分离的制度设计有所不同，中国的社会治理制度定位于“执政党—政府—社会”三元关系中政党引领的多元共治，即“一核多元”。中国共产党是国家治理的核心领导力量，政府、社会、公众等多元主体参与共治，塑造“你中有我，我中有你”相互嵌套的社会共治制度框架，这是治理理论的中国本土化经验，也是对西方“国家—社会”二元框架的历史超越。城市社区异质性强、要素分散，治理主体的多元化、治理客体的原子化等现实客观上产生了各种权责利矛盾，无论是利益结构还是权力结构都表现出显著的碎片化特征，因此更需要“一核多

元”社会治理体系的建构，强化基层党组织的政治和组织领导，充分发挥基层党建对社区治理的引领作用及统筹协调职能。不仅要鼓励社会组织、市场组织、居民等主体参与社区治理，更要明确各治理主体间的权责，妥善协调社区自治和社区共治间的关系，确保社区治理主体密切配合、各种资源统筹整合、各类服务精准供给，推动国家治理重心真正向基层下沉，夯实国家治理现代化的基础，最大限度地维护好群众利益。

党的建设历经了长期实践检验，已显示出显著的制度优势，如何把制度优势更好地转化为基层治理效能？只有在政党与社会共同参与基层治理、相互嵌入的过程中才能得到转化。一方面，党组织只有通过下沉到基层社区，充分利用党的生命线和根本工作路线——“一切为了群众、一切依靠群众，从群众中来、到群众中去”的群众路线，才能真正完成聚集和代表人民利益的任务，才能使党的各项决策根植于群体价值从而克服当代决策中的集体行动问题，增强群众对党组织的政治信任和制度认同；另一方面，党员群体作为嵌入社会机体的“组织细胞”，只有通过动员广大居民有序参与社区治理并代表居民向党组织反馈多元化的利益诉求，党员群体“先进性”“代表性”的双重政治属性和政治能力才能得以体现。当然，契合城市基层社会现实需求以满足居民对美好生活的追求是基层党建引领社区治理的外部驱动力。从治理主体的角度看，单位制的松动导致政府与民众间的有效沟通机制出现断裂，政府与分化的社区居民间缺乏必要的信息传递和有效互动。信息不对称不仅会使政府对民众的组织动员能力大幅下降，而且直接导致政府对民众多元化多层次的需求难以精准识别和有效满足。随着政社分离的进一步推进，政府退出直接管制的社区空间而造成的空缺性是单纯的市场体制所难以充分填补的，尤其是面对区隔化、异质性以及个体化的现代社区结构，缺少人情味与地方性知识的市场机制是难以有效动员与整合社区资源的；同时，社会组织也因历史或现实因素的限制而力量孱弱，短期内还需不断积蓄力量方能成长为社会治理的中坚力量。正是基层社会结构和社会矛盾的深刻变化催生了社会治理新需求，形塑社区治理的新生态。社区治理创新迫切需要推动治理体系和治理能力现代化改革，拓展治理主体范围，兼顾统筹各治理主体的身份、地位和利益，充分尊重和贴近居民的生活，党建引领社区治理创新正是对现实中社区治理主客体现状、治理工具的反思及对居民需求变化的考量和积极回应。

党建引领社区治理既是政策指引又是实践命题，基层社区情况的差异性、复杂性以及各治理主体在社区场域错综复杂的相互套嵌，致使基层党建引领社区治理成为一个十分复杂的课题，需要基层党组织以社区现实为基石，以社区治理秩序建构为出发点，通过对各治理主体的动员，整合下沉各种治理力量和资源，融合治理的价值理性和工具理性，优化主体间协作，方能形成全局性、动态性、协调性的共建共治共享社区治理格局。整合社区治理主体和社区居民之间的价值分歧、凝聚共识，在平等协商和良性互动中维护治理秩序并获得支撑，是基层党建与社会治理的复合效应，也是中国特色社会主义民主政治的优势。当然，基层党建的核心引领作用如何与社区的社会属性进一步镶嵌粿合，将是未来进一步创新社区治理理论和实践的重要命题。

（二）建立专业性通才型治理模式

2020 年以来，基层社会治理暴露出诸多短板，公众对基层治理水平和基层管理者的治理能力多有诟病。许多地方基层工作人员工作能力、水平、责任心、大局意识不强；一些管理的基本技能缺失，比如 Excel 表格、腾讯文档等的运用；一些街道和社区工作人员缺少担当，对于居民反映的问题要么推至下一级网格员，要么找各种理由搪塞，要么等上级指示；街居基层工作普遍缺乏科学的组织规划，很多工作没有条理、没有章法，服务能力受到群众质疑，加剧了社会不满和矛盾。随着风险社会的来临，公共突发事件愈发考验基层社会治理水平，其中最重要的莫过于高效的基层治理模式的建构和运转。

1. 建立社区通才型治理模式

“通才型治理模式”是相对于“专才型治理模式”而言的，所谓“专才型治理模式”是从功能的角度将社区公共事务分为行政、服务与自治三类，分别由社区工作站、社区服务中心与社区居委会承接并负责，通过“定岗、定责和定人”方案，将职责明确到岗到人的分工模式。目前多个城市的社区治理实践表明，传统的专才型的社区治理模式转型并没有取得理论预期的效果反而带来诸多问题。尤其是深圳市的实践表明，专业化和多元化的社区组织改革创新探索未取得预想效果。很多城市在历经通才型治理到专才型治理的改革后，又回归了通才型治理模式。当然，这样的回归绝不是简单的重复，其中必渗透了改革创新的因子，但这一回归也力证了通才型治理模式与中国基层治理现实需要的契合性。需要反思的是，为何现代化取向的专才型治理模式在中国城市社区难以取得令人满意的治理效能，而通才型治理模式却能取得较好成效呢？在我国社会主要矛盾已然发生变化的时代背景下，依托城市社区治理的社会基础，针对社区治理事务的属性特征，探索出与之相适应的治理模式，将是未来城市基层治理中值得关注和思考的问题。

社区通才型治理模式属于综合治理模式，组织形态上虽有居委会、社区党委和社区工作站的区分，但实际三者交叉任职，即社区人力资源打通使用，并没有明晰的边界。在条线工作分工上，社区内部采用AB角的分工与配合机制，并不是按照行政、自治与服务的性质进行分配，而是每个工作者负责一项条线主职工作，同时配合同事承担次要责任的几项条线工作。社区形成的是一种简约的扁平化组织体系，上级的考核也是针对社区整体性工作进行考核而非针对个人进行业绩考核，特别是相较于对社区公共事务实行硬性边界式分工的专才型治理模式，出现了“多面手”式的社区工作者。

通才型治理模式更适合中国城市社区治理中“人”和“事”既有分离又有交叉的特点。中国城市社区一般由一个或多个住宅小区构成，且以密集型高层住宅居多，住宅所有权并非单纯地区分为公域和私域，而是介于两者之间的公私域混杂，是建立在土地国有基础上的由专有权、共有权和共同管理权构成的混合所有权。多个社区治理主体既要管物也要管人，还要管事，既涉及人与物的关系，也牵涉人与人的利益调整与再分配。社区内除私人专有空间以外的部分均为全体业主共同所有，使得其又存在共同利益，很多事务具有混合性和综合性特征。因此，围绕社区治理秩序的供给，社区场域人事交融，领域重叠①，单纯的服务机制或自治机制对于人事交融的社区空间难以实现治理。以社区文体活动为例，满足居民精神文化需求既是行政服务，也是居民自治内容，还可以通过市场提供来补充实现，故而出现行政、服务、自治三者边界模糊、职能交叉的情况，而居民精神文化需求的满足确实需要借助行政、市场、自治三方的资源和合力方能有效实现。正是由于社区生活的基层性、生动性与流变性及社区事务的交叉性、边界模糊性、综合性，中国社区才难以按照行政、服务、自治专才型分类治理理念实现归口处置。

同时，随着社会变迁加速，基层社会治理的动态性愈发明显，主要表现为大量突发性、临时性工作增多，且不同城市不同社区的分化和差异较大，既有老破小的棚户区，也有新建的高档小区，人口的年龄、学历、经济状况有较大差异，需求也有诸多不同，很多小区的社区组织，如业主委员会、物业服务公司等并不齐备。实施专才型治理的行政、服务、自治“三分”和“三定”方案，一是可能难以适应差异化的居民需求和交叉性

① 张雪霖:《通才型治理:城市社区治理现代化新方向》,《求索》2020年第2期。

的社区事务治理需求，二是可能致使社区工作人员忙闲不均，反而损伤成员的工作积极性，不利于组织内部团结和整体工作能力提升。相反，集体协作式的通才型治理模式，同类归并社区公共事务，按照繁简搭配的原则并结合社区工作者的能力与特征进行工作分配，既能保证常规条线工作的分工完成，又能充分考虑突发事件、季节性中心工作等的协调完成，促进组织的韧性成长。特别是社区工作人员有个别外出公干、因病事假不能在岗时，通才型治理模式下其他社区工作者就能"顶岗"，以免居民多跑腿或跑空腿。总体来说，社区内生资源稀缺，社区治理权威的生成既离不开上级行政组织自上而下的授权，也离不开居民自下而上的认同，而认同的产生需要社区组织和居民的持续密切互动与"以民为本"的真诚服务，通才型模式能结合行政、服务、自治等各类工作积极把握居民需求，即不仅以完成各项任务为单向度目标，也注重培育社区基层组织的权威，以避免社区工作者与居民之间互动的碎片化和陌生化，积累夯实非正式资源进而转化为社区治理效能。

综上所述，中国社区治理体系与治理能力的现代化改革，不能仅从西方现代化理论与价值理念出发，而是要充分考虑和适应中国城市基层社会与社区公共事务所型构的社会基础，汲取组织现代化改革理论中契合中国本土实际的积极因子。比如，专业化改革不仅强调分工，也关注专业性的提升，这其实是对社区治理工作者在专业素养和能力上的要求，值得通才型模式借鉴。在社区治理中还应强调工作者各方面的能力，如前文所述搜集、甄别、回应居民诉求的能力，办公自动化所需的各种信息处理能力，突发事件的应对能力等。通才型治理实践中公众对社区工作者产生"万金油"的印象，很大程度上说明社区工作人员工作内容涉猎宽广但专业技能并不精湛。近年来，各地社区工作者的平均学历水平在提升，但是拥有公共管理或社会工作专业知识的却少之又少，无论在理念上还是在技能上都较缺乏社会治理的专业知识，虽然工作干得很苦很累，但因为不得章法影响城市社区治理效能。

2. 提升社区治理人才的专业水平

中国正处于改革的深水区和攻坚期，大量社会矛盾产生并累积在基层社会，亟须改善基层治理环境，创建与时俱进的现代治理方式，而关键之举便是基层治理人才队伍的建设及其治理水平的提升。引导人才到基层，开创人才强基层的新格局显得异常迫切。当前，中国基层治理人才面临诸多问题：基层干部年龄和知识结构老化、"人治"思维惯性仍存在、治理能力远跟不上治理需求等。以社区层面为例，尽管国家目前已出台一系列有关居委会的法规政策，但实际操作中仍存在不少违规甚至违法现象，不仅部分基层政府及相关部门仍沿用老传统、老办法，对居委会施以长官意志，而且一些居委会同样忽略了自身作为自治组织应有的独立性和自治性，习惯于听命上级政府，处理社区事务存在政治命令和政治动员式路径依赖。很多基层工作者也是迷茫又无奈，一方面，对社会的剧烈变迁和群众日益变化的需求缺乏心理准备，甚至表现出严重的不适应；另一方面，整日疲于应付基层琐碎繁杂的事务性工作，无法保证系统学习更新知识的时间和精力，难以及时研判基层治理发展态势，往往被动跟随上级。

引进优秀人才充实到基层是优化“中国之治”的必然之需。2020 年 8 月，“浙江杭州某街道办事处招聘 8 名人员均为清华北大硕士”的新闻引发社会热议，2021 年，武汉市东湖高新区面向社会公开招聘，硕博士“扎堆”考社区干事的现象再次引发热议。受传统的“人往高处走”择业观影响，公众印象中高学历人才的就业方向主要以经济发达地区的大型国企、民营企业、科研院校或自主创业为主，故每有高学历人才选择基层就业的新闻就会引起公众的“好奇”和“围观”。这不仅充分说明传统择业观影响社会的择业定位，而且反映出社会变迁中人们对人才供需变化缺乏认知。当下街居所涉及的工作内容、服务方式、高端复合型人才需求等都和以前有所不同，尤其是在数字化社会治理的语境下，城市运行一网统管、政务服务一网通办，街居各项工作的精细化、技术化、专业化程度越来越高，急需更多学历高、知识结构广博的优秀人才充实到城市基层，倾听社会声音、反映基层诉求，发挥其专业知识优势和政策能力，提高基层社会动员能力，推进基层自治的政治进程，提升基层公共服务供给质效。

由于政策体制原因，社区工作者的晋升空间极其有限，职业“天花板”较难突破，基层如何吸引并留住优秀人才，突破地方治理中优秀人才“培育—流失”的循环状态，实属值得政府关注的治理命题。第一，筑巢引凤注入新活力。高学历人才文化素养高、社会认可度好，作为基层的新鲜血液能够更好地疏通街居毛细血管，进而提升社区精细化管理水平。地方组织人事部门要做好顶层设计，针对基层人才出台细致翔实、可操作性强的优惠政策，提高福利待遇，畅通晋升渠道，提供优质工作环境等，吸引更多的高学历人才扎根基层工作。这样，既能一定程度缓解各单位人才饱和、专业同质化现象，又能逐渐减少高学历毕业生学无可用、技无所依的现象。第二，要契合需求精准引才。笔者注意到，目前加入基层治理队伍的高学历人才，所学专业往往是就业不景气的所谓“天坑”专业，加入基层队伍很大程度上属于不得已的选择，专业和基层治理需求并不匹配，造成人才资源的浪费；另外，大学生村官选拔过多强调政治表现而不太注重其所学专业和城市基层治理的契合性。未来，基层人才的引进需要兼顾综合治理和专业治理相结合的实际需求，做到精准引才，使人才“来之能战”，切实为基层提供优质服务。街道和社区作为基层管理部门，肩负为人民群众守护第一道安全门的重任，更需要业务能力强、实践经验丰富及具有更好决策力和更强执行力的人才。第三，盘活人才资源存量。引进人才不能一劳永逸，还需要关注人才的可持续发展，定期或不定期地将基层管理人才“送出去”习得新技能，尤其是在积累了一定治理实践经验后、面临治理的新挑战时，往往有强烈的学习动力和明确的学习方向。对现有人才进行技能提升能起到事半功倍的效果。相关组织部门要关心基层干部的成长和可持续发展，根据对基层治理需求的研判，探索分级培训制度，建好用好培训基地和线上培训平台。同时，要完善激励机制。通过完善制度、落实薪酬、加强宣传等途径，鼓励现有基层工作者取得专业职业资格，提升服务能力。第四，建立提前储备人才的长效机制。推进编制资源向街居组织倾斜，鼓励自上而下跨层级调剂使用行政和事业编制，严格执行街居干部任期调整、最低服务年限等规定。同时，以区为单位建立社区优秀后备人才库，实行跟岗实践制度，后备人才可以跟随优秀的社区居委会或党组织负责人一对一地结对学习。在社区治理人才的吸纳上也应该扩宽用人视野，吸纳各类社区能人参与社区治理。

（三）激活社区“微自治”

行文至此，不禁追问：未来社区的活力在哪？社区自治的空间在哪？即国家职能社区化后，如何处理社区行政与社区自治的关系？在“国家—社区—居民”的解释框架下，“国家在场”与“社会自治”并不是对立和相互排斥的，如前文所述，中国城市社区居民自治不是如西方“国家—社会”分权制度下的实体性地方自治，而是更多表现为非分权制度框架下的实施公共管理和服务的功能性自治。新的社会形势下，国家以社会可接受的方式进入社区，不仅不会排斥性干预社区居民自治，相反还会对社区居民自治起到培育和支持的作用，尤其是对居民自治提供稀缺的经济与社会资本支撑。居民自治无论以何方式、携带何种规范呈现于社区生活中，都预示了一种自发力量的萌生。对于地方政府来说，以某种方式找回并赋权于居民自治，在一定的制度框架内使之产生具有公共性的社会互动，这种“规范渗透”具有必要性和正当性。地方社会中的自发秩序具有逻辑上的优先性，基层治理追求一种“美美与共”、富有活力的公共性，而非“化零为整”的一致性，其前提是内在于社会生活中的自发性和多样性，因此，基层的制度设计和政策选择不应以弱化这种自发性和多样性为代价。

本书认为，居民自治的有效领域不能笼统地定位在社区或居委会，而应该更精准地定位在社区网格、楼栋、社区志愿队伍等更微观层面的“微自治”空间。原因在于居民的规模会影响公共生活质量和自治效果，正如罗伯特·达尔所言，“平等、参与、对政府的有效控制、政治理性、友善和公民同质性都会随着国家人口数量和地域面积的增加而大打折扣”①。《城市居民委员会组织法》出台时居委会自治的规模是100～700户，20世纪90年代后，随着社区建设的推进，社区规模设置在介于街道办事处和居委会之间，将原先地域相邻的小居委会合并调整为大社区，并在社区层面设置社区居委会。2000年后，城市公共设施与服务供给的规模效益以及现代居住形态下人口密度不断增大等因素，客观上进一步扩大了社区规模，当前居委会辖区的人口过万已是常态。同一社区内不仅人口规模庞大且小区类型多样，很多社区兼有商品房小区、拆迁安置区、单位制下的家属院等多种类型。众所周知，不同属性的社区公共事务的生产和供给机制迥异。自治事务的责任和生产机制主体是居民，且遵循“少数服从多数”的民主原则运行。所以，自治机制高效运行的前提是自治单元内成员利益同质化，且同质化程度越高越易达成利益共识和一致性决策；反之，自治单元范围越大，成员越多，利益分化越严重，共识性决策越难达成，出现自治失灵的可能性就越大。

就目前城市社区层面的公共事务属性来看，综合性、交叉性、模糊性特点明显，无法通过清晰的边界区分来采取相应的行政、市场或自治生产与供给机制，相反，社区层面对公共事务的硬性区分和区隔供给只会导致居民公共需求难以有效满足。社区网格、楼栋、社区志愿队伍等微观层面的“微自治”空间，因为成员规模小，利益一致性更易达成，而社区志愿者队伍本身就是因为价值或利益认同而组建，“少数服从多数”的民主原则更易在“微自治”空间内形成。

长期以来，囿于传统的管控视角，基层治理名义上以政府为主导，逐步变更为政府实质上的无限责任，而且这种责任向基层无限延伸，造成政府的包办代替甚至吃力不讨好，难以精准识别居民需求，久而久之，居民丧失社区参与的动力和热情。故出现政府投入巨资改造老小区但居民并不领情甚至出现极端的反抗冲突行为，造成居委会始终处于被动应对的状

---

① 〔美〕罗伯特·A. 达尔、爱德华·R. 塔夫特：《规模与民主》，唐皇凤、刘晔译，上海，上海人民出版社，2013，第6页。

态，治理行动因忽略了居民的参与而缺乏前瞻性与活力，不得不靠各种行动策略设法汲取各方社会资源。因此，作为国家“身影”在场的社区居委会，一方面要对社区内能满足居民各类公共需求的各类居民自组织主动充权赋能，进行培育和支持，另一方面要引导而非直接干预“微自治”空间的功能自主性，激活社会活力，培育居民公共精神使之真正成为社区“微自治”领域参与决策的主体。

从个体层面来看，公共精神的内核是个体的主体意识和个体进入公共领域之后形成的群体公共意识。在社区治理中，个体的公共精神主要体现为居民的公共理性、公共德性以及参与公共事务的能力。居民在社会公共生活领域，以超越私人性的意识和眼界，与国家和社会建立良好政治关系，自觉关注公共利益和社会价值，并在公共事务领域采取集体行动，致力于社会的整体和谐发展。多主体联动下的社区“微自治”实践提供了上述可能性。首先，社会组织和社工针对居民需求和社区问题，与社区居委会、社区志愿组织、居民共同讨论、分析、制定可行的解决方案并付诸实践，通过居民和社会组织、社工积极合作，特别是专业社工注重对每个案主的能力提升，逐渐涵化居民关注参与社会公共事务、维护公共利益的自觉性。这些基层社会公共活动也在生产和塑造着新的公共空间，居民会自发组织成立更多的社会组织来管理自己及相关事务。其次，居民多样化的需求未必在每一项公共决策中都能被充分满足，这就需要居民在公共生活中相互尊重、包容理解，甚至牺牲个人利益以服从公共利益的需要，公共治理规则与现代民主意识潜移默化地影响着居民。最后，正是“微自治”领域常态化的公共参与使居民感受到自己与社区的前途和发展息息相关，加强了居民主人翁意识和社会责任感，拓宽了居民参与评议和监督的渠道，提高了居民公共参与的效能感和积极性，社区公共精神在实践活动中日渐沉淀，久而久之形成惯习并得到给养。

四、并举多种治理工具

近年来，随着信息技术的迅猛发展，技术治理俨然成为中国社区治理创新中的常见手段，“改革前的总体性支配权力已然被一种技术化的治理权力所替代”①，以强调风险控制、事本主义、化约主义为基本特征的工具理性俨然成为中国社区治理改革和政策实践的主导逻辑。目前有关社区治理的讨论，多偏重于制度和技术治理层面的思考，诚然，在推进治理体

① 渠敬东、周飞舟、应星：《从总体支配到技术治理——基于中国 30 年改革经验的社会学分析》,《中国社会科学》2009 年第 6 期。

系和治理能力现代化进程中，制度和技术治理确实有必要优先考虑，不过，制度和技术安排的最终目标无非是为人的安身立命提供保障，如果仅强调此而忽略了人的主观体验维度和对情感工具的运用，恐也难实现社区治理的目标。因为社区不只是居民存在的地理空间，更是一种兼具价值观、情感、感受、态度等复合体验而成的“情感认知共同体”，作为生活阈的共同体，未来社区是公共服务的投放载体和情感社区的融合体。本书认为社区治理还需要充分考虑情感要素，并举制度治理、技术治理、情感治理等多种治理工具。

社区情感治理指社区场域内的治理主体秉持“以居民为本”的服务理念，运用情感策略和情感方式干预社区情感的再生产，形成坚韧稳健的情感联结，促进社区治理主客体关系的重塑与社区秩序的再调整。中国是一个“感性国家”“情理社会”，中国文化是“情本体”，儒家文化更是把情感作为核心，情感历来被当作是立国和社会建设的基础，无论是革命时期的情感动员还是建设时期的合法性重建，都体现出对“积极的国家形象和感恩型的国家观念”① 等特定情感的唤起。同样，无论是在社区服务、社区建设还是社区治理阶段，② 情感话语既被运用于对社区积极情感的再造中，也被运用于对社区负面情感的管控中，充分体现了情感要素和情感治理在社区发展中的重要作用。

改革开放以来，无论是社区规模，还是社区的成员构成，抑或是社区空间范围内各治理主体的关系，都发生了剧烈变化。特别是随着社会个体化趋势的发展，基层社会的高度“去组织化”使“个体”要素日益成为社区治理的题中之义，而经济、社会、文化的高度交织性又促使社区治理的复杂性与难度达到了前所未有的程度。在社区场域，一方面是民众的权利意识和参与意识日渐增强，其对社会治理的合法性、公共服务的高质效、社会生活的幸福感等的重视程度日益提升；另一方面是基层治理依然面临原子化、碎片化、公共性衰落和居民获得感较低等普遍性问题。近年来，各地政府基于加强制度治理或技术治理的理念，进行社区公共服务的供给侧改革，通过增强社区安保力量打造管理信息技术平台、建立更为精致的网格化分工等治理措施来适应社区的发展变化，然而事实证明这些改革措施在既有体制下的管理效能有限，特别是居民茫然感和距离感的消除，绝非制度和技术治理所能抵达，人们依然“试图再次复兴人与人之间那种更

① 郭于华：《作为历史见证的“受苦人”的讲述》，《社会学研究》2008 年第 1 期。

② 夏建中：《从社区服务到社区建设、再到社区治理——中国社区发展的三个阶段》，《甘肃社会科学》2019 年第 6 期。

为亲密、更为温暖、更为和谐的纽带"[1]。显然，单一的制度治理或技术治理已然无法满足居民的复杂需求，偏好物质和技术治理的方式也难以适应社区治理的复杂现状，人们亟须在制度和技术治理之外寻求新的治理范式和进路，以群体社会的凝聚力、向心力为基石，诉诸人的精神和情感，将制度的硬性治理与情感的柔性治理有机结合，重建以共同情感为核心的社区共同体。

本书认为，社区情感治理包括"把情感作为治理对象"和"把情感作为治理手段"两个着力维度。前者主要诉诸居民的情感体验和情感关切，一方面，城市社区生活空间分割、安防严密、内部私有、同质聚集的居住特点使居民在互动情境中表现出对深度交往的排斥、人际信任的匮乏等状态，"把情感作为治理对象"便是要及时疏导居民的负向情绪、驾控社群负向情感；另一方面，通过对居民情感和服务需求的把握，直抵社区发展的痛点、难点，解决居民情感关切问题，黏合不同居民、不同家庭、社区组织间的情感价值，促进政府话语与居民话语的情感融合，塑造社区共同意识情感。后者通过情感支配，利用社区情感资源积淀，以居民乐于接受的情感方式、情感策略展开治理实践，能最大限度地获得居民支持。

社区情感治理的两个着力维度实际是通过社区治理主体和居民之间的社会互动及情感能量传递，通过一系列的情感治理策略，强化治理主客体在社区治理实践中的情感投入，实现对居民情绪安抚和心灵慰藉的情感目标，将松散的个体、群体乃至社区组织发展成为关系亲密的社区结构共同体，实现社区治理主客体的再组织化。从这个意义上来说，社区情感治理不仅只是国家基层治理的一种手段，更是基层治理的目标和策略、内容和方法的交织。为实现社区治理有"理"又有"情""情理并重"的转变，必须综合考虑社区治理现状与情感治理进向的基础，分别从回应和满足居民情感与需求、培育和塑造社区与居民正向情感、挖掘和援用社区内生组织的情感劳动与资源、嵌入和内化外源组织的情感与专业支持等方面出发，探索社区情感治理的具体实践进路，落实国家基层治理体系和治理能力现代化提升战略。

需要指出的是，强调情感治理对社区秩序的作用并非要否定社会规范、制度或行动者理性的作用，相反，情感治理和制度治理只有相辅相成才能相得益彰。社区治理活动需在"法理情"的范围内均衡理性、规则和

---

① Paul Hoggett, 1998: "Contested Communities: Experiences, Struggles, Policies", *Journal of Social Policy*, Vol.27, No.2, pp. 279-306.

情感，使诉诸制度的刚性治理和诉诸情感的柔性治理相辅相成，才能实现社区治理的最优配置。当然，在日益复杂化的社区生活中，如何在治理活动中增加“情感治理”，如何让理性化的制度建设与人的丰富情感互融互嵌，如何让技术的运用与情感劳动相辅相成，无疑都是对社区治理主体治理理念和治理能力的考验。未来社区情感治理也面临诸多挑战，譬如，需要建构与情感治理理念、方法、手段相匹配的组织体系和高素质的专业化的通才型治理队伍作为支撑等。但可以预见的是，重拾国家基层治理中的情感维度将有助于拓展对中国社会治理未来走向的想象力和实践力。

参考文献

一、中文文献

（一）著作

1.白杰:《街道办事处权力运作逻辑:对宣南的实证研究》,北京,中国商业出版社,2010。

2.陈天祥等:《基层治理中的国家与社会:角色、动力与行为》,广州,中山大学出版社,2015。

3.风笑天:《社会学研究方法》,北京,中国人民大学出版社,2005,第2版。

4.桂勇:《邻里空间:城市基层的行动、组织与互动》,上海,上海书店出版集团,2008。

5.郭圣莉:《城市社会重构与国家政权建设:建国初期上海国家政权建设分析》,天津,天津人民出版社,2006。

6.郭圣莉:《居民委员会的创建与变革》,北京,中国社会出版社,2006。

7.何艳玲:《都市街区中的国家与社会:乐街调查》,北京,社会科学文献出版社,2007。

8.胡忠明:《现代城市街道管理》,广州,广东人民出版社,2001。

9.黄宗智:《中国研究的范式问题讨论》,北京,社会科学文献出版社,2003。

10.金耀基:《中国政治与文化》,香港,牛津大学出版社,1997。

11.景跃进、陈明明、肖滨:《当代中国政府与政治》,北京,中国人民大学出版社,2016。

12.敬乂嘉:《合作治理——再造公共服务的逻辑》,天津,天津人民出版社,2009。

13.李路路、李汉林:《中国的单位组织:资源、权力与交换》,杭州,浙江人民出版社,2000。

14.李培林、李强、马戎:《社会学与中国社会》,北京,社会科学文献出版社,2008。

15.梁漱溟:《中国文化要义》,上海,学林出版社,1987。

16.林尚立:《社区民主与治理:案例研究》,北京,社会科学文献出版社,2003。

17.刘建军:《社区中国》,天津,天津人民出版社,2020。

18.刘伟红:《社区治理——基层组织运行机制研究》,上海,上海大学出版社,2010。

19.刘志伟:《论政治人理性——从“经济人理性”比较分析的角度》,北京,中国社会科学出版社,2005。

20.娄成武、孙萍:《社区管理学》,北京,高等教育出版社,2006,第2版。

21.罗家德、梁肖月:《社区营造的理论、流程与案例》,北京,社会科学文献出版社,2017。

22.闵学勤:《城市人的理性化与现代化——一项关于城市人行为与观念变迁的实证比较研究》,南京,南京大学出版社,2004。

23.欧阳静:《策略主义:桔镇运作的逻辑》,北京,中国政法大学出版社,2011。

24.欧阳静:《强治理与弱治理:基层治理中的主体、机制与资源》,北京,社会科学文献出版社,2018。

25.潘小娟、史卫民等:《城市基层权力重组:社区建设探论》,北京,中国社会科学出版社,2006。

26.潘小娟:《中国基层社会重构:社区治理研究》,北京,中国法制出版社,2004。

27.荣敬本、崔之元等:《从压力型体制向民主合作体制的转变——县乡两级政治体制改革》,北京,中央编译出版社,1998。

28.沈原:《市场、阶级与社会——转型社会学的关键议题》,北京,社会科学文献出版社,2007。

29.史卫民、郭巍青、王金华:《中国社区居民委员会选举研究》,北京,中国社会科学出版社,2009。

30.宋林飞:《西方社会学理论》,南京,南京大学出版社,1997。

31.孙立平:《动员与参与——第三部门募捐机制个案研究》,杭州,浙江人民出版社,1999。

32.孙立平:《转型与断裂——改革以来中国社会结构的变迁》,北京,清华大学出版社,2004。

33.汤艳文、刘春荣:《找回草根:上海居委会自治家园研究》,上海,上海人民出版社,2019。

34.汪大海、魏娜、郇建立:《社区管理》,北京,中国人民大学出版,2009。

35.王邦佐等:《居委会与社区治理:城市社区居民委员会组织研究》,上海,上海人民出版社,2003。

36.王铭铭:《社会人类学与中国研究》,北京,生活·读书·新知三联书店,1997。

37.王绍光:《民主四讲》,北京,生活·读书·新知三联书店,2018。

38.文军:《承传与创新:现代性、全球化与社会学理论的变革》,上海,华东师范大学出版社,2004。

39.吴群刚、孙志祥:《中国式社区治理:基层社会服务管理创新的探索与实践》,北京,中国社会出版社,2011。

40.吴晓林:《房权政治:中国城市社区的业主维权》,北京,中央编译出版社,2016。

41.吴晓林:《理解中国社区治理:国家、社会与家庭的关联》,北京,中国社会科学出版社,2020。

42.吴毅:《小镇喧嚣:一个乡镇政治运作的演绎与阐释》,北京,生活·读书·新知三联书店,2007。

43.夏建中:《中国城市社区治理结构研究》,北京,中国人民大学出版社,2011。

44.项飚:《跨越边界的社区:北京"浙江村"的生活史》,北京,生活·读书·新知三联书店,2018。

45.徐勇、陈伟东等:《中国城市社区自治》,武汉,武汉出版社,2002。

46.徐勇:《中国城市居民自治有效实现形式研究》,北京,中国社会科学出版社,2015。

47.于海:《西方社会思想史》,上海,复旦大学出版社,2005。

48.于燕燕:《社区自治与政府职能转变》,北京,中国社会出版社,2005。

49.曾鹏:《社区网络与集体行动》,北京,社会科学文献出版社,2008。

50.翟学伟:《中国社会中的日常权威:关系与权力的历史社会学研究》,北京,社会科学文献出版社,2004。

51.张虎祥、梁波等:《街居制的制度演化及其实践逻辑——基于上海经验的研究》,桂林,广西师范大学出版社,2013。

52.张静:《国家与社会》,杭州,浙江人民出版社,1998。

53.张静:《基层政权——乡村制度诸问题》,上海,上海人民出版社,2007。

54.郑琦:《论公民共同体:共同体生成与政府培育作用研究》,北京,中国社会出版社,2011。

55.周黎安:《转型中的地方政府——官员激励与治理》,上海,格致出版社、上海人民出版社,2008。

56.周雪光:《组织社会学十讲》,北京,社会科学文献出版社,2003。

57.朱建刚:《行动的力量——民间志愿组织实践逻辑研究》,北京,商务印书馆,2008。

58.朱健刚:《国与家之间:上海邻里的市民团体与社区运动的民族志》,北京,社会科学文献出版社,2010。

(二)论文

1.卜万红:《城市社区腐败及其源头治理》,《广州大学学报》(社会科学版)2011 年第 10 期。

2.蔡禾:《从利益诉求的视角看社会管理创新》,《社会学研究》2012 年第 4 期。

3.曹正汉:《中国上下分治的治理体制及其稳定机制》,《社会学研究》2011 年第 1 期。

4.陈家建:《项目制与基层政府动员——对社会管理项目化运作的社会学考察》,《中国社会科学》2013 年第 2 期。

5.陈那波、李伟:《把"管理"带回政治——任务、资源与街道办网格化政策推行的案例比较》,《社会学研究》2020 年第 4 期。

6.陈宁:《国家—社会关系视野下的社区建设:走向内卷化的权力秩序——基于对长春市 J 社区的研究》,《兰州学刊》2010 年第 7 期。

7.陈鹏:《从"产权"走向"公民权"——当前中国城市业主维权研究》,《开放时代》2009 年第 4 期。

8.陈伟东、张文静:《合约理论视角下居委会的制度安排与实践逻辑》,《社会主义研究》2011 年第 2 期。

9.陈伟东:《权力平衡模式:居委会"两难困境"的破解》,《红旗文稿》2008 年第 22 期。

10.陈伟东:《社区行动者逻辑:破解社区治理难题》,《政治学研究》2018 年第 1 期。

11.陈友华、夏梦凡:《社区治理现代化:概念、问题与路径选择》,《学习与探索》2020 年第 6 期。

12.成伯清:《从同情到尊敬——中国政治文化与公共情感的变迁》,《探索与争鸣》2011 年第 9 期。

13.冯莉:《夹生自治:上海杨浦城市社区“三位一体”模式实证研究》,《广东社会科学》2011 年第 2 期。

14.高乐:《居民委员会“两难困境”研究:基于权力的分析视角》,中国政法大学博士学位论文,2018。

15.耿曙、陈奕伶、陈陆辉:《有限改革的政治意义:中国大陆动员式选举参与对其城市居民参与意识的影响》,《人文及社会科学集刊》2008 年第 12 期。

16.耿曙、胡玉松:《突发事件中的国家—社会关系:上海基层社区“抗非”考察》,《社会》2011 年第 6 期。

17.顾健辉、是文涛:《城市居民委员会职能的法律定位与实践状态》,《改革与开放》2013 年第 3 期。

18.管兵:《维权行动和基层民主参与:以 B 市商品房业主为例》,《社会》2010 年第 5 期。

19.桂勇、黄荣贵:《城市社区:共同体还是“互不相关的邻里”》,《华中师范大学学报》(人文社会科学版)2006 年第 6 期。

20.桂勇:《邻里政治:城市基层的权力操作策略与国家—社会的粘连模式》,《社会》2007 年第 6 期。

21.郭圣莉、高民政:《1958～1966:居民委员会功能的变异与恢复——以上海市为例的历史考察与分析》,《上海社会科学院学术季刊》2002 年第 3 期。

22.郭圣莉:《国家的社区权力结构:基于案例的比较分析》,《上海行政学院学报》2013 年第 6 期。

23.郭圣莉:《国家政权建设与城市基层社会管理体制的变迁》,《复旦政治学评论》2005 年第 1 期。

24.郭圣莉:《加入核心团队:社区选举的合意机制及其运作基础分析》,《公共行政评论》2010 年第 1 期。

25.郭圣莉:《阶级净化机制:国家政权的城市基层社会组织构建——以解放初期上海居委会的整顿与制度建设为例》,《甘肃社会科学》2007 年第 4 期。

26.郭伟和:《街道公共体制改革和国家意志的柔性控制——对黄宗智“国家和社会的第三领域”理论的扩展》,《开放时代》2010 年第 2 期。

27.韩志明:《小心翼翼的行动者:社区治理的内卷化叙事——以 S 市 Y 区“睦邻门”案例为例》,《中国行政管理》2020 年第 12 期。

28.何海兵:《“国家—社会”范式框架下的中国城市社区研究》,《上海行政学院学报》2006 年第 4 期。

29.何威:《治理共同体建构:城市社区协商治理研究——以上海市普陀区为例》,华东师范大学博士学位论文,2018。

30.何艳玲、蔡禾:《中国城市基层自治组织的“内卷化”及其成因》,《中山大学学报》(社会科学版)2005 年第 5 期。

31.何艳玲、李妮:《为创新而竞争:一种新的地方政府竞争机制》,《武汉大学学报》(哲学社会科学版)2017 年第 1 期。

32.何艳玲:《街区组织与街区事件——后单位制时期中国街区权力结构分析框架的建立》,《中山大学学报》(社会科学版)2007 年第 4 期。

33.贺雪峰、刘岳:《基层治理中的“不出事逻辑”》,《学术研究》2010 年第 6 期。

34.贺雪峰:《村庄精英与社区记忆:理解村庄性质的二维框架》,《社会科学辑刊》2000 年第 4 期。

35.侯利文、张宝锋:《社区制研究述评》,《湖北社会科学》2012 年第 9 期。

36.花蕾、徐建邦:《城市社区治理中的政府角色研究》,《东北财经大学学报》2008 年第 3 期。

37.黄金平:《20 世纪 90 年代上海城市管理体制改革的探索与实践》,《上海党史与党建》2008 年第 6 期。

38.黄意武、李露:《城市基层党建与社会治理创新的互动关系研究》,《中州学刊》2017 年第 10 期。

39.姜振华:《社区参与:对社区居民与居委会互动关系的透视》,《中国青年政治学院学报》2007 年第 3 期。

40.蒋金富:《行政吸纳社会的实践逻辑——基于个案的描述和分析》,《天津行政学院学报》2012 年第 3 期。

41.金桥:《基层权力运作的逻辑——上海社区实地研究》,上海大学博士学位论文,2007。

42.孔子月:《嵌入性视角下社区居委会在邻避问题治理中的双重角色与行为逻辑——以 S 市 Y 事件为例》,《社会主义研究》2020 年第 4 期。

43.赖诗攀:《国家动员及其效果:以反腐败为例》,《武汉大学学报》(哲学社会科学版)2016 年第 1 期。

44.雷雨若:《街道办事处和社区居委会关系的现状与展望——以广东汕头市东方街道办事处与其社区居委会关系的调查为个案》,《汕头大学学报》(人文社会科学版)2006 年第 1 期。

45.李辉:《社会报酬与中国城市社区积极分子——上海市社区楼组长群体的个案研究》,《社会》2008 年第 1 期。

46.李骏:《真实社区生活中的国家—社会关系特征——实践社会学的一项个案考察》,《上海行政学院学报》2006 年第 3 期。

47.李骏:《住房产权与政治参与:中国城市的基层社区民主》,《社会学研究》2009 年第 5 期。

48.李轲:《城市居委会法律定位的论争与启示》,《学习与实践》2015 年第 7 期。

49.李璐:《利益分化时代的城市社区管理体制创新研究——以广州、深圳“居站分设”模式为例》,《理论学刊》2012 年第 7 期。

50.李蓉蓉:《城市居民社区政治效能感与社区自治》,《中国行政管理》2013 年第 3 期。

51.李友梅:《城市基层社会的深层权力秩序》,《江苏社会科学》2003 年第 6 期。

52.刘春荣:《中国城市社区选举的想象:从功能阐释到过程分析》,《社会》2005 年第 1 期。

53.刘敏:《论传统调解制度及其创造性转化——一种法文化学分析》,《社会科学研究》1999 年第 1 期。

54.刘威:《“行动者”的缺席抑或复归——街区邻里政治研究的日常生活转向与方法论自觉》,《南京社会科学》2010 年第 7 期。

55.刘威:《街区邻里政治的动员路径与二重维度——以社区居委会为中心的分析》,《浙江社会科学》2010 年第 4 期。

56.刘子曦:《激励与扩展:B 市业主维权运动中的法律与社会关系》,《社会学研究》2010 年第 5 期。

57.龙菲:《当代中国的社区志愿服务》,《城市问题》2002 年第 6 期。

58.卢爱国、陈伟东:《“江汉模式”新一轮改革:破解基层社会管理的体制瓶颈》,《领导科学》2012 年第 5 期。

59.卢爱国、陈伟东:《社区行政化的反思:现实与选择》,《内蒙古社会科学》(汉文版)2008 年第 3 期。

60.卢爱国、曾凡丽:《政府介入方式选择与社区自组织培育》,《广州大学学报》(社会科学版)2012 年第 1 期。

61.陆凡、武文杰:《城市社区管理模式创新的理论思考——大连市创立社会导向型“三位一体”社区管理模式的启示》,《城市发展研究》2006 年第 6 期。

62.罗峰:《志愿组织与社区公共治理的形成》,《探索与争鸣》2005 年第 5 期。

63.马涛:《控制到引导:中国城市社区治理中的技术政治》,华中师范大学博士学位论文,2018。

64.马卫红、桂勇、骆天珏:《城市社区研究中的国家社会视角:局限、经验与发展可能》,《学术研究》2008 年第 11 期。

65.马卫红、喻君瑶:《何谓基层?——对当前城市基层治理基本概念的拓展》,《治理研究》2020 年第 6 期。

66.毛丹、陈佳俊:《制度、行动者与行动选择——A 市妇联观察》,《社会学研究》2017 年第 5 期。

67.毛丹:《中国城市基层社会的型构——1949～1954 年居委会档案研究》,《社会学研究》2018 年第 5 期。

68.毛寿龙、李玉文:《权力重构、行政吸纳与秩序再生产:网格化治理的逻辑——基于溪口镇的经验探讨》,《河南社会科学》2018 年第 3 期。

69.闵学勤:《转型时期居委会的社区权力及声望研究》,《社会》2009 年第 6 期。

70.潘小娟:《社区行政化问题探究》,《国家行政学院学报》2007 年第 1 期。

71.潘泽泉:《社会资本与社区建设》,《社会科学》2008 年第 7 期。

72.彭苏:《社区自治中地方政府、居委会、居民角色探讨》,《唯实》2007 年第 11 期。

73.钱德洲、刘祖云:《从"嵌入"到"融合":大学生村官制度的弱化与优化》,《江苏社会科学》2018 年第 4 期。

74.屈群苹:《嵌入式治理:城市基层社会治理压力的组织化解逻辑——基于浙江省 H 市 S 社区的理性审视》,《浙江学刊》2019 年第 6 期。

75.宋晓娟:《共生理论视角下的中国城市社区治理研究——基于对城市社区网格化管理的审视》,吉林大学博士学位论文,2021。

76.孙柏瑛:《城市社区居委会去行政化何以可能?》,《南京社会科学》2016 年第 7 期。

77.孙柏瑛:《基层政府社会管理中的适应性变革》,《中国行政管理》2012 年第 5 期。

78.孙立平:《实践社会学与市场转型过程分析》,《中国社会科学》2002 年第 5 期。

79.孙璐:《城市社区居委会工作者的情绪劳动研究》,《理论月刊》2019

年第 6 期。

80.孙秀林、周飞舟:《土地财政与分税制:一个实证解释》,《中国社会科学》2013 年第 4 期。

81.唐皇凤:《常态社会与运动式治理——中国社会治安治理中的“严打”政策研究》,《开放时代》2007 年第 3 期。

82.田毅鹏、王丽丽:《转型期“单位意识”的批判及其转换》,《山东社会科学》2017 年第 5 期。

83.仝志辉、贺雪峰:《村庄权力结构的三层分析——兼论选举后村级权力的合法性》,《中国社会科学》2002 年第 1 期。

84.屠凤娜:《社区社会工作者队伍建设现状、问题及对策》,《社会工作》(学术版)2011 年第 10 期。

85.万雪芬:《和谐社会视域下的社区社会工作者队伍建设》,《理论月刊》2009 年第 10 期。

86.汪碧刚:《制度因素对社区治理影响的实证研究——基于 568 份问卷数据的分析》,《南京社会科学》2017 年第 11 期。

87.王迪:《双重指标考核体制下的基层运作——以社区调解为例》,《学术论坛》2014 年第 2 期。

88.王汉生、王一鸽:《目标管理责任制:农村基层政权的实践逻辑》,《社会学研究》2009 年第 2 期。

89.王汉生、吴莹:《基层社会中“看得见”与“看不见”的国家——发生在一个商品房小区中的几个“故事”》,《社会学研究》2011 年第 1 期。

90.王金豹:《新中国成立初期城市居委会制度产生的历史过程及启示》,《上海党史与党建》2011 年第 5 期。

91.王铭铭:《小地方与大社会——中国社会的社区观察》,《社会学研究》1997 年第 1 期。

92.王婷:《社区整合中的精英治理——中国化社会资本视角下的范式选择》,《学术界》2009 年第 5 期。

93.王小章:《何谓社区与社区何为》,《浙江学刊》2002 年第 2 期。

94.王桢桢:《基层社会管理创新:分享权力与重构秩序》,《岭南学刊》2012 年第 1 期。

95.吴刚:《社区自治体制创新的理论思考》,《国家行政学院学报》2001 年第 3 期。

96.吴海红、吴安戚:《基层减负背景下“责任甩锅”现象透视及其治理路径》,《治理研究》2020 年第 5 期。

97.吴锦良:《政府与社会:从纵向控制到横向互动》,《浙江社会科学》2001 年第 4 期。

98.吴猛、汪智汉:《城市社区居委会选举失范问题探析》,《北京行政学院学报》2011 年第 5 期。

99.吴晓林:《党如何链接社会:城市社区党建的主体补位与社会建构》,《学术月刊》2020 年第 5 期。

100.武小龙:《"不出事"治理:地方政府软化钉子户的行动逻辑——基于江苏省 A 市 3 个社区的实践考察》,《南京农业学学报》(社会科学版)2018 年第 6 期。

101.夏建中:《从街居制到社区制:中国城市社区 30 年的变迁》,《黑龙江社会科学》2008 年第 5 期。

102.向德平:《社区组织行政化:表现、原因及对策分析》,《学海》2006 年第 3 期。

103.项飚:《社区何为——对北京流动人口聚居区的研究》,《社会学研究》1998 年第 6 期。

104.肖林:《"'社区'研究"与"社区研究"——近年来中国城市社区研究述评》,《社会学研究》2011 年第 4 期。

105.肖林:《不对称的合法性:居民委员会和业主委员会之比较》,《社会学评论》2014 年第 12 期。

106.肖林:《现代城市社区的双重二元性及其发展的中国路径》,《南京社会科学》2012 年第 9 期。

107.肖瑛:《从"国家与社会"到"制度与生活":中国社会变革研究的视角转换》,《中国社会科学》2014 年第 10 期。

108.熊易寒:《社区选举:在政治冷漠与高投票率之间》,《社会》2008 年第 3 期。

109.徐丙奎、李佩宁:《社区研究中的国家—社会、空间—行动者、权力与治理——近年来有关社区研究文献述评》,《华东理工大学学报》(社会科学版)2012 年第 5 期。

110.徐克刚:《对社区自治与居委会角色转变的几点思考》,《党政干部学刊》2006 年第 9 期。

111.徐勇、贺磊:《培育自治:居民自治有效实现形式探索》,《东南学术》2014 年第 5 期。

112.杨爱平、余雁鸿:《选择性应付:社区居委会行动逻辑的组织分析——以 G 市 L 社区为例》,《社会学研究》2012 年第 4 期。

113.杨承志:《广州市旧城改造房屋拆迁流程再造研究》,华中科技大学博士学位论文,2010。

114.杨帆:《社区动员力的形成逻辑——以居民认同感为视角》,《湖北社会科学》2020年第7期。

115.杨贵华:《扩大社区民主、完善社区居民自治的若干对策》,《福建论坛》(人文社会科学版)2005年第2期。

116.杨敏:《作为国家治理单元的社区——对城市社区建设运动过程中居民社区参与和社区认知的个案研究》,《社会学研究》2007年第4期。

117.姚华、王亚南:《社区自治:自主性空间的缺失与居民参与的困境——以上海市J居委会“议行分设”的实践过程为个案》,《社会科学战线》2010年第8期。

118.营立成:《社区社会组织合法性危机的生成机制》,《城市管理》2016年第12期。

119.于都国、吴新叶:《党建引领社会治理:制度逻辑与效能改进》,《江淮论坛》2020年第6期。

120.于海军:《“三社联动”的社区治理与服务创新——基于治理结构与运行机制的探索》,《行政论坛》2017年第2期。

121.于绪飞:《社区制基本问题再研究》,复旦大学博士学位论文,2007。

122.余冰:《西街社会》,中山大学博士学位论文,2008。

123.张晨、刘育宛:《“红色管家”何以管用?——基层治理创新“内卷化”的破解之道》,《公共行政评论》2021年第1期。

124.张晨:《在社区服务社会化中寻求专业化与本土化的平衡——基于苏州市吴中区的个案研究》,《社会建设》2020年第2期。

125.张福磊、于现强:《城市基层社会“技术治理”的运作逻辑及其限度》,《当代世界社会主义问题》2019年第3期。

126.张戈:《党建引领基层治理:逻辑机理、价值表征和实践进路》,《云南社会科学》2020年第2期。

127.张虎祥:《社区治理与权力秩序的重构——对上海市康健社区的研究》,上海大学博士学位论文,2005。

128.张济顺:《上海里弄:基层政治动员与国家社会一体化走向(1950～1955)》,《中国社会科学》2004年第2期。

129.张静:《行政包干的组织基础》,《社会》2014年第6期。

130.张鸣宇、汪智汉:《转型时期居委会的三重角色——以武汉市C社区为例》,《社会主义研究》2005年第4期。

131.张小蕾:《能人权威下的三位一体社区权力结构研究——以过程分析为视角》,《南方论丛》2012 年第 1 期。

132.张雪霖:《“找回”城市与“祛魅”的居民自治——中央、地方与民众三层关系视野下的城市社区治理研究》,华中科技大学博士学位论文,2018。

133.张雪霖:《通才型治理:城市社区治理现代化新方向》,《求索》2020 年第 2 期。

134.赵静、陈玲、薛澜:《地方政府的角色原型、利益选择和行为差异——一项基于政策过程研究的地方政府理论》,《管理世界》2013 年第 2 期。

135.赵秀梅:《基层治理中的国家—社会关系——对一个参与社区公共服务的 NGO 的考察》,《开放时代》2008 年第 4 期。

136.折晓叶:《“田野”经验中的日常生活逻辑:经验、理论与方法》,《社会》2018 年第 1 期。

137.折晓叶:《县域政府治理模式的新变化》,《中国社会科学》2014 年第 1 期。

138.郑杭生、黄家亮:《论中国社区治理的双重困境与创新之维:基于北京市社区管理体制改革实践的分析》,《东岳论丛》2012 年第 1 期。

139.郑姗姗、朱萌:《不完全契约下社区居委会改革策略析论——基于 T 市 B 区基层社区的经验研究》,《天津行政学院学报》2020 年第 5 期。

140.郑雯睿、汪仕凯:《城市居民自治的发生机制:基于上海经验的研究》,《中国行政管理》2014 年第 1 期。

141.郑长忠:《在民主与控制之间:基层党组织主导下的居委会“直选”》,《马克思主义与现实》2005 年第 1 期。

142.钟海:《权宜性治理:城市基层社会治理中的居委会行为逻辑探析》,《广西社会科学》2016 年第 4 期。

143.钟伟军:《地方政府在社会管理中的“不出事”逻辑:一个分析框架》,《浙江社会科学》2011 年第 9 期。

144.周飞舟:《从汲取型政权到“悬浮型”政权——税费改革对国家与农民关系之影响》,《社会学研究》2006 年第 3 期。

145.周黎安:《晋升博弈中政府官员的激励与合作——兼论中国地方保护主义和重复建设问题长期存在的原因》,《经济研究》2004 年第 6 期。

146.周黎安:《行政发包制》,《社会》2014 年第 6 期。

147.周雪光、练宏:《中国政府的治理模式:一个“控制权”理论》,《社会学研究》2012 年第 5 期。

148.周雪光:《基层政府间的“共谋现象”:一个政府行为的制度逻辑》,《社会学研究》2008 年第 6 期。

149.周雪光:《逆向软预算约束:一个政府行为的组织分析》,《中国社会科学》2005 年第 2 期。

150.周雪光:《运动型治理机制:中国国家治理的制度逻辑再思考》,《开放时代》2012 年第 9 期。

151.朱健刚、陈安娜:《嵌入中的专业社会工作与街区权力关系——对一个政府购买服务项目的个案分析》,《社会学研究》2013 年第 1 期。

152.朱健刚:《城市街区的权力变迁:强国家与强社会模式——对一个街区权力结构的分析》,《战略与管理》1997 年第 4 期。

153.朱彦姝:《基层党组织在社会管理创新中的核心领导作用的发挥》,《理论学习》2012 年第 7 期。

154.竺乾威:《公共服务的流程再造:从“无缝隙政府”到“网格化管理”》,《公共行政评论》2012 年第 2 期。

155.卓彩琴、陈亦欢:《中国新型城市社区居委会的角色冲突与重构——基于 S 与 D 社区居委会的比较分析》,《社会工作》2007 年第 8 期。

(三)译著

1.〔德〕斐迪南·滕尼斯:《共同体与社会》,林荣远译,北京,商务印书馆,1999。

2.〔美〕艾尔·巴比:《社会研究方法基础》,邱泽奇译,北京,华夏出版社,2010,第 4 版。

3.〔美〕彼德·M.布劳:《社会生活中的交换与权力》,李国武译,北京,商务印书馆,2012。

4.〔美〕C.I.巴纳德:《经理人员的职能》,孙耀君等译,北京,中国社会科学出版社,1997。

5.〔美〕丹尼斯·朗:《权力论》,陆震纶、郑明哲译,北京,中国社会科学出版社,2001。

6.〔美〕道格拉斯·C.诺思:《制度、制度变迁与经济绩效》,杭行译,上海,格致出版社、上海三联书店、上海人民出版社,2008。

7.〔美〕罗伯特·A.达尔:《谁统治:一个美国城市的民主和权力》,范春辉、张宇译,南京,江苏人民出版社,2011。

8.〔美〕罗伯特·D.帕特南:《使民主运转起来》,王列、赖海榕译,南昌,江西人民出版社,2001。

9.〔美〕阎云翔:《礼物的流动:一个中国村庄中的互惠原则与社会网

络》,李放春、刘瑜译,上海,上海人民出版社,2017。

10.〔美〕约翰·塞尔:《心灵、语言和社会:实在世界中的哲学》,李步楼译,上海,上海译文出版社,2006。

11.〔美〕詹姆斯·Q.威尔逊:《官僚机构:政府机构的作为及其原因》,孙艳等译,北京,生活·读书·新知三联书店,2006。

12.〔美〕詹姆斯·博曼:《公共协商:多元主义、复杂性与民主》,黄相怀译,北京,中央编译出版社,2006。

13.〔英〕安东尼·吉登斯:《社会的构成》,李康、李猛译,北京,生活·读书·新知三联书店,1998。

二、外文文献

1.A. Touraine, 1981: *The Voice and Eye: An Analysis of Social Movement*, NewYork, Cambridge University press.

2.Benjam R. Barber, 1984: *Strong Democracy*, Berkeley, University of California Press.

3.C. G. Pickvance, ed., 1976: *Urban Sociology: Critical Essays*, London, Tavistock.

4.David Strand, 1989: *Rickshaw Beijing: City People and Politics in the 1920s*, Berkeley, University of California Press.

5.Elaine Brown, 1993: *A Taste of Power*, New York, A Doubleday Anchor Book.

6.Floyd Hunter, 1963: *Community Power Structure: A Study of Decision Makers*, Asheville, University of North Carolina Press.

7.G. Mosca, 1939: *The Ruling Class*, New York, McGraw Hill.

8.H.W. Hallman, 1984: *Neighborhoods: Their Place in Urban Life*, California, Sage Publications.

9.Ida Susser, 1982: *Norman Street, Poverty and Politics in an Uran Neighborhood*, New York, Oxford University Press.

10.James C. Scott, 1985: *Weapons of the Weak: Everyday Forms of Peasant Resistance*, New Haven, Yale University Press .

11.John R. Logan and Harvey L. Molotch, 1987: *Urban Fortunes: The Political Economy of Place*, Berkeley, University of California Press.

12.Lucian W. Pye, 1985: *Asian Power and Politics: The Cultural Dimensions of Authority*, Cambridge, MA: Harvard University Press.

13.M. Castells, 1977: *The Urban Question*, London, Edward Arnold.

14. Michael Polanyi, 2005: *Personal Knowledge, Towards a Post-Critical Philosophy*, London, Routledge & Kegan Paul Ltd.

15. Peter Berger and Thomas Luckmann, 1967: *The Social Construction of Reality: A Treatise in the Sociology of Knowledge*, New York, Doubleday.

16. Pierre Bourdieu, 1977: *Outline of a Theory of Practice*, Cambridge, Cambridge University Press.

17. R.S. Lynd and H.M. Lynd, 1937: *Middle Town in Transition*, Harcourt, Brace and Company.

18. Robert Dahl, 1961: *Who Governs? Democracy and Power in an American City*, New Haven, Yale University Press.

19. Robert Staughton Lynd and Helen Merrell Lynd, 1982: *Middletown in Transition: A Study in Cultural Conflicts*, Petaluma, CA: MarinerBooks.

20. Stuart Lowe, 1986: *Urban Social Movement: After Castells*, London, Macmillan Education Ltd.

21. Theodore C. Bestor, 1989: *Neighborhood Tokyo*, California, Stanford University Press.

22. Wenfang Tang and William L. Parish, 2001: *Chinese Urban Life Under Reform: The Changing Social Contract*, Cambridge, Cambridge University Press.

23. William A. Gamson, 1974: *The Strategy of Social Protest*, Homewood, IL: Dorsey.